지능의 재발견

RETHINKING INTELLIGENCE
Copyright © 2023 by Rina Bliss
All rights reserved.

Korean translation rights arranged with Aevitas Creative Management,
New York through Danny Hong Agency, Seoul.
Korean translation copyright © 2025 by SangSangSquare

이 책의 한국어판 저작권은 대니홍 에이전시를 통한 저작권사와의 독점 계약으로
상상스퀘어에 있습니다.

신저작권법에 의해 한국 내에서 보호를 받는 저작물이므로 무단전재와 복제를 금합니다.

Rethinking

지능은 타고나는 게 아니다

지능의 재발견

리나 블리스 지음 | 엄성수 옮김

Intelligence

상상스퀘어

네네에게

이 책을 바칩니다

차례 들어가며 · 8

1부 지능 이해하기

- **1장** 지능에 대해 생각해보기 · 27
- **2장** IQ 이해하기 · 43
- **3장** 지능의 본질 · 62
- **4장** 지능 높이기 · 84

2부 지능 높이기

- **5장** 성장형 사고방식 · 101
- **6장** 마음에서 마음챙김까지 · 128
- **7장** 연결되는 법 배우기 · 148

3부

지능 소중히 여기기

8장
사회 전체가 더 똑똑해지기 · 169

9장
우리 모두에게서 가치 보기 · 182

결론 · 207

감사의 글 · 218

참고 문헌 · 223

Intro

들어가며

'똑똑해지자.' 나 자신에게 거는 주문 같은 말이었다. 이것이 내 유일한 탈출구라 믿었다.

나는 로스앤젤레스 샌 페르난도 밸리에 있는 한 지역의 평범한 가정에서 자랐다. 그곳 공립학교들은 평범한 LA 젊은이들(공립학교에서 다인종 통합 교육을 위한 버스 통학제가 시행되면서 젊은이들의 층이 매우 다양해졌음)에게 평범한 교육을 시켰다. 언뜻 보면, 당시 내 상황에는 특별히 주목할 만한 일도 특별한 문제도 없었다. 그러나 좀 더 자세히 들여다보면 다른 그림이 보이기 마련이다.

당시 우리 식구들은 하나같이 죽을 맛이었다. 엄마 리자Liza(니 구오지아 후아 카르야부디)는 인도네시아 수상 도시 반자르마신 출신이었다. 먼 친척들이 힘들게 살아가는 젊은 부모에게서 엄마를 빼내 주변 섬 자바에 있는 한 네덜란드 수녀원에 맡겼다. 이후 엄마는 대학 시절 유럽과 미국으로 유학을 가 서구식 사고로 무장한 젊은 인도네시아인 중 한 사람이 됐다. 그러다 장학금이 바닥나자 엄마는 미국 할리우드 힐스에서 가정부 일을 했다. 그러면서 미국에 남기 위해선 뭐든 할 거라고 다짐했다.

아빠 나다니엘 주니어 Nathaniel Jr('주니어' 또는 'Natty', 즉 '말쑥한'이라고도 불림)는 할리우드 힐스의 유복한 집안에서 태어났다. 캘리포니아 정계에서도 알아주는 군인 집안이었다. 그러나 민주주의 수호라는 허울 좋은 구호 아래 각종 트라우마와 약물 남용 및 중독으로 피폐해졌다. 전쟁포로 시절의 환영에 쫓기던 할아버지는 툭하면 분노 조절 장애를 일으켜 아빠를 두드려 패곤 했다. 8살이 됐을 때 아빠는 수시로 부모님의 약 선반에서 수면제와 진통제를 훔쳐 먹었다. 18살이 됐을 땐 코데인 모르핀 추출 성분으로 만든 진통제 - 옮긴이과 바르비튜레이트 불안과 불면증 치료에 사용되는 중추신경 안정제 - 옮긴이로 하루하루를 버텼다.

엄마와 아빠는 1972년 어느 화창한 날, 등산을 마무리하고 아래쪽 계곡으로 내려오는 길에 처음 만났다. 두 사람은 할리우드 앤 바인 Hollywood and Vine, 할리우드 대로와 바인 스트리트의 교차로 - 옮긴이 버스 정류장에서 마음이 통했고, 과감히 다시 만날 약속을 잡았다. 첫눈에 반한 사랑이었다.

사랑에 빠진 엄마와 아빠는 새 출발을 다짐했다. 엄마는 대학에서 비서 과정을 밟기 시작했고 아빠는 로스쿨에 진학했다. 두 사람은 셔먼 오크스 지역에 볕이 잘 드는 아파트를 얻어 함께 지냈다. 그러나 내가 태어날 무렵, 아빠는 약물 중독에 빠졌고 허구한 날 거리로 나가 음산한 뒷골목의 마약상 집들을 전전했다. 아빠가 폐인처럼 지내기 시작하자 엄마는 우리를 안전한 곳으로 옮겼고 베벌리힐스의 한 사무실에 취업했다. 순전히 자식을 위해 새로운 아파트를 임대했고, 시간 외 근무를 하는 등 바쁜 삶을 살며 우리를 먹여 살렸다. 일 때문에 집을 비워야 하는 낮과 밤에 나를 돌봐줄 사람도 구했다.

매일 아침 눈을 뜰 때마다 일하러 집을 나서는 엄마를 보는 일은 괴로웠고, 엄마가 돌아오기 전에 잠자리에 들어야 하는 것도 가슴 아팠다. 가끔 아빠가 찾아와 보모에게 맡겨진 나와 어린 동생들과 놀아줬지만, 약에 취해 있을 때가 많아서 아빠의 말과 행동을 이해하기가 어려웠다.

충격적이게도 내 진짜 문제는 취학하면서 시작됐다. 반에서 동남아 혼혈은 나밖에 없는 상황이었다. 나는 백인도, 흑인도, 심지어 황인종도 아닌 기이한 아이가 돼 버렸다. 뭐라 부르기 애매한 황갈색 '이방인'이었다. 유치원 시절엔 남자애 하나가 애들을 끌어모아 운동장에서 나를 쫓는 게임을 하기도 했다. 그때 애들은 사팔뜨기 눈을 해 보이면서 내게 욕설을 해댔다. 하계 프로그램 때는 또 다른 아이가 내가 얘기하는 데 끼어들더니 온갖 비방과 협박을 해댔다. 내가 매일 숨 쉬는 공기에는 이런저런 부정적 고정관념이 배어 있었다.

그 고정관념 가운데 한 가지 긍정적인 게 있다면, 아이들은 나를 **똑똑한 아이**로 생각했다는 것이다. 마법 같은 일이지만, 아시아인(심지어 단 일부만)은 우수한 지적 능력을 지닌 사람이란 등식이 성립하는 듯했다. 학년이 올라가면서 나는 '타고난 재능'에 위안을 얻었다. 달리 할 일도 없다고 믿었던 나는 허구한 날 책을 읽고 공부하고 성취하면서 다른 아이들보다 똑똑해졌다.

실제로 다른 아이들보다 똑똑해져 간다고 느꼈다.

솔직히 내가 어린 시절에 생각한 지능에는 한계가 있었다. 똑똑하다는 건 타고나는 거라고 믿었으며, 주변 어른들 역시 그런 말을 하곤 했다. 학창 시절에 사람들이 말하는 지능은 **타고난 재능**이었다. 교사와 보조 교사들은 학생 중 일부에게만 지적인 사람이 되라고 응원했고, 훗날 그 지적 능력을 잘 활용하라고 격려했다. 그리고 지적 능력과 신체 능력은 상반된 것인 양 다른 학생들에게는 운동 실력을 칭찬했다. 각종 매스컴에 나오는 과학자들은 지적인 인물이다. 의사와 교수, 엔지니어 역시 지적 대상에 속한다. 내가 보기엔 많은 걸 성취한 사람들은 신이 준 지적 능력 덕에 별 노력도 없이 삶의 승자가 됐다.

지능에 대해 내가 알고 있는 건 사람들에겐 지적 능력을 갖고 태어나느냐 그렇지 않으냐의 차이만 있을 뿐이라는 것이었다. 지적 능력은 분명 시간을 두고 배우거나 발전시켜나갈 기술 같은 게 아니었다.

미국 매스컴과 함께 성장한 내게 TV와 영화를 통해 형성된 고정관념들은 이런 잘못된 생각을 바로잡는 데 전혀 도움이 되지 않았다. '자폐적 사고를 가진 수학 천재'와 '동남아 출신의 첨단 기술 귀재' 사이에서 똑똑하고 지적인 인물은 백인(주인공)이거나 유색 인종(조연)이었다.

대중과학은 상황만 더 악화시켰다. 여러 세기 동안 진화생물학생명체의 진화를 연구하는 학문 - 옮긴이과 유전학, 골상학두개골의 형상에서 사람의 성격을 비롯한 심적 특성 및 운명 등을 추정하는 학문 - 옮긴이, 심리학으로 인해 지능은 키와 체중처럼 대를 이어 유전된다는 생각이 널리 퍼졌다. 한마디로 지능은 타고난 생물학적 특성의 일부로 우리 DNA 속에 각인된다는 것이다. 과학자들은 완벽한 지능 측정을 위해 부단한 노력을 해 왔다. 그 결과 간단한 IQ 검사로 모든 걸 알 수 있게 됐고 우리의 미래까지 예측할 수 있게 됐다.

지능 중시하기

1980년대와 1990년대에는 IQ, 즉 '지능지수'라는 보편적 기준을 토대로 한 지능검사가 주목받으면서 그야말로 곳곳에서 지능검사가 시행됐다. 내가 속한 학구學區의 많은 학교도 교사 성과, 학생 성과, 학생 재능을 평가한다는 명목으로 1년 내내 지능검사를 했다. 지능검사 결과가 좋다는 건 더 많은 자원(더 나은 자금 지원, 더 나은 교사 지원, 특별 프로그램에 대한 더 많은 지원 등)을 받게 된다는 의미였다. 그래서 교육 행정가에서 부모에 이르는 모든 사람이 지능검사 결과에 깊은 관심을 보였다.

나 같이 '똑똑한 아이'는 뭔가 좋은 성과를 보여줘야 한다는 압박감이 말도 못 할 만큼 컸다. 나는 늘 기대에 미치지 못하면 어쩌나 하는 두려움에 전전긍긍했다. 그러던 어느 날, 그 두려움이 현실이 됐다.

LA 통합 교육지원청에서 편지가 한 통 왔는데, 내가 지능검사에 통과하지 못해 지역 마그넷 스쿨magnet school, 다른 지역 학생들을 유치하기 위해 일부 교과목에 대해 특수반을 운영하는 대도시 학교 - 옮긴이에 가지 못하게 됐다는 내용이었다. 그래서 나는 지극히 평범한 현지 초등학교에 그대로 남아야 했다. 그 소식에 엄마는 충격을 받았고, 나는 난생처음 엄마가 우는 걸 봤다.

엄마는 세계에서 가장 유서 깊은 고지능지수 협회에서 만든 얇은 멘사Mensa, 지능검사에서 고지능지수가 나온 사람들의 모임 - 옮긴이 책 두 권과 퍼즐 책을 여러 권 구입했다. 그리고 책을 활용해 저녁마다, 어떨 땐 밤늦게까지 내게 퀴즈 문제를 냈다. 나는 엄마와 함께 문제를 풀면서 시간을 보내는 게 즐거웠지만, 그 책들에서 찾아낸 특이한 형태의 문제에 당혹감도 느꼈다. 게다가 거기 나오는 단어나 형태에 대한 배경 정보가 없어 문제들을 제대로 이해하지도 못했다. 그러나 제대로 해내지 못하면 엄마가 또다시 눈물을 흘릴지 모른다는 생각에 나름대로 최선을 다했다.

지능검사 날, 나는 내 통통한 손으로 두꺼운 파란색 연필을 으스러져라 쥐었다. 시큼한 입김이 목구멍 안으로 쏟아져 들어왔다. 지능검사 문제를 풀려고 안간힘을 쓰고 있자니 글자와 모양이 흐릿해지는 듯했다. 하지만 운이 좋았다. 검사 결과가 학교를 떠날 수 있을 만큼 좋진 않았지만 표준 교육과정을 면제받을 정도는 해냈다. 3학년 때는 나머지 반 아이들과 별도로 개인 교습을 받아 큰 성과를 본 몇 안 되는 학생 중 하나가 됐다. 비방이 칭찬으로 바뀌었다. 주변 사람들의 인종적 고정관념은 더 심해지고 있었지만, 나는 기대 이상의 성취를 이루면 칭찬받는다는 사실을 알게 됐다. 그리고 그 덕에 적어도 감정적으로는 남들과 다르다는 이유로 상처받는 일도 사라졌다.

반 친구들은 내가 반에서 가장 똑똑한 아이라는 걸 인정하기 시작했다. 선생님들도 마찬가지였다. 나는 집에 돌아가 책가방에서 '독서 대상' 상장을 꺼내 엄마한테 보여주는 게 자랑스러웠고, 엄마가 행복한 웃음을 지으면 가슴이 벅차올랐다. 지능은 내가 늘 마음속으로 외는 주문 같은 게 됐다. 학업에 충실하다거나 졸업한다거나 대학에 간다거나 학위를 취득해 타고난 내 지능을 활용하는 직업을 갖는다거나 등에 대해선 별걱정이 없었다. 우리 집이 LA를 떠나 코첼라 밸리로 이사했을 때도, 십 대 특유의 반항을 한답시고 수업을 빼먹기 시작했을 때도 나는 여전히 각종 검사와 시험은 빠짐없이 봤다. 그리고 그 유명한 A+를 받았고 뛰어난 평균 학점도 유지했다. 내 경우 궁극적인 목적과 수단도, 지능의 정의도 완전히 이해됐기에 의심의 여지가 전혀 없었다. 나는 내 지능을 활용해 새로운 지평을 향해 나아가고 있었다.

그러나 이런 관점은 캘리포니아주립대학교 산타루스 캠퍼스에서 바뀌었다. 나는 수강 신청을 할 때 과목 자체보다는 각 과목에 필요한 역량을 더 중시했다. 글쓰기 욕구를 충족하려 영화 수업을 듣고, 양적 추론 능력을 발휘하려 해양학 수업을 듣고, 인간 행동을 탐구하려 철학 수업을 듣는 식이었다. 그래서 나는 단순한 학점 대신 내가 수업에 얼마나 열심히 임하는지를 자세히 설명하는 긴 서술식 평가를 받았다. 이전까지 받은 교육의 특징이었던 암기식 학습의 틀에서 자유를 얻은 것이다.

그러면서 나는 교육과정 자체를 비판적 시각으로 바라보며 의문을 제기할 필요가 있는 정보로 여기기 시작했다. 의심에 찬 눈으로 내가 속한 세상과 그 안에서의 내 위치를 보며 반성적 사고reflective thinking, 사물이나 자아에 대한 사고 과정을 되돌아보며 성찰하는 것 - 옮긴이를 하기 시작했다. 다시 말해 과학자처럼 생각하기 시작한 것이다.

나는 또 인종의 현재 상황에도 파고들기 시작했다. 나에 대한 다른 사람들의 관점과 나 자신 또는 진정한 내 문화 및 내 조상의 유산에 대한 나의 관점이 일치하지 않는다는 걸 잘 알고 있었기에, 이른바 '인종'의 생물학적 '진실'에 의문을 제기하기 시작했다. 인종이란 개념은 대체 어떻게 나오게 된 걸까? 내 인종은 정말 내 DNA의 한 작용에 불과한 걸까?

만일 내 인종이라는 게 내가 생각하는 것과 다르다면 내 지능은 또 어떨까? 나는 여전히 내가 태어날 때부터 똑똑했다고 믿었다. 그러면서도 고등학교를 무사히 마치고 대학에 진학하기 위해 나보다 더 열심히 공부하는 학생들과 친하게 지내면서 '똑똑하다'는 게 정말 어떤 건지 궁금해지기 시작했다. 어떤 교실은 재정 부족으로 적절한 수업 진행이 어려워 학생들이 그걸 보충하느라 밤새 개인 교습을 받아야 한다는 사실도 알게 됐다. 아르바이트 일을 하느라 방과 후에 공부할 시간을 갖지 못하면 얼마나 상황이 힘들어지는지 모른다는 사실도 알게 됐다. 게다가 일부 친구들은 자신이 등교하는 지역, 사는 동네, 일하는 직장에 불안감을 느꼈다. 그리고 내 흑인 친구들과 원주민 친구들은 타고난 우월감 같은 걸 느끼지 못했을뿐더러 대부분은 재능이 있다는 말은커녕 오히려 반대의 말을 들었다.

나는 이후 10여 년간 인종학 및 인종 역사 연구에 모든 걸 바쳤다. 연구를 통해 유전자 이론이나 생물학이라는 분야가 생겨난 때보다 훨씬 앞선 시기에 인간이 '인종race'이라는 개념을 만들었다는 사실을 알게 됐다. 15세기 유럽의 선단들은 전 세계를 항해하며 이른바 '새로운 사람들'과 접촉하기 시작했고, 그렇게 세계 여행과 상업 자본주의mercantile capitalism, 무역과 상업을 중심으로 상품 유통 과정에서 이윤을 창출한 초기 자본주의 - 옮긴이가 등장하면서 비로소 인종이란 말이 언급되기 시작했다. 탐험가와 정복자, 노예 상인들이 항해에서 돌아와 다른 문화에 관해 이야기했다. 이에 이어 자기중심적인 박물학자들과 탁상공론을 좋아하는 동물학자들이 그 이야기들을 이용해 인간 분류라는 걸 했고, 그 분류를 '자연의 인종들nature's races'이라 불렀다.

어느 시점부터인가 서로 다른 대륙에서 독립적으로 살며 독립적으로 자손을 본 사람들, 그게 인종의 특징이었다. 인종마다 각자 처한 독특한 환경에 필요한 자신들만의 방어기제내적 갈등이나 불안, 스트레스 같은 심리적 어려움을 처리하고 해결하기 위해 사용하는 방어 메커니즘 - 옮긴이뿐만 아니라, 각자의 환경에서 살아남는 데 적응하기 위한 행동도 진화시켰다고 추정된다. 그러나 이와 같은 추정이 검증된 바는 없다. 그저 지배 세력이 과학적 증거도 없이 인종 분류법을 채택한 것이다.

18세기 유전자 발견과 함께 등장한 인종 생물학에 더더욱 매료된 나는 찰스 다윈Charles Darwin의 《종의 기원On the Origin of Species》에서 스펜서 웰스Spencer Wells의 《인류의 여정The Journey of Man》에 이르는 모든 관련 서적을 섭렵했다. 인류 유전학 분야에 대한 개인 집중 강좌도 수강했다. 그 강좌에서 훗날 컬럼비아대학교 최고의 줄기세포 신경과학자 중 한 명이 된 유전학자와 함께 훈련받았으며, 인간 변이에 대한 현대 유전 과학 기록에 대한 체계적 분석도 해봤다.

세포들을 실험실의 원심분리기에 넣고 새로운 DNA 소프트웨어 프로그램으로 해독하면서 짜릿한 발견의 기쁨을 맛봤다. 이제 인종과 관련된 여러 의문이 옳았다는 게 분명해졌다. 나는 이런저런 사람으로 태어나는 게 아니었고, 정형화된 사람으로 태어나는 것도 아니었다. 누구도 그렇게 태어나는 게 아니었다.

내 첫 번째 책 《인종 해독Race Decoded》에는 내가 발견한 중요한 사실, 즉 개인은 유전학적으로 이른바 '인간 인종들'이라는 인위적 분류법과 일치하지 않는다는 사실이 잘 집약돼 있다. 대신 전 세계 많은 사람에 대한 DNA 분석은 내 생각이 틀리지 않았음을 입증해줬다. 인종은 순전히 우리의 잘못된 믿음으로 만들어진 사회적 허구이며, 일종의 위계질서를 만들기 위해 지어낸 비과학적 개념이기도 하다. 인종이 유전학적 조상을 대표할 순 없다.

《인종 해독》 출간 후 나는 캘리포니아주립대학교 샌프란시스코 캠퍼스의 교수로서 다양한 집단의 젊은 과학자와 의과대생, 의료사회학 관계자, 의료인문학자 등을 상대로 인종의 차이점에 관한 과학의 맹점에 대해 강의하기 시작했다. 또 내가 발견한 사실을 책으로 발표하고 사람들에게 유전적 차이점에 대한 진실을 알리기 위해 선도적인 유전학자와 유전체 지도 작성 전문가와의 공동 작업도 시작했다. 이와 함께 전 세계의 저널리스트, 영화 제작자, 통신원들과 이런저런 얘기를 나누며 인종 및 유전학 문제를 다루는 전문 해설자가 됐다.

그런데 나를 계속 괴롭히는 뭔가가 있었다. 정말 그랬다. 내 연구 결과 인종이 유전학을 대체해줄 거라는 우리의 일반적 믿음은 명백히 잘못된 것임이 입증됐다. 그러나 다른 한편으로는 인종의 구체적 특징을 둘러싸고 여전히 논란이 많았다. 유전학 덕에 교육 수준, 공격성, 탈선, 지능 같은 행동 특징과 관련해 점점 더 많은 유전적 변이가 밝혀지고 있었다. 나는 곧 연구에 착수했고 두 번째 책《날 때부터 사회적인》을 펴냈다.

당시 나는 사회적 행동 유전학(개인적으로 '사회유전체학'이라 칭함)이 출현 중이라는 사실을 알게 됐다. 대부분의 사회유전체학 연구는 대부분 인종 비교를 하지 않았으나 우리의 DNA와 관련해 어떤 사람은 더 강하고 더 잘 기능하는 유전자를 갖고 태어나지만, 어떤 사람은 더 약하고 제대로 기능하지 않는 유전자를 갖고 태어난다는 개념을 강화한다고 주장했다. 지능 분야에서 연구원들은 우리의 DNA를 통해 지적 성과 및 인생 성과를 예측해보려 시도했다. 일부 연구원들은 교육 시스템에 DNA 검사를 대거 도입해 성공을 가로막는 유전자를 지닌 학생을 추적해야 한다고 주장했다. 마치 유전자 코드가 우리의 성공이나 실패를 미리 결정한다는 듯이 말이다.

많은 과학자가 DNA를 이용해 문제를 완화하고 치료법을 찾고, 각종 정책 및 프로그램의 결함을 찾고 싶어 했지만, 우리는 여전히 어둠에서 헤매고 있었다. 지능검사 결과에 영향을 미치는 유전적 변이가 너무 많았다. 게다가 우리는 그 변이들이 우리 뇌와 몸에 어떤 영향을 주는지 전혀 알지 못했다. 유전자에 대해 그리고 그 유전자가 사람들 각자의 환경에 미치는 영향에 대해 제대로 알지 못하는 한, 예측이니 정책이니 왈가왈부하는 건 시기상조였다.

자연, 양육, 무지

그러다가 나는 쌍둥이를 임신했다. 일란성 쌍둥이였다. 한 유전체를 공유하는 독립된 두 개체다.

진료실 안에서 의사가 초음파 변환 막대로 내 배를 훑을 때 남편 닉Nick과 함께 모니터를 보니, 땅콩처럼 생긴 조그만 두 생명체가 나타났다. 두 뺨에 기쁨의 눈물을 흘리면서 우리 부부는 서로의 손을 꼭 잡았다. 우리가 아이를 원한다는 건 잘 알고 있었지만, 한 번에 두 아이를 세상에 내놓게 되리라곤 꿈에서조차 상상해본 적이 없었다!

나는 그야말로 '초심자의 마음'으로 진지하게 내 일을(그리고 이제는 불어나는 내 배를) 바라보고 있었다. 이른바 유전학 및 사회 전문가라는 내가 내 몸 안에 생겨나는 생명체에 관해 아는 게 없다는 건 정말 커다란 충격이었다. 내 아기들이 유전체를 공유한다는 건 무슨 의미일까? 아기들은 서로 어떻게 닮는 걸까? 또 어떻게 달라지는 걸까? 나는 자연과 양육, 유전자와 환경, 생물학과 사회 간의 균형에 대해 다시 생각해보게 됐다.

두 생명이 곧 태어난다는 것과 완전하다고 생각되는 두 생명이 연이어 세상에 나온다는 사실을 알고 나니, 이번 임신은 모든 걸 배울 수 있는 **더없이 좋은 기회**라고 느껴졌다. (당시 우리는 1년 후 다시 아이를 갖게 되리라는 걸 몰랐다!) 곧 부모가 된다는 현실이 해일처럼 밀려왔고, 우리는 인기 있는 육아 관련 서적을 닥치는 대로 구해 그 어느 때보다 열심히 읽었다.

유전학 전문가였던 나는 그간 내가 써온 과학적인 사실과 일반적인 육아 및 쌍둥이 관련 지침서에 담긴 정보 사이에 괴리가 있다는 것에 놀랐다. 지능을 연구하는 사람들의 말과는 달리, 육아 관련 서적을 쓴 사람들은 내 아이들의 DNA가 각자의 운명을 결정짓는 건 아니라고 했다. 같은 유전체를 가졌다고 해서 행동까지 같아지는 건 아니라고도 했다. 환경이 다르면 성격과 성향 모두 달라진다는 설명이다. 심지어 환경에 따라 지적 관심사도 달라지고 학문적으로 추구하는 것도 달라진다고 했다.

육아 관련 서적에서는 뇌를 발달시키는 방법으로 유전검사 대신 제대로 된 양육을 권했다. 아이의 뇌 구조를 잘 이해해서 보다 나은 결과를 보게 해주고, 신경 최적화를 해주는 것이야말로 육아에서 가장 중시하는 일이 됐다. 아기 양육 전문가들은 띠를 맬 땐 아기를 엄마 가슴에 꼭 밀착하고, 아기를 유모차에 앉힐 땐 팔 길이만큼 거리를 유지하길 권했다. 그런 선택을 통해 내 쌍둥이 아기들의 신경 능력이 발달해 훗날 자신들의 잠재력을 맘껏 발휘할 수 있게 된다고 장담했다.

그러나 지능 유전학과 마찬가지로 육아 관련 서적에는 유전자, 신경생물학, 유전과 관련된 잘못된 추정이 많았다. 지능을 높이기 위한 뇌 기능 강화에 관한 언급은 거의 없고, 툭하면 아이가 똑똑해진다거나 지능이 더 높아진다거나 전반적으로 더 성공적이고 행복한 삶을 살게 된다고 장담했다. 그러면서 전문가들의 조언을 들어 아이의 IQ가 더 좋아지고 기억력이 향상되며 실행 제어 능력이 나아지고 언어 능력 및 양적 능력은 물론 심지어 학업 성취도도 높아진다고 했다. 나는 그런 종류의 뇌 기능 강화를 통해 결국 높은 IQ가 성공을 보장한다고 믿는 자기중심적이고 성공한 인간들이 나타나게 될 거라 확신했다.

IQ 향상을 통한 이런 장밋빛 약속보다 더 문제가 된 건 많은 언론 매체가 쌍둥이에 관한 허황된 연구를 토대로 아동 발달 및 지능에 관한 기사를 쏟아내는 것이다. 나는 뇌 기능을 높인다는 DHA등 푸른 생선의 기름에 많이 함유된 다가불포화지방산 - 옮긴이 어유fish oil, 어류에서 얻는 지방유 - 옮긴이를 잔뜩 사들였고, 닉은 내 배 속 아기들에게 신경계에 좋다는 가믈란타악기 중심의 인도네시아 민속음악 - 옮긴이 연주를 들려줬지만, 한편으로는 육아 관련 서적의 지침이 된 연구들이 과연 근거가 있는지를 비판적 시각으로 보고 있었다.

나는 육아 관련 서적을 들고 앉아서 대학 생활 초반의 일을 떠올렸다. 그때 나는 우리의 태도와 믿음에 영향을 주는 교육 제도 및 기관에 의문을 갖기 시작했다. 똑똑하다는 건 단순히 각종 검사에 잘 대처한다거나 높은 IQ 점수를 받는다는 게 아니었다. 뭔가를 안다는 건 단순히 정보를 수집하고 저장한다는 게 아니었다. 태도는 단순히 뇌 구조와 관련된 게 아니었다. 지능은 사실 적응력, 창의력, 회복력과 관련된 것이었다.

우리가, 우리 성인들이, 특히 유전학 및 뇌 발달 분야의 우리 전문가들이 지능에 관해 얘기하는 걸 보면서, 우리가 우리 생각을 진화시키지 못했다는 자괴감에 빠졌다. 내가 읽은 육아 관련 서적에 나오는 신경 최적화는 베이비붐 세대인 우리 엄마 세대의 멘사 추종과는 달라 보였지만, 타고난 똑똑함을 IQ를 높이는 수단으로 만들라는 압박은 예나 지금이나 마찬가지였다. 게다가 이제 우리 부모들은 지능과 유전자의 관계 또는 유전자와 환경의 관계에 대해 아는 게 거의 없으면서도, 태아의 신경 발달에 영향을 주도록 하라는 권유를 받고 있었다.

내가 지능에 대한 새로운 접근방식이 필요한 때가 됐다는 사실을 깨달은 건 바로 그 무렵이었다.

지능에 대해 다시 생각해보기

나는 지능의 본질을 더 깊이 이해하려 애썼으며, 이 책은 10년 넘는 연구의 결과물이다. 오랜 연구를 통해 현재의 우리를 형성하는 데 환경이 어떤 역할을 하는지 이해할 수 있었고, 지능과 관련한 지식에 획기적인 발전을 이뤄낸 새롭고 혁신적인 유전체 과학 분야를 알게 됐다. 최신 유전 과학 분야를 깊이 파고들면서 나는 지능에 대한 열정과 비판적 사고에 대한 열정 사이에서 적절한 균형을 찾을 수 있었다.

나는 지능이란 타고난 정신적 우월함(또는 정신적 열등함)이 아니라는 걸 알게 됐다. 지능은 유전학적 운명을 실현하는 것도 아니다. 단순히 어떤 검사를 하거나 DNA 염기 서열을 알아냄으로써 측정할 수 있는 것도 아니다. 이는 주변 세계를 이해하는 것이고, 환경으로부터 배우는 것이며, 더욱 새롭고 나은 길을 알아내기 위해 다른 사람들과 소통하는 것이다. 지능은 또한 호기심을 갖는 것이며 인간 삶의 세세한 부분을 탐구하려는 열망을 따르는 것이기도 하다.

지능은 하나의 과정 중에 있는 것이며 변화로 정해지는 여정이다. 각자의 세상을 이해함과 동시에 이미 갖춘 지식을 활용하기 위해 인식을 바꿔나가는 과정에서 더욱 발전한다. 가장 중요한 건 아무도 당신의 지능을 평가할 수 없고, 그 어느 것도 당신에게서 지능을 빼앗을 수 없다는 점이다.

Rethinking Intelligence

1부

지능
이해하기

1장

지능에 대해 생각해보기

지능이란 개인의 특성이나 자질일까? 아니면 어떤 상태나 상황일까? 지능은 당신 존재의 진수 같은 것으로 일상에 깊이 자리 잡고 있다. 또한 다른 무형의 자산과 마찬가지로, '뭔지 보면 알 수 있는' 자산이기도 하다. 한마디로 정의하기는 어렵지만 삶 자체에 내재한 그 무엇이라고 할 수 있다.

인터넷에서 '지능'을 검색하면 다양한 정의가 나온다. '지식을 습득하고 그 지식과 기술을 적용할 수 있는 능력', '배우고 추론하고 이해하는 능력 또는 그와 유사한 형태의 정신 활동', '경험에서 배우는 능력과 새로운 상황에 적응하는 능력, 추상적 개념을 이해하고 다루는 능력, 지식을 활용해 자신의 환경에 대처하는 능력으로 이뤄진 정신적 자질' 등등. 이 외에 감정적 노하우, 적응력, 호기심, 심지어 영적 자질이나 정신적 권모술수, 인지기능에 초점을 맞춘 정의도 있다.

이렇듯 정의는 각기 다르지만, 지능이 자신의 정신을 이용해 환경에 대처하는 능력과 관련 있다는 데는 대부분 동의한다. 결국 지능은 자질, 능력, 태도 그리고 재능과 관련된 것이다. 당신의 마음속에 있는 구체적인 무엇이며, 언제 어디서든 원하는 대로 쓸 수 있다.

그러나 오랜 세월 지능에 대해 가져온 생각과 가부장적이며 백인 우월적인 사고의 뿌리를 좀 더 자세히 들여다보면 지능에 관한 우리의 지식이 얼마나 보잘것없는지를 알게 된다.

지능에 대한 일반적인 생각들

평생 지능의 본질을 연구한 사람도 많지만, 지능에 관한 기본 사실을 이해하는 데 전문적 수준의 지식이 꼭 필요한 건 아니다. 지능에 대한 한 가지 일반적인 생각은 우리 인간은 지능 덕에 다른 동물과 구분된다는 것이다. 많은 동물이 사회생활을 하고 동물 종마다 다양한 언어와 기술을 갖고 있지만, 긴 문장을 구사하거나 컴퓨터 프로그램을 만드는 건 인간밖에 없다. 원시 인류도 우리처럼 옷을 입고 도구를 사용하며 사회생활을 했지만, 음악을 작곡하고 예술 작품을 창출하는 건 '호모 사피엔스'뿐이다.[1] 인간은 다른 동물들을 뛰어넘는 방식으로 뭔가를 배워 익히고 성장하며 문화를 발전시키는 능력이 있다. 또한 지식을 활용해 더 살기 좋은 환경을 만드는 쪽으로 진

화해왔다.[2]

지능에 대한 또 다른 일반적인 생각은 인간의 지능은 선천적이지만 개인차가 있다는 것이다. 그래서 우리는 지능을 수량화하려고 애쓴다. 미국 뉴스 사이트 '비즈니스 인사이더 Business Insider'가 〈모든 시대를 통틀어 가장 똑똑한 사람들〉을 발표하거나 《포브스 Forbes》가 〈세계에서 가장 똑똑한 나라들〉을 발표할 때는 대개 IQ 점수, 수학 및 과학 테스트 점수, 노벨상 수상자 수, 고등교육 수준과 다른 전통적인 지적 능력 측정치 등을 수치로 제시한다. 특히 IQ, 즉 지능지수 점수는 지능을 측정할 때 사용되는 가장 중요한 척도이자 결정적인 적성검사 점수로 받아들여지고 있다. 학업 성취도와 교육 성취도 역시 지능 등급을 매기는 데 일조한다. 수 세기 동안 사람들을 테스트하고 평균 득점을 환산해 서로 비교해본 결과, 전 세계인 가운데 극소수만 지능지수가 높거나 낮고 절대다수는 평균에 가까운 지능지수를 보였다.

우리는 흔히 지능이 높다고 여겨지는 사람을 우러러본다. 과거의 알버트 아인슈타인 Albert Einstein, 마리 퀴리 Marie Curie를 비롯해 현재의 스티븐 호킹 Stephen Hawking, 닐 디그래스 타이슨 Neil deGrasse Tyson, 유명한 미국 과학자 - 옮긴이, 스티브 잡스 Steve Jobs 등 지능이 높은 인물들은 유명인을 넘어 우리의 영웅이다. 이들은 복잡한 이론과 정보, 방정식 등을 다루는 데 탁월한 능력을 보일 뿐 아니라, 자신의 지식을 생산적 방식으로 십분 활용할 줄도 안다. 또 자신의 지능을 이용해 세상을 변화시키는 데도 영향력을 행사한다.

우리는 지능에 매료되지만, 세상에 알려지지 않은 천재들의 지능에 더욱 사로잡힌다. 그래서 '이웃집 여자'나 '거리의 남자'처럼 평범해 보이는 천재들이 세상에 알려질 때 환호한다. 이런 이유로 자수성가를 꿈꾸는 이름 없는 천재들이 최신 기술 혁신을 선보이는 TV 프로그램 〈샤크 탱크Shark Tank〉기업가들이 '샤크', 즉 상어라 불리는 벤처 자본가 5명에게 투자받기 위해 사업 프레젠테이션을 하는 미국 리얼리티 TV 프로그램 - 옮긴이에 열광하고, 10대 초반의 천재들이 전미 스펠링 대회를 석권하는 걸 관심 있게 지켜보는 것이다. 우리는 또 아주 똑똑한 사람들이 상황에 기민하게 대처하는 걸 지켜보길 좋아한다. 그것이 가장 뛰어난 인간 활동이라는 걸 잘 알기 때문이다.

물론 지능은 우리에게 대중의 관심을 끄는 것 이상으로 중요하다. 지능에 관한 우리의 관심은 지극히 개인적인 차원의 일이다. 우리는 지능을 제대로 이해해 일상생활에서 최대한 활용하고 도움받길 바라며, 그 혜택을 다음 세대에 전달하고자 한다.

연구 결과에 따르면, 지능은 우리가 항해할 때 든든한 바람이 돼 주고 더 나은 환경으로 보내줄 수 있다. 남들보다 높은 지능은 높은 수입, 높은 교육 수준, 더 큰 번영 그리고 장수하는 삶[3]과 관련이 있다. 또한 지능은 성취를 도모하고 건강한 선택을 하며 창의성을 발휘하고 정신 건강을 누리는 데 동기부여를 한다. 특히 높은 IQ 점수는 예술적 성공[4]과 교육적 성취[5], 과외활동 성취[6], 신체 단련[7], 직업적 성취[8]는 물론 성공적인 결혼생활[9]과도 관련이 있다. 그래서 우리는 알버트 아인슈타인의 헤어스타일이나 스티브 잡스의 검은색 터틀넥을 보고 킥킥거리면서도, 높은 지능을 이용해 우리 삶의 문제들을 해결해나가는 사람들에겐 창의력과 자유가 있으며, 지능을 잘 활용하면 좋은 일이 일어난다는 사실을 인정한다.

지능 과학의 최신 정보를 꾸준히 접하지 않은 사람들조차 지능이 독창성과 짝을 이룰 때 가장 빛을 발한다는 데 의견을 같이한다. 전기 작가 월터 아이작슨Walter Isaacson은 "똑똑한 사람들은 흔해 빠졌다. 중요한 건 창의력, 즉 대부분 상황에서 상상력을 발휘하는 능력이다"라고 말했다. 아인슈타인 역시 비슷한 말을 남겼다. "지능의 진정한 표식은 지식이 아니라 상상력이다." 아인슈타인은 지능을 잘 활용하면 호기심이 발동하고 자신의 한계를 확인하고 싶어지며 알지 못하는 것을 배우고 싶다는 동기부여를 얻게 된다고 믿었다. 이와 같은 주장은 연구를 통해 사실로 입증됐다. 요약하자면 지능이 높은 사람은 지능이 낮은 사람보다 더 쉽게 자신의 기질에 맞지 않는 일을 하면서까지 현상 타파에 나선다.[10] 지능 덕에 우리는 기민하게 위험을 무릅쓸 수 있고 신중하게 과감한 행동을 할 수 있으며 우리 상상력을 제한하는 벽을 과감히 허물 수 있는 의지를 갖게 된다. 또한 개인을 위한 더 나은 삶과 인류를 위한 더 나은 세상을 만들도록 이끌 수도 있다.

오늘날의 생각과 그 뿌리들

지능에 대한 오늘날의 우리 생각은 인간을 움직이는 것에 관한 오랜 탐구 끝에 생겨났다. 인류 역사 내내 위대한 사상가들은 지능의 본질을 알아내려 애썼다. 우리와 마찬가지로 그들은 지능을 소중히 여겼고, 인간 존재의 의미에 관한 이야기의 토대로 삼았다. 또한 온갖 역경 속에서도 늘 한 가지 희망을 잃지 않았다. 우리 모두 우리가 가진 것을 최대한 잘 활용할 것이며, 우리의 지능을 모두의 이익을 위해 활용하게 될 거라고 굳게 믿었다.

그러나 우리는 지능에 대한 옛사람들의 생각에서 그릇된 생각도 몇 가지 가져왔다. 오늘날 우리가 습관적으로 사람들의 지능에 등급을 매기면서 참된 지능을 지닌 사람은 몇 안 된다고 보는 건[11] 아리스토텔레스Aristoteles, 플라톤Platon, 소크라테스Socrates 같은 고대 그리스 철학자의 생각에서 비롯됐다. 이들은 지능이란 신이 모든 인간에게 준 권리라는 개념을 확립하는 데 기여한 동시에, 아주 높은 지능을 소유한 인간은 몇 안 된다는 개념을 도입했다.

특히 플라톤은 지능은 사람의 성격 및 용기와 불가분의 관계를 지닌 것으로, 공급이 워낙 부족해 우리의 사회 질서는 피라미드와 비슷한 형태를 띤다고 주장했다.[12] 피라미드의 맨 밑에는 지능이 낮은 사람들이 있었는데, 그들은 정신적으로 높은 평가를 받을 만한 게 전혀 없어 오로지 농사일과 건설일 같은 육체노동에만 적합했다. 피라미드의 중간에는 약간의 지능을 가진 사람들이 있었으며, 치안 유지나 방위 등 다른 사람들의 안전과 관련한 일을 하며 일종의 권위와 책임을 행사했다. 피라미드 꼭대기에는 높은 지능을 선물 받은 사람들이 있었는데, 분석하고 전략을 짜고 통치하는 사람들이었다. 운 좋은 극소수의 사람들만 지도자가 될 운명을 타고난 것이다.

플라톤이 오늘날의 유전학 중심 결혼 중매 개념을 연상케 하는 '생각이 같은 사람들의 선별적 번식' 개념을 처음 제시한 인물이라는 사실에도 주목할 필요가 있다. 이와 관련해 플라톤은 이런 말을 했다. "우월한 종자는 우월한 종자끼리, 저열한 종자는 저열한 종자끼리 짝을 이뤄야 한다. 우월한 종자의 새끼는 잘 길러야 하고, 저열한 종자의 새끼는 없애야 한다. 그래야 모든 종자가 최상의 상태를 유지하게 된다."[13]

지능에 대한 로마인들의 생각 역시 지능은 타고난 것이긴 해도 최적화할 수 있다는 오늘날 우리의 생각에 영향을 줬다. 고대 그리스인들과 마찬가지로 로마인들도 지능은 타고난다고 믿었지만, 그리스인들과는 달리 로마인들은 정신 체조를 통해 지능을 높이는 건 가치 있는 일이라고 믿었다. 오늘날 우리가 사람들에게 뇌 기능 강화를 권하듯, 로마인들 역시 높은 지능을 타고난 사람에게 더 복잡한 개념을 단순화할 수 있는 '연상 기호', 즉 심적 이미지를 잘 활용하라고 권했다.[14] 로마의 엘리트들은 그런 도구를 자신의 지능을 강화하는 일은 물론이고 긴 연설문 암기 등 실용적인 일에도 활용했다.

우리는 또 계몽주의 시대의 철학자 겸 동식물 학자들에게서 이런 주제와 관련된 몇 가지 나쁜 점들, 특히 지능을 인종 차원에서 보는 나쁜 습관을 물려받았다. 18세기 내내 스웨덴 웁살라에서 독일 쾨니히스베르크에 이르는 많은 지역에서 머리에 가발을 쓰고 얼굴에 분을 바른 칼 폰 리네Carl von Linné[15]와 임마누엘 칸트Immanuel Kant[16] 같은 학자가 특정 유전자를 가진 인종, 즉 유럽인 사이에 지능 높은 사람이 더 많다고 강의했다. 그들이 지능에 대해 이처럼 분석하는 가운데, 탐험가들은 배를 타고 전 세계를 돌며 땅과 사람들을 식민지화하고 있었다. 선원들의 입을 통해 이런저런 괴물과 이교도들 그리고 서로 다른 인간들에 관한 이야기를 듣고, 사상가들은 인간을 여러 '인종'으로 나눴고 지능에 따라 각 인종에 서열을 매겼다.

인종과 지능의 관계에 대한 이런 관점은 물론이고 다음과 같은 우리의 믿음 또한 17세기 계몽주의 사상가들에게서 물려받은 것이다. 지능은 유전학적 우월함의 증거라는 믿음, 당신이 축복받아 날 때부터 지능이 높다면 그 지능은 최적화할 가치가 있다는 믿음 말이다.[17] 계몽주의 사상가들은 어떤 미스터리한 씨앗, 즉 당신의 몸과 마음 깊은 곳에 숨겨진 지침서가 현재의 당신(이성적인 유럽인이든 아니면 비이성적이고 교화할 수 없는 '기타 인종'이든)을 만들었다는 의견을 처음 제시했다. 이들의 주장에 따르면, 유럽인은 뛰어난 지능을 최대한 활용해 인류를 약속된 문명의 땅으로 인도할 책임이 있었다.[18] 대항해시대가 끝나고 산업혁명이 시작되면서 조지 퀴비에 Georges Cuvier[19]와 데이비드 흄 David Hume[20] 같은 후기 계몽주의 사상가는 귀족 집안 출신들에게 세계를 맡기고 지능이 낮은 '기타 인종'을 지배하게 해야 한다고 말했다. 이들은 세상이 노예 제도와 대량 학살로 움직이는 걸 옳은 방향으로 여겼다. 지능 높은 유럽인들이 문화와 정치를 발전시키고, 이른바 '비이성적인' 다른 모든 것은 밟아 없애는 게 인류의 발전에 도움이 된다고 본 것이다.

현재 우리는 노예 제도와 대량 학살이 비인도적 범죄로 여겨지는 인권의 시대에 살고 있지만, 지능에 대한 인종차별적 관점이 여전히 존재한다는 건 주지의 사실이다. 따라서 아직도 우리는 높은 지능은 극소수 사람들의 타고난 권리라고 믿게 만든 비과학적 개념에서 벗어나지 못하고 있다.

유전자들의 천재성

생명 과학에 지대한 영향을 미친 찰스 다윈Charles Darwin 시대를 들여다보자. 1831년부터 1836년까지 HMS 비글HMS Beagle호를 타고 여행에 나선 '유전학 및 현대 생물학의 아버지' 다윈은 열대 바다를 항해하며 특이한 동식물이 많은 여러 군도를 탐험했다. 그리고 희미한 남태평양의 태양 아래에서 자연도태에 의한 진화 이론, 즉 특정 환경에 더 잘 맞는 생명체가 살아남아 유전자를 대물림하고, 그 결과 자연의 전체 종에 변화가 생긴다는 이론을 정립했다.

다윈은 지능의 기원에 대해서도 많은 생각을 했는데, 혁명적이라기보다는 진화론적인 생각들이었다. 다윈은 지능에 대해 모든 인간이 타고나는 것이지만 인종에 따라 진화 정도가 다르다고 주장하는 등 이전에 등장했던 사상가들의 주장을 연상케 했다.[21] 그는 서로 다른 인종 간에는 일종의 계층 같은 게 존재한다고 생각했다.

다윈이 말하는 계층은 '저능한 아프리카 미개인'에서 이성적인 유럽 학자까지 또는 '추상어를 사용하지 않는 야만인'에서 '아이작 뉴턴Issac Newton과 윌리엄 셰익스피어William Shakespeare 같은 지성인'까지 다양하다.[22] 사실 다윈은 인문학에 처음 두개골 계측 개념을 도입한 인물 중 하나로, 인간의 두개골은 지적 능력에 따라 서로 다르게 측정된다고 믿었다. 그는 어떤 유럽인이 어쩌다 '흑인' 두개골을 갖게 된다면, 전혀 다른 동물이라고 결론지을 거라고 주장했다.[23]

다윈은 혼자가 아니었다. 그를 응원하고 그의 진화론에 찬사를 보내는 다른 저명한(백인 남자) 과학자들이 많았다. 오늘날 우리가 알고 있는 정신 건강 개념의 상당수는 이들에게서 얻은 것이다. 실제로 현재 흔히 쓰이는 '적자생존survival of the fittest'이란 말을 만들어낸 사람은 독학으로 박식해진 영국 철학자 허버트 스펜서Herbert Spencer였다.[24] 스펜서는 평생 자신의 그 유명한 이른바 '사회진화론'에 모든 걸 쏟았다. 사회진화론이란 유전자뿐 아니라 사회의 각종 계급과 인종과 문화 역시 진화하며, 더 적합한 계급과 인종과 문화가 살아남아 나머지 모든 걸 지배하고 정복해 결국 가장 오래 살아남는다는 이론이었다.

스펜서의 이론을 받아들인 다윈은 가장 적합한 계급과 인종, 문화를 발전시켜야 한다고 주장했다. 문명화된 사회 가운데 나약한 사회에 그 문화가 전파되도록 한다면 '인류에 아주 해로운 일'이 될 것이며, 결국 인류의 '퇴보'로 이어질 거라고 주장했다.[25] 그래서 지능이 낮은 사람들의 경우 유전자를 대물림하지 못하게 막아야 했다. 그건 당시 남북 아메리카에서 볼 수 있었던 노예 제도나 병든 사람들과 가난한 사람들에 대한 보호를 중단해 그들을 하루속히 도태시킴으로써 실현 가능했다.

현대 과학은 지능이 유전학적으로 결정된다는 다윈의 믿음을 잽싸게 차용했다. 이후 생물학과 인류학부터 사회학과 정치·경제학에 이르는 모든 과학 분야에 스며들었다. 그러나 다윈의 믿음이 크게 퍼진 건 세계 각지를 돌아다닌 다윈의 사촌, 프랜시스 골턴Francis Galton 덕이었다. 다윈은 1882년 세상을 떠날 때까지 미개인들을 사회화할 수 있으며, 그걸 통해 미개인들을 어떤 식으로든 인류에 도움이 되는 존재로 만들 수 있다고 주장했다. 그러나 과학 분야의 온갖 상을 거머쥐고 1909년 영국 왕 에드워드 7세에게서 기사 작위까지 받은 골턴은 지능은 절대적이며 불변의 것이라는 믿음이 너무 강했다. 그래서 최적화는 유전학적 제거, 즉 그가 말한 '우생학eugenics, 인류를 유전학적으로 개량할 목적으로 여러 조건과 인자 등을 연구하는 학문 - 옮긴이'을 통해서만 가능하다고 믿었다.[26]

더 나은 것 그 이상

우생학은 과학이자 사회 운동이었고 정치적이면서 개인적이었다. 우생학의 목적은 '밝은 전구'를 번성하게 하고 '흐릿한 전구'가 번성하는 걸 막아 이상적인 인류를 만들어내자는 데 있었다. 골턴은 이를 '재능이 뛰어난 인종을 만들어내기 위한' 시도라고 했다. 그 시도는 당시 유럽과 미국에서 대대적인 공중보건 캠페인 형태로 나타났는데, 이전의 지식인들과 정치 엘리트들 그리고 당시 권력을 쥐고 있던 지도자들의 바람이 구체화된 것이었다.[27] 이런 배경으로 우생학은 널리 보급됐고 세계 각국 정부에 의해 실행에 옮겨졌다. 우생학의 지능 강화 방식은 수십 년간 지정학 분야의 대세를 이뤘으며 심지어 20세기까지 이어졌다.[28]

그렇다면 우생학자들은 정확히 어떻게 지능을 높이려고 했을까? 먼저 국내적으로 유럽 상류층에 대해선 출산 시 장려금을 지원하는 인구증가 정책을, 정신적 문제가 있다고 판단되는 사람들에 대해선 대대적인 불임[29] 및 격리 조치하는 인구 억제 정책을 내놨다.[30] 국제적으로는 대량 학살 및 식민지 정착을 통한 인종 말살 정책을 주장했다. 독일 나치스가 1100만 명 이상의 유대인과 집시, 정치범, 성 소수자, 장애인 그리고 사회에 부적합하다고 분류된 사람들을 무참히 살해한 나치 집단 수용소를 모르는 사람이 거의 없을 것이다. 그러나 이른바 '저능한' 시민 6만 5000명을 강제 불임시키면서 절정에 달했던 미국 우생학 프로그램[31]에 대해 알고 있는 사람은 얼마 없다. 게다가 골턴이 유전학적 전사들을 투입해 아프리카 대륙 전체에 대한 대량 학살을 감행해 아프리카인들을 멸종시키자는 요구까지 했다는 걸 아는 사람은 극히 드물다.[32]

갑자기 우생학 얘기를 꺼내 뜬금없어 보일지 모르나, 인간의 지능, 특히 개인적 점수로 평가되고 측정되는 지능에 대한 논의에서 우생학은 매우 중요한 부분이다. 사실 우생학은 애초에 종 차원에서의 뇌 기능 강화를 독려하기 위해 나온 전 인구를 대상으로 한 과학, 즉 일종의 인구통계학이었다.[33] 그러나 우생학 전략 가운데 상당수가 개인 요구에 맞춰졌다. 우생학이 인간의 성생활과 관련이 있는 데다 특정 인구를 상대로 자신들에게 유리한 개인행동을 취하도록 권했기 때문이다.

지능검사에 대한 우리의 집착은 우생학에서 비롯됐다. 20세기에 들어와 첫 20년 후 대중이 참여하는 '더 적합한 가정Fitter Families'[34] 및 '더 나은 아기Better Babies'[35] 박람회가 개최됐다. 여기서 지능 높은 사람들이 서로 어울리면서 성 상담 및 결혼 상담, 지능검사를 받았고(많은 사람이 자신의 높은 지능을 알고 그걸 더 강화하길 원했음) 상을 받기 위해 경쟁을 벌였다. 사람들은 햇빛 찬란한 박람회장 안을 거닐면서 최적의 삶의 방식에 대한 지침을 제공하는 위생 및 영양 관련 부스를 만났고, 아기와 성인들이 몸무게나 키 등을 잴 수 있게 온갖 종류의 툴과 저울을 갖춘 공간도 만났다. 눈과 치아 등 심신의 모든 걸 검사하고 평가하고 기록하고 새로운 치료법을 처방받을 수 있는 사무실도 만났다. 우생학자들은 높은 지능을 타고난 사람이 자발적으로 지능검사를 받고, 자신과 비슷한 수준의 지능을 가진 짝을 찾아 다음 세대의 유전자를 개선해야 한다고 주장했다.

지능 높이기

2차 세계대전 이후 몇 년간 유대인 대학살의 정확한 규모와 엄청난 후유증을 파악하려는 노력이 이어졌다. 우생학 운동은 '하위 인종'에서 저능한 사람을 솎아내는 운동이라는 이미지를 벗어던지고 각 인종에서 높은 지능의 잠재력이 있는 사람을 찾아내는 운동으로 거듭나려 안간힘을 썼다.[36] 대량 학살 중심의 개념은 말할 것도 없고, 노골적인 인종차별적 이데올로기와 엮이고 싶지 않았던 과학자들은 지능의 개념을 인종과 분리하려 애썼다. 또 인종 간 비교를 피함으로써 지능 및 지능 측정 수단에 대한 과학적 정의를 그대로 지켜내려 했다.

전 세계 여러 사회에 인종차별주의와 편견이 만연했던 때, 지능 과학자들로 구성된 한 집단이 지능을 모두에게 적용 가능하며 교육과 사회화와 행동 변화를 통해 개선 가능한 형태로 재정의하기 시작했다.[37] 그들은 지적 역량에는 적응력과 융통성, 열린 마음이 필요하다고 주장했다. 이런 능력은 어떤 배경의 사람이든 가질 수 있다. 다시 말해, 지능의 민주화가 이뤄진 것이다.

생물학과 교육 그리고 심리학 분야에서 연구원들은 어떻게 하면 지능을 가장 잘 측정하고 수량화할 수 있을지를 탐구하기 시작했다. IQ 검사 결과로 나온 점수로 그렇게 할 수 있을까? 아니면 그보다 더 복잡미묘한 일일까? 20세기가 끝나갈 무렵, 하버드대학교 심리학 교수 하워드 가드너 Howard Gardner 가 '다중지능 multiple intelligence'[38] 이라는 새로운 이론을 제시하면서 이 질문에 대한 답을 내놓았다. 다중지능 이론에 따르면, 세상에는 많은 형태의 지능이 있다. 수학이나 작문에 뛰어난 사람이 있는가 하면, 그런 능력은 떨어지지만 다른 능력이 뛰어날 수도 있다. 칵테일 파티에서 사람들과 잘 섞이지 못하는 수학 석학들을 생각해보라. 아니면 식사 후에 팁 계산을 못 해 쩔쩔매는 예술 거장들을 생각해보라.

심리학자이자 과학 저술가인 다니엘 골먼 Daniel Goleman 역시 그의 저서 《정서지능: 왜 IQ보다 중요할 수 있는가? Emotional Intelligence: Why It Can Matter More than IQ》(2014)에서 다중지능 이론을 제시하며 IQ에 관한 대중적 관념을 신랄하게 비판했다. 골먼은 뇌 해부학의 기본 사항을 이용해 각종 감정을 제어하는 우리의 뇌 부위가 어떻게 추론 능력을 추월하고, 우리의 지적 능력을 무력화할 수 있는지(IQ가 높지만 학업에서 좋은 결과를 보여주지 못하거나 폭력 범죄를 저지른 사람들에게 목격되는 현상)를 보여줬다. 골먼은 IQ 검사 대신 정서에 대한 검사와 교육에 집중해야 하며, 우리의 정서적인 마음을 훈련해 합리적인 마음이 더 높은 지능을 가질 수 있게 해야 한다고 강조다.

가드너와 골먼의 이론은 지능 과학의 지능 대물림 개념에서 벗어나는 데 도움을 주지 못했으나(이와 관련한 내용은 다음 장에서 살펴본다), 대중과 학자들의 생각에는 큰 영향을 미쳤다. 이런 배경으로 우리는 이제 지능 얘기를 할 때 표준적인 IQ 체크 리스트 외에 음악 적성(연주와 학습의 양적 측면), 시공간 능력, 운동 감각 능력, 대인관계 능력, 사회 및 정서 인식 등 많은 능력을 거론한다.

물론 지금은 다중지능을 다룬 책이 아주 많으며, 하나같이 다중지능에 관한 다양한 의견을 제시한다. 그리고 여전히 생물학적 분석과 유전학적 분석이 대세를 이루고 있는 지능 과학 분야에서 대부분 과학자는 지능을 결정하는 특성에 대한 해석에 신중한 모습을 보인다. 지능의 과거 개념에 충실한 과학자마저 지능을 최대한 잘 활용한다는 건 지능의 분석적이고 창의적이며 실용적인 측면을 최대한 잘 제어한다는 의미라고 말한다.

간단히 말해, 당신의 지능을 최적화하고 싶다면 IQ뿐 아니라 훨씬 더 많은 것을 향상시켜야 한다.

그러나 새로운 천 년으로 나아가는 현시점에도 인간은 정해진 방식으로 태어나며 우리 유전자 속에 잠재력이 암호화돼 있다는 개념이 여전히 남아 있다. 지능 유전학 분야는 지난 20여 년간 새로운 뇌 영상 촬영 기술들과 유전체 과학의 출현 덕에 그야말로 전성기를 구가했다. 과학자들은 광범위한 MRI, 즉 자기공명영상 접근방식을 활용해 뇌가 어떻게 작동되는지를 관찰하기 시작했다. 그리고 인간의 뇌에 관한 연구와 상상 가능한 모든 활동에 전념한 끝에 뇌의 신경망과 각 부위 간 적절한 커뮤니케이션 결과가 지능으로 나타난다고 추정했다.[39] '인간 유전체 프로젝트 Human Genome Project' 같은 전 세계적인 프로젝트를 통해 밝혀진 DNA 염기 서열을 연구 중인 유전학자들은 그 추정이 사실임을 확인했으며, 특정한 뇌 기능 및 행동들과 관련된 '유전자 표지 genetic marker, 특정한 세포나 생체를 확인하는 데 쓰는 유전자들 - 옮긴이'를 알아내는 데도 성공했다.[40] 이 밖에 지능에 관한 한 뇌 크기가 중요하다는 사실도 알아냈다. 뇌가 너무 크거나 너무 작으면 기능은 할 수 있지만 문제가 발생한다. 뇌의 모양도 중요하다. 측두엽이나 전두엽의 모양에 따라 모든 종류의 뇌 기능(특히 지적 능력)이 강해지기도, 약해지기도 한다.

그렇다면 이 모든 과학적 발전 속에서 지능에 대한 우리 시각은 어떻게 달라졌을까? 오늘날 우리는 어떤 시대정신 속에서 생각하고 알고 향상되고 있을까? 우리의 공통 관심사인 지능 얘기로 되돌아가면, 우리는 이제 지능을 어떤 한 가지 특정 능력이나 재능으로 보지 않는다. 향상될 수 있고 또 개선해야 할 일련의 능력으로 여긴다. 우월한 뇌와 지능을 갖고 태어난 사람은 극소수이지만, 우리는 여전히 지능은 타고나는 것이며 등급을 매길 수 있는 거라고 믿는다.

내가 알고 있는 진실은 이렇다. 지능은 모두에게 주어진다. 높은 지능을 갖는 방법은 많고, 이를 가능하게 만드는 신경 경로가 많듯이 당신의 마음 혹은 정신을 최적화할 방법도 많다.

2장

IQ 이해하기

> 마이크로소프트Microsoft 사는 오랫동안 IQ와
> '지적 대역폭'을 토대로 직원을 채용하고 있다.
> - 빌 게이츠Bill Gates

학교와 정부는 물론 많은 고용주가 인력 채용 시 평가자료로 지적 능력을 염두에 둔다. 교육 및 의학 분야부터 군사 분야에 이르는 대부분의 사회 기관이 IQ 검사를 이용해 신규 지원자들의 잠재력을 평가한다. 다중지능 이론과 신경 최적화가 많은 관심을 끌고 있음에도, IQ는 여전히 공적 지위를 가진 사람들에 의해 한 개인의 지적 능력을 가장 정확히 평가할 수 있는 수단으로 여겨지고 있다. 낮은 IQ 점수는 '무능력자'로, 높은 IQ 점수는 '재능을 타고난 사람'으로 간주된다. 우리는 일상생활에서 이런저런 집단을 경험하며 지능이 IQ 점수로 결정되는 경우를 자주 목격한다.

짚어봐야 할 점은 지능에 대한 일반적 정의처럼 IQ 역시 비과학

적이고 문제가 많은 발명품이라는 것이다. 게다가 IQ는 통계학적 정확성에도 문제가 있다.

그러나 IQ 시스템을 해체하기 전에 어떻게 생겨난 건지 알 필요가 있다. IQ 평가의 역사를 알아보고 IQ가 모든 사회의 숨통을 틀어쥐게 된 이유를 생각해보자. IQ 점수의 복잡성을 이해함으로써 우리에게서 지능의 진정한 토대, 즉 '환경에서 배우는 것'을 앗아가는 잘못된 관행을 바로잡았으면 한다.

거짓말, 엿 같은 거짓말 그리고 통계

IQ의 기원을 들여다보면 '에드워드 시대 Edwardian Era, 영국 왕 에드워드 7세의 재임 기간인 1901년부터 1910년까지 - 옮긴이'까지 거슬러 올라가게 된다. 프랜시스 골턴은 인간의 지능을 최적화하는 일에 사촌인 찰스 다윈의 진화론을 적용하면서 지능을 측정하는 방법이 필요했다. 가장 좋은 방법은 표준화된 지능검사였다.

이해를 돕기 위해 골턴이 맞닥뜨린 한계를 생각해보자. 당시 현대 생물학이 하나의 학문으로 급부상하고 있었다. 생물학과 관련된 대부분의 일은 다윈과 골턴 두 사람이 중산모에 연미복을 걸친 많은 지식인을 이끌고 있던 런던 왕립학회 안에서 일어났다.[1] 다윈은 《종의 기원》을 발표해 왕립학회의 가장 명예로운 상인 코플리 메달 Copley Medal을 받았다.[2] 그 뒤 골턴은 지능을 중심 변수로 활용해 로지스틱 회귀 logistic regression, 예측 분석을 위한 회귀 분석 중에서 특히 종속 변수가 이분형일 때 수행할

수 있는 회귀 분석 기법의 하나 - 옮긴이|와 상관성, 표준편차 standard deviation, 자료의 분산 정도를 나타내는 수치 - 옮긴이 개념을 도입하는 등 조사 연구 및 통계 분야의 선구자 역할을 했다.³ 그는 이 새로운 측정 과학에 다윈의 진화론을 접목해 우생학의 바이블 같은 책 《유전 천재 Hereditary Genius》(1869)⁴를 썼다.

골턴은 수많은 시간을 들여 왕립학회의 동료 학자들을 상대로 우주 질서 안의 다른 모든 것과 마찬가지로 지능 또한 '종형 곡선 bell curve'을 그린다는 내용의 강연을 했으며, 그 과정에서 지금도 유명한 '종형 곡선'이란 과학 용어를 만들었다.⁵ 종형 곡선의 양쪽 끝에는 천재적인 사람들과 바보 같은 사람들이 각각 있었고, 중간에는 평범한 사람들이 있었다. 골턴은 영국 사우스 켄싱턴의 하이드 파크 인근에 정신 검사 센터를 설립했고, 거기에서 최초의 표준화된 지능검사를 수행했다.⁶ 그리고 지능검사 점수들의 평균값이 실제 종형 곡선을 그린다는 걸 입증했다.⁷

1886년 골턴은 왕립학회가 수여하는 '킹즈 메달 King's Medal'⁸을 받았으며, 거리 지능검사를 시행하면서 intelligence quotient(현재 IQ로 알려져 있음), 즉 지능지수를 널리 보급하기 위한 국제적인 지능지수 검사 캠페인도 벌였다.⁹

골턴의 우생학과 지능 유전학은 전 세계로 들불처럼 번졌고, 미국 대통령 시어도어 루스벨트 Theodore Roosevelt와 영국 총리 윈스턴 처칠 Winston Churchill, 미국 소설가 겸 의학자 올리버 웬델 홈즈 Oliver Wendell Holmes처럼 세계에서 영향력 있는 사람들의 마음을 사로잡았다. 또한 유럽과 미국, 식민지화된 세계의 주요 대학들이 골턴의 우생학과 지능 유전학에 지대한 관심을 보였다.[10] 우생학과 지능 유전학은 워낙 강력해 1900년대 초의 식민지 확대 정책을 합리화했고,[11] 지능검사 확인 카드를 소지한 유전학자가 가장 확고한 우생학자로 여겨지는 등 새로 생겨난 유전학 분야에도 지대한 영향을 미쳤다.

    IQ 검사와 통치, 지정학 그리고 유전학의 주도권은 정해졌고, 개인의 지능은 자기 자신을 다른 사람들과 비교하는 순위 비교를 통해서만 알 수 있다는 추정이 과학과 교육, 행정 분야에서 중요한 원칙이 됐다.

전형적인 지수

IQ 검사는 1904년 프랑스 심리학자 알프레드 비네Alfred Binet와 시어도어 시몽Theodore Simon이 프랑스 정부의 의뢰를 받아 지적 장애아들을 알아내기 위한 지능검사를 개발하면서 본격적으로 시작됐으나, 오랜 세월이 흐른 후에도 거의 변하지 않았다.[12] 현재 스탠퍼드-비네 검사로 알려진 비네-시몽 검사(세계에서 가장 많이 쓰이는 지능검사임) 덕에 지능검사 결과를 준거집단reference group, 한 개인이 자신의 신념·태도·가치 및 행동 방향을 결정하는 데 준거 기준으로 삼는 사회 집단 - 옮긴이 검사 응시자들(이 경우는 같은 나이대의 사람들)과 비교해서 한 개인의 점수를 매기는 골턴의 접근 방식은 입지가 더 공고해졌다.[13] 프랑스 정부[14]가 비네-시몽 검사를 프랑스 전역의 공립학교와 기관에 채택했을 때, 그 검사가 전 세계로 퍼져 거의 모든 국가에 뿌리내리게 되리라곤 상상도 하지 못했다.

그러나 IQ 검사는 몇 년 사이에 미국으로 건너갔고, 거기에서 사회 곳곳에 스며들었다. 발달 장애 청소년 문제를 다루고 있던 심리학자 헨리 고다드Henry Goddard가 그 IQ 검사 항목들을 영어로 번역한 뒤 2만 부 넘게 복사해 미국 전역에 배포함으로써, IQ 검사를 교육 분야 외의 사회 곳곳에 확대시킨 것이다.[15] 열렬한 우생학자였던 고다드는 임상 용어에 moron, imbecile, idiot IQ 점수가 낮은 사람들을 지칭한 어휘로 moron보다는 imbecile이, imbecile보다는 idiot이 더 지능이 낮은 사람을 뜻함 - 옮긴이 같은 말을 도입했으며, 정치인들을 향해 IQ 점수가 낮은 사람들을 강제 불임시켜야 한다고 주장했다.[16] 고다드는 공립학교 시스템 안에 IQ 검사를 성공적으로 안착시킨 뒤 IQ 점수를 통한 미국 내 인종 청소에 착수했다. 미국 정부는 자유의 여신상이 서 있는 뉴욕 엘리스 아일랜드에 지능 검사 센터를 설립하려는 고다드에게 지원을 아끼지 않았다.[17] 총 30개가 넘는 미국 주(州)들이 그의 강제적인 불임 프로그램을 합법적으로 채택했으며, 1927년에는 미국 연방 대법원에서 그 프로그램이 위헌이 아니라는 판결이 내려졌다.[18]

IQ 검사는 이제 교육 기관 및 직장 내 인력 채용 및 배치와 보상, 임상 연구 및 치료, 각종 사교 클럽 가입 허가를 위한 평가 기준이 됐다. 특히 미국에선 군대에서 수백만 명의 징집병을 심사해 계급 및 직책을 정하는 데도 IQ 검사가 활용됐다.[19] 교육 현장에서는 학생들을 '재능 있는 학생들'과 '지능이 모자란 학생들'로 구분해 추적·관찰하는 시스템까지 도입됐다. 또한 《미국 지능 연구 A Study of American Intelligence》(1901) 같은 책이 여럿 발간돼 미국 정부를 상대로 이민 정책과 인종 통합 정책 탓에 미국에 정신박약자가 점점 늘고 있다는 경고를 했다.[20] 그 결과 1924년에 미국 정부는 아시아와 아프리카 이민자 수용을 사실상 전면 금지하고 유럽에 대해선 이민을 국가별로 할당하는 새로운 '이민법 Immigration Act'을 발표했다.[21] (이후 계속 유지된 이 인종차별적인 이민 금지령은 1965년 린든 존슨 Lyndon B. Johnson 미국 대통령이 '민권법 Civil Rights Act'에 서명하면서 폐지됐다.)[22]

IQ 검사는 나치스의 이른바 '인종 위생학 racial hygiene' 운동의 토대가 되기도 했다. 유대인 대학살로 희생된 수천만 명 가운데 적어도 4분의 1이 그 운동으로 목숨을 잃었다.[23] 독일의 독재자 아돌프 히틀러 Adolf Hitler는 '유전병 있는 후손을 예방하기 위한 법 Gesetz zur Verhütung erbkranken Nachwuchses'[24]에 따라 Aktion T4에 서명했는데, 이는 '정신박약자'를 비롯해 삶에 부적합하다고 여겨지는 사람들에게 '자비로운 죽음 mercy death', 즉 안락사를 시행하는 우생학 캠페인이었다.[25] 희생자들은 '백치' 같이 '심각한 유전병'이 있다고 의심되는 사람을 신고하라는 명령을 받은 의사와 산파들에 의해 정신병원과 학교, 병원에서 선별됐다. 2차 세계대전이 시작될 무렵까지 이런 조건에 맞는 3세 이하의 아이들이(심지어 신생아까지) 가족의 승낙 없이 무조건 안락사를 당했다.

인종과 IQ

1960년대에 이르러 민권법이 시행되고 나치스가 자행한 온갖 만행이 만천하에 알려졌으나, 비네-시몽 IQ 검사(1916년 스탠퍼드대학교 교수 루이스 터먼Lewis Terman에 의해 개정됐으며, 그 이후 현재의 이름인 '스탠퍼드-비네' 검사로 불리게 됐음)는 그 어느 때보다 더 큰 인기를 누렸다.[26] 이 IQ 검사에 이어 곧 레이먼드 캣텔의 문화공정 지능검사Raymond Cattell's Culture-Fair Intelligence Test[27]와 웩슬러 지능검사Wechsler Scales[28] 같은 다른 IQ 검사도 출현해 지금까지도 널리 사용되고 있다.

그런데 IQ 검사를 일반 대중에게 확대 시행하는 과정에서 골치 아픈 패턴이 발견됐다. 백인 응시자들의 IQ 검사 결과가 흑인 응시자들보다 계속 더 높게 나온 것이다.[29] 백인 응시자들의 평균 점수는 그야말로 보통 수준이었다. 반면, 흑인 응시자들의 평균 점수는 너무 낮게 집계돼 미국 같은 국가들의 법에 따르자면 격리 조치까진 아니더라도 최소한 임상학적 개입이 필요할 정도였다. 이는 지능 전문가들이 IQ의 공신력에 대해 의문을 제기할 만한 순간이었지만, 이른바 '인종 간 IQ 격차Racial IQ Gap'로 인해 IQ 검사는 오히려 많은 사람에게 더 큰 지지를 받게 된다.[30]

영향력 있는 몇몇 미국 과학자는 심지어 아프리카계 사람들은 낮은 IQ 점수로 입증되고 있듯 유전학적 결함을 갖고 있어 인류 전체의 지능까지 끌어내리고 있다는 얘기를 했다. 스탠퍼드대학교 물리학자 윌리엄 쇼클리William Shockley는 흑인들에겐 교육받을 기회를 줄 게 아니라 결함 있는 유전자를 퍼뜨리지 못하게 불임을 시켜야 한다고 주장했다.[31] 또한 캘리포니아주립대학교 버클리 캠퍼스의 심리학 교수 아서 젠슨Arthur Jensen은 1969년《하버드 에듀케이셔널 리뷰Harvard Educational Review》에 발표한 자신의 논문〈우리는 IQ와 학업 성과를 얼마나 올릴 수 있을까? How Much Can We Boost IQ and Scholastic Achievement?〉에서 흑인들에 대한 교육에 반대하며 쇼클리의 주장에 힘을 보탰다.[32] 젠슨은 이른바 '안락사'라는 극단적인 조치 없이 선별적인 출산 및 평생 추적·관찰을 그대로 중시하는 등 갈턴의 우생학을 현대화하려 애썼다.

한편 하버드대학교와 UC 버클리대학교에서는 하버드대학교 생물학 교수인 스티븐 제이 굴드 Stephen Jay Gould와 리처드 르원틴 Richard Lewontin의 주장을 둘러싸고 교수와 학생들 사이에서 열띤 토론이 벌어졌다. 두 교수가 결국 또 다른 인종차별적 관행에 지나지 않는다는 걸 입증해 보이면서 IQ에 기반을 둔 쇼클리와 젠슨의 새로운 우생학에 반대 의사를 표명했기 때문이다.[33] 1973년 굴드와 르원틴을 비롯한 천여 명의 학자가 뜻을 모아《뉴욕타임스》에 '인종차별 반대 결의 Resolution Against Racism'라는 성명을 발표하고 과학자들과 대학, 전문가 단체를 향해 '강의실 내 인종차별을 뿌리 뽑고', '인종차별주의적인 연구 전파를 비판하고 거부하며', '인종차별주의적인 사상들의 비과학적인 면을 부각해 학계가 그 사상을 옹호하는 듯한 인상을 주지 않고', '늘 인종차별주의적인 관행과 사상을 근절하는 활동을 주관하고 지원할 것'을 호소했다.[34] 굴드와 르원틴은 IQ 검사에 대한 반론의 근거를 찾아내《인간에 대한 오해 The Mismeasure of Man》(1981)[35]나《우리 유전자 안에 없다 Not in Our Genes》(1984)[36] 같이 비평가들의 극찬을 받은 일련의 대중 과학서에 발표함으로써 현대 우생학자들의 왜곡된 연구를 부채질하는 백인 지상주의자들의 불순한 동기를 비판했다.

그러나 안타깝게도 IQ 검사에 대한 이런 이의 제기는 지능에 대한 우리 생각에 큰 변화를 주지 못했고, IQ 검사를 둘러싼 논란에 한

번 더 불을 지핀 격이 되고 말았다. 엄마가 어린 나를 탁아소에 맡긴 첫해에 '인종 간 IQ 격차' 논란은 법정까지 가게 됐다. 그때까지만 해도 각 학교에서는 한 학생의 성적이 평균 밑으로 떨어지면 IQ 검사를 받게 했다. 검사 결과, 낮은 점수가 나오면 '교육 가능한 정신 지체아 EMR, Educable Mentally Retarded' 학급에 특별 배정할 근거가 됐다. 그런데 당시 내 고향인 캘리포니아주 교육 공무원들의 눈에 특기할 만한 패턴 하나가 보이기 시작했다. IQ 검사 점수에 의한 추적·관찰 제도 도입 이후 지나칠 정도로 많은 흑인 학생이 EMR 학급에 배정되고 있던 것이다. 1979년 캘리포니아주 법원은 "IQ 검사 때문에 흑인 학생들이 차별 대우를 받고 있으므로 IQ 검사는 더 이상 학급 배정의 유일한 기준이 될 수 없다"라는 판결을 내렸다.[37] 1986년 캘리포니아주는 그 같은 판결을 관내 모든 학교의 흑인 학생 대상 EMR 학급 배정에 확대 적용했다.

영원무궁한 IQ

캘리포니아주 법원의 판결이 IQ 검사 관련 산업에 타격을 입힌 듯했으나, 환경 유해 요소가 IQ에 미치는 악영향을 파헤치려 한 미국인 의사의 노력 덕에 IQ 검사에 관한 대중의 관심은 다시 고개를 들기 시작했다. 하버드대학교 소아과 의사 허버트 니들먼 Herbert Needleman은 납 중독뿐 아니라 납 노출도 인간의 건강 및 발달에 심대한 타격을 준다는 사실을 알게 됐다.[38] 1979년 캘리포니아주가 학교에서 행해지는 인종차별적 개인 정보 수집에 이의를 제기하고 나선 상황에서, 니들먼은 납 노출로 인해 IQ 점수가 떨어진다는 내용의 논문을 발표했다. 그는 아이들의 치아 및 뼈에 축적된 납 수치를 측정하는 연구를 통해 납 노출 정도가 심할수록 IQ 점수가 낮아진다는 사실을 알게 됐다. 또한 태중에 있는 아기나 치아 발달 시기에 있는 어린 아기에게 납 노출은 IQ 저하와 언어 발달 장애, 집중력 저하의 원인으로 작용한다는 사실도 알아냈다. 니들먼의 이러한 연구 덕에 지금까지 문제가 되는 중금속, 살충제, 석면, 난연제_{플라스틱의 내연소성을 개선하기 위해 넣는 첨가제 - 옮긴이} 같은 환경 물질의 유해성을 IQ 검사로 입증해 과학 및 의학, 환경 분야에서 정의를 구현하려는 운동이 확산하게 된다.

같은 해 뉴질랜드 오타고대학교 정치학 교수 제임스 플린_{James Flynn} 역시 IQ 검사를 활용해 각종 사회 환경 내 불평등 문제를 찾아냈다.[39] 지능검사와 관련된 플린의 연구를 통해 시간이 지나면서 IQ 검사 점수가 전반적으로 오르고 있다는 사실이 밝혀졌다. 훗날 '플린 효과_{The Flynn Effect 전 세계적으로 세대가 바뀌면서 점점 IQ 점수가 올라가는 현상 - 옮긴이}'라 불리게 된 이런 현상을 보고, 플린은 IQ 점수는 개선될 수 있을 뿐만 아니라 환경의 영향으로도 변할 수 있다고 주장했다. 학술 저널 《아메리칸사이콜로지스트_{American Psychologist}》에 실린 자신의 논문 〈정의를 찾아: 시간 경과에 따른 IQ 향상_{Searching for Justice: The Discovery of IQ Gains over Time}〉에서 그는 이렇게 주장했다. "'인종 간 IQ 격차'를 보면 1990년대 흑인들의 평균 생활수준은 대략 1940년대 백인들의 평균 생활수준과 비슷하다는 사실을 알 수 있다. 양질의 영양 섭취와 의료 서비스, 교육, 생활환경이(심지어 학교 시설, 하수, 도로도) 갖춰지지 않았던 탓이다."[40] 또한 그는 다른 시대에 태어나 생활수준도 다른 백인들 간의 '세대 간 IQ 격차'나 같은 시대에 태어났으나 생활수준은 크게 다른 국가적 환경에 있는 백인들 간의 '세대 간 IQ 격차'에 비하면 '인종 간 IQ 격차'는 별 게 아니라는 사실을 입증했다. 이런 불균등성도 IQ 검사로 밝혀낼 수 있었다.

세계의 과학계, 특히 지능 전문가들이 IQ 검사의 실효성과 공신력에 의문을 제기해볼 수 있는 순간이 다시금 찾아온 것이다. 플린의 연구는 IQ 검사의 가치에 힘을 실어줬지만, 한편으론 IQ 검사의 중대한 통계학적 결함을 지적한 것으로도 볼 수 있다. 그러나 이번에도 지능 전문가들은 IQ 검사의 편에 섰다.

이후 1990년대 말, 세계에서 가장 명망 높은 전문 학회의 하나이자 지능 과학 분야에서 가장 권위 있는 학회인 미국심리학회 APA와 국제 지능 연구 커뮤니티가 최종적으로 IQ 검사의 손을 들어주게 된다. 과학계에 유전학 및 지능과 관련해 아주 혁명적인 책이 한 권 나왔기 때문이다.[41]

1994년에 출간된 저서 《종형 곡선: 미국인의 삶 속 지능과 계급 구조 The Bell Curve: Intelligence and Class Structure in American Life》에서 하버드대학교 심리학 교수 리처드 헤른슈타인 Richard Herrnstein과 미국기업연구소의 경제학자 찰스 머레이 Charles Murray는 높은 지능은(즉 IQ 검사에 의해 정확히 측정될 수 있는 유전학적 특징은) 한 개인의 성공 가능성을 가장 잘 보여주는 예측 변수라고 주장했다.[42] 그리고 낮은 지능은 결국 성적 문란과 범죄, 과잉 출산으로 이어진다고 주장했다. 마치 갤턴이 무덤에서 나와 외치듯, 헤른슈타인과 머레이는 지각 있는 엘리트들이 평균 또는 평균 이하의 지능을 가진 사람들에게 좋은 본보기가 되며, 사회는 그런 엘리트들이 타인을 위해 자신의 잠재력을 십분 발휘하도록 지원해야 한다고 촉구했다. 그러면서 미국의 〈헤드 스타트Head Start〉1965년 미국 연방정부가 경제적·문화적으로 불우한 아동들을 위해 만든 유아 교육 프로그램 - 옮긴이나 영국의 가정 지원 프로그램 같은 조기 아동 교육 프로그램은 자원 낭비라고 강조했다. 그들의 주장에 따르면 IQ는 인종별로 뚜렷이 다르게 나타나며, '복지 여왕welfare queens, 1976년 미국 공화당 대선 후보 경선에서 무분별한 복지 정책을 비판하기 위해 나온 말로, 여러 위조 신분증으로 각종 복지 혜택을 받아 캐딜락을 몰고 다닌다는 한 흑인 여성을 빗대 한 말 - 옮긴이'과 '조직 폭력배'들로 인해 범죄와 빈곤이 마치 안 좋은 치아처럼 한 가정의 유전자 속에 이어져 후손에 대대로 전해진다. 헤른슈타인과 머레이는 미국 내 도심 빈민 지역에서 범죄가 늘어나는 상황에 공교롭게 미국인들의 학업 성취도까지 떨어지고 있다는 사실을 지적하면서, 현실을 직시하고 인종 개선에 나서는 게 최선이라고 피력했다.

《종형 곡선》에 대한 세간의 반응은 즉각적이었다. 출간된 지 몇 달도 안 돼 전 세계적으로 40만 부 이상이 팔렸을 정도다.[43] 그리고 그 책에서 영향을 받은 다양한 분야(유전학과 심리학과 교육 등)의 선도적인 과학자들이 독자적인 연구에 착수해 헤른슈타인과 머레이의 각종 자료를 재분석하고 나름의 결과물을 내놓았다. 1994년 12월, 저명한 지능 전문 연구원들의 서신 〈지능 관련 주류 과학Mainstream Science on Intelligence〉이 실린 《월 스트리트 저널》이 신문 가판대에 깔렸다. 서신에는 인종 집단 안에서 행해지는 지능 관련 연구는 상당한 집단 내 차이를 보여 '인종 간 IQ 격차' 자료들을 통해서도 아직 뚜렷한 결론에 도달하지 못하고 있다는 메시지가 담겨 있었다.[44] 《지능: 알려진 것들과 알려지지 않은 것들Intelligence: Knowns and Unknowns》(1995)이란 책에서 미국심리학회의 '지능 프로젝트 팀'은 많은 사람이 같은 인종이면서도 아주 다른 환경과 생활수준 속에 살고 있다며 헤른슈타인 및 머레이와 비슷한 말을 했다.[45]

전 세계의 과학계는 《종형 곡선》의 인종 관련 주장에 대해 의구심이 있었으나, IQ의 개념을 지지했고 IQ 검사의 유용성도 인정했다. 이에 지능은 실제 유전되는 특성으로 IQ 검사로 가장 잘 측정할 수 있으며, 실제 종 모양의 곡선을 그리고 그 곡선상 위치는 대개 인종에 따라 달라진다고 선언했다. 또 IQ 점수 평균치와 종 모양의 곡선은 인종에 따라 다르며, 어떤 측면에선 실제 '인종 간 IQ 격차'가 존재한다는 헤른슈타인과 머레이의 주장에 동의했다. 그러면서 모든 걸 이렇게 요약했다. "IQ 검사 자체는 내용이나 집행 측면에서 편견이 없으며, 흑인과 백인의 IQ 평균치가 다른 이유에 관해선 아직 적절한 답을 찾지 못했다." 결국 IQ는 '인종 간 격차'에도 불구하고 또다시 살아남았다.

정말로 IQ를 통해 알 수 있는 것들

아마도 당신은 지금 이런 생각을 할 것이다. '그래. IQ 검사는 적절한 지능 측정 수단은 아냐. 하지만 분명 뭔가는 측정해주겠지.' 안타

깝게도, 지능을 연구하는 사람들 사이에서는 아직 어떤 검사가 확실한 지능 측정 수단인지에 대한 결론이 나지 않았다. 더욱 폭넓은 과학계 역시 지능검사와 관련해 제대로 된 의견 일치가 이뤄지지 않은 상태다. IQ 검사 개발자들은 IQ 검사를 통해 어떤 사람이 특정 유형의 질문에 얼마나 잘 답할 수 있는지, 각종 모양과 숫자 그리고 단어 간 관계를 얼마나 잘 아는지 등의 능력(베스트셀러 《만병의 황제 The Emperor of All Maladies》를 쓴 과학 저술가 싯다르타 무케르지 Siddhartha Mukherjee는 이를 특정한 유형의 problem space, 즉 '문제 공간'을 헤쳐나가는 능력이라고 함)을 알 수 있다고 주장한다.[46]

IQ 검사 개발자들은 이 문제 공간 문제 해결책을 찾으려고 방황하는 심리적 공간 - 옮긴이 과 이런 유형의 질문을 통해 한 사람의 추론 능력을 직접 측정할 수 있다고 주장하지만, 관련 연구에서는 검사 응시자가 IQ 검사의 언어와 구성 방식은 물론 질문의 토대가 되는 문화적 판단 기준에 얼마나 익숙한지를 측정할 수 있는 것으로 나타났다.[47] 예를 들어 셰익스피어 또는 찻잔 및 받침접시와 관련된 IQ 검사 질문은 한 사람의 문화적 지식이나 경험을 토대로 점수를 매기게 되는데, 이는 특정 문화에 속한 사람에게만 있는 정보다. 당신은 그 문화 속에 있는가, 밖에 있는가? IQ 검사에 나오는 각종 단어와 상징을 판독할 준비가 돼 있는가?

데이터 과학자인 조엘 슈나이더 W. Joel Schneider에 따르면 바람직한 지능검사는 한 사람이 얼마나 많은 '어처구니없는 사실'을 기억해 자신의 시공간 및 청각 처리 속도와 능력, 단기 기억 능력, 새로운 정보 활용 능력 등을 보여줄 수 있는지를 측정하는 검사에서 측정 범위를 더욱 확대한 것이다.[48] (지능 연구원들은 대개 이에 동의하지만, 그런 능력은 무엇보다 먼저 문화적 판단 기준이 포함되지 않는 IQ 검사를 통해 별도로 더 잘 측정할 수 있다고 믿는다.) 슈나이더는 응시자가 각종 단어와 상징에 대한 문화적 지식이나 경험 없이도 풀 수 있는 질문을 만들기란 너무 힘든 일이라고 말한다. 결국 우리는 IQ 검사를 통해 미래 행동을 예측한다. 문항에 제시된 정보뿐 아니라 일반적 정보를 활용해 추론해내는 건 수검 대상의 능력이다.[49] 그러나 우리가 한 가지 보편적인 방식으로 분류하고 관련짓는 걸 당연시하는 모양과 숫자조차 다른 문화에 속한 사람에게는 다르게 보인다는 게 밝혀졌다. 어쨌든 IQ 검사는 보편적으로 해석되지 않는 것이다. 예를 들어 circle, 즉 '원'이란 단어는 무얼 의미하는가? 당신은 snow, 즉 '눈'을 뭐라 부르는가? 2×2는 한 사람의 양적 추론 능력을 확인하는 유일하고도 가장 나은 방법일까?

IQ 검사를 분석한 결과, IQ 검사는 특정 문화에 대한 우리의 지식과 경험뿐 아니라 우리가 누리고 있는 특권에도 점수를 매긴다. 예를 들어, 열악한 사회경제적 배경을 가진 IQ 검사 응시자들, 다시 말해 빈곤한 삶을 사는 사람들, 적절한 영양 섭취를 기대하기 어려운 사람들, 유해 환경 속에 있는 사람들, 건강에 안 좋은 스트레스를 받고 사는 사람들은 IQ 검사 결과가 더 안 좋게 나온다. 반면, 건강과 부를 누리는 검사 응시자들, 구체적으로 설명하자면 영양가 높은 음식을 먹을 수 있는 사람들, 깨끗한 공기를 마실 수 있는 사람들, 안정감을 느껴 집중력이 높은 사람들은 IQ 검사 결과가 더 좋게 나온다.[50] 아이들에게 비타민과 미네랄 보충제만 먹여도 IQ 점수가 올라간다는 연구 결과도 있다.[51] 지능 전문 과학자 리처드 니스벳 Richard Nisbett 에 따르면, 사회경제적 상황이 더 나은 집에 입양된 IQ 검사 응시자는 IQ가 20점이나 올라가기도 했다.[52] 환경 변화만으로도 IQ는 완전히 달라질 수 있다!

지능 관련 연구원 안젤라 더크워스 Angela Duckworth 의 연구에 따르면, IQ 검사를 해보면 어떤 수검자가 얼마나 좋은 점수를 받고 싶어 하는지에 대한 간절함까지 알 수 있다.[53] 예를 들어 IQ 검사 응시자에게 검사 결과가 좋게 나오면 돈을 주겠다고 동기부여를 하면 IQ 점수가 눈에 띄게 올라간다. 이는 우리의 지적 능력을 수치화하는 다른 인지 수준 검사에서도 비슷한 양상을 보인다.

사회적 동기에 대한 또 다른 연구에 따르면, 문화적 기대와 부모의 기대 역시 IQ 검사 수검자의 점수에 영향을 미친다.[54] 지능이 IQ 점수 형태로 측정된다는 걸 잘 알고 있는 사람도 IQ 검사에서 더 좋은 결과를 얻는다. 결국 IQ 검사는 검사 자체의 가치에 대한 우리의 믿음을 점수화하는 것이라고 말할 수 있다. 우리의 문화적 배경을 비롯해 부모와 교육자, 우리를 돌보는 사람, 우리 친척들의 특권 및 사회적 지위와도 연관이 있는 것이다.

연구 결과에 따르면, 과학자들이 말하는 이른바 '과제 불안감 task anxiety' 같은 감정 상태도 검사 응시자의 점수에 영향을 미친다.[55] 사람들에게 우리 뇌는 가소성 어떤 유전자형의 발현이 특정한 환경 요인을 따라 특정 방향으로 변화하는 성질 - 옮긴이 이 뛰어나므로 좋은 IQ 점수를 받을 가능성이 무한하다는 말을 해주면 IQ 점수가 눈에 띄게 개선된다. 반면에 연구진이 여성 또는 소수 인종 수검자들에게 IQ 검사 결과가 원래 안 좋다는 등 부정적인 면을 부각해 IQ 점수가 낮을 걸 예고할 경우 IQ 점수가 눈에 띄게 낮아진다. 평생 자신의 인종 때문에 인류의 평균 IQ까지 낮아진다는 말을 들어온 소수 인종 수검자는 "인종이 어떻게 됩니까?"라는 질문만 받아도 IQ 점수가 뚝 떨어질 수 있다. 결국 IQ 검사를 통해 우리는 지금 사람들의 자기 인식, 자기 자신에 대한 믿음, 자신의 문화에 대한 편견과 오해로 고착된 자존감 등을 평가하고 있는 셈이다.

따라서 만일 누군가가 IQ 점수를 보면 한 사람이 훗날 얼마나 성공할지, 그러니까 훗날 소득 및 교육 수준은 어떻게 되고 직장에서의 직위는 어떻게 될지 알 수 있다는 말을 한다면, IQ 검사가 원래 그런 목적의 검사이기 때문이라고 생각하면 된다. 실제 IQ 검사를 해보면 그런 측면에서 이미 잘하고 있는 사람들이 더 높은 점수를 받는다. 사실 IQ 검사는 한 사람의 사고 능력이나 새로운 지식을 받아들이고 활용하는 능력, 의사결정 능력, 문제해결 능력 등을 제대로 보여주지 못한다. 또한 일부 가정에서 그렇듯 IQ 검사를 잘 받는 방법에 대한 조언을 듣거나 코치를 받거나, 평생 IQ 검사에 도움 되는 자료를 맘껏 이용할 수 있는 경우 IQ 점수가 얼마나 오를 수 있는지에 대해 아무것도 보여주지 못한다.

오늘날의 IQ

나도 그랬지만, 많은 사람이 이 같은 논란 속에 첫 번째 지능검사를 받는다. 그러나 지능검사를 둘러싸고 이렇게 뜨거운 논란이 있다는 걸 알고 있거나, 지능검사 자체에 의문을 제기한 사람은 거의 없을 것이다. 심지어 1990년대 말과 2000년대 초에 표준화된 검사들에 반대하고 학생 중심의 학습에 지지를 보낸 베이비붐 세대 교육자들과 그 이후에 태어난 X 세대 교육자들에게도 IQ 검사를 폐지할 권한이나 그에 필요한 수단이 없었다. 이러한 과정을 거쳐 지금까지 남은 지능검사를 두고 윤리학자 도로시 로버츠Dorothy Roberts는 '치명적인 발명품fatal invention'이라고 부른다.⁵⁶

그리고 애석하게도 내 고향인 캘리포니아주 법원에서 내려졌던 'IQ 검사는 더 이상 인종차별적인 학급 배정의 기준이 될 수 없다'라는 판결은 IQ 검사의 막강한 영향력을 줄이는 데 도움이 되지 못했다. 캘리포니아주는 주 전체에 IQ 검사를 금지한 유일한 주로, 재판장이 자신의 판결을 번복한 1986년부터 1992년 사이에 주립 초등학교들의 흑인 학생들에 대한 IQ 검사가 금지됐다. 캘리포니아주 외의 다른 주들과 전 세계 많은 국가의 기관과 산업계가 IQ 검사를 허용했다. 마이크로소프트Microsoft를 비롯한 많은 기업이 이 결함투성이의 IQ 검사를 통해 새로 들어오는 재능 있는 직원들을 상대로 마음껏 지능검사를 했다.

'인종차별'이나 '편견'이란 측면에서 논란이 있긴 하지만, 오늘날 IQ 검사는 사실상 사회의 모든 분야에서 크나큰 영향력을 행사하고 있다. 내가 있는 미국의 교육계에서는 어떤 사람에게 발달 장애가 있는지 또는 정부 지원을 받을 자격이 있는지를 결정할 때 IQ 검사를 활용한다. 사법부에서는 양형을 결정할 때, 민간 분야에서는 채용 여부를 결정하고 보상금을 결정할 때 IQ 검사를 활용한다.

지능 관련 과학자들이 인간의 유전체를 파고들어 IQ 점수를 높일 방법을 찾고 있는 가운데, IQ 검사는 또다시 유전학 쪽에서 활로를 찾고 있다. 곧 자세히 살펴보겠지만, 이처럼 되풀이되는 선순환 속에 IQ 검사는 무적의 지능검사로 뿌리를 내렸다. 이제 지능은 타고난 것이고 정해진 것이며 IQ 검사로 가장 잘 측정할 수 있다는 생각이 우리의 최첨단 기술 속에 더욱 깊이 스며들고 있다.

3장

지능의 본질

"당신의 유전체를 이해하라."
"당신을 전혀 새로운 방식으로 마주하라."
"당신은 당신의 유전자들이 기대한 것보다
더 많은 책을 읽었는가?"
"선택에 선택을 거듭하라.
선택이야말로 더 건강한 아이들을 갖기 위한 힘이다."

위에 나열한 인용문은 DNA 지능 기업들이 자사 제품을 홍보하기 위해 내놓은 캐치프레이즈의 일부다. 우리는 아직 태어나지 않은 당신 아이의 IQ를 측정하는 데 필요한 각종 애플리케이션과 DNA IQ 검사 그리고 2018년 이후의 유전학적 예측 얘기를 하고 있다. 당신은 당신의 휴대폰으로 당신의 유전자 배열 순서를 다운로드할 수도 있고, 개인 계정을 통해 23앤미 23andMe, 개인 유전자 분석으로 유명한 미국 생명공학 기업 - 옮긴이 홈페이지에 연결해 유전자 분석을 의뢰할 수도 있다. 이 모든 게 어떻게 가능할까?

지능 유전자 연구가 빠른 속도로 성장하고 있는 건 이 같은 기술 덕이다. 과학자들이 인류를 가장 괴롭히는 몇 가지 질병의 유전학적 원인을 핀셋처럼 정확히 집어내는 데 성공하면서, 일부 지능 전문가들은 IQ 예측에 도움이 될 만한 유전적 변이를 찾기 위해 유전학적 방법들로 눈을 돌리고 있다.

아직 별다른 증거를 찾진 못했지만, DNA 변이가 발견되는 건 시간문제일 뿐이라는 장밋빛 전망을 내놓고 있다. 기업들 역시, 과학적 증거가 부족한 상황에서 자신들의 기술이 효과가 있다는 과감한 주장을 하고 있다. 그런 기술들이 실제 활용되고 있어, 이제 IQ는 그 어느 때보다 더 우리의 DNA 깊숙이 침투한 듯하다. 한편 IQ와 관련된 잘못된 핑크빛 약속으로 인해 지능의 본질은 그때그때 자신이 처한 순간과 장소에서 배울 수 있는 능력에 있다는 사실이 계속 간과되고 있다.

유전체학 101

잠시 되돌아가 당신의 유전체, 즉 '염색체 속에 들어 있는 모든 유전자'를 좀 더 자세히 들여다보자. 그러면 유전체를 활용한다는 게 어떤 건지 좀 더 잘 이해할 수 있을 것이다. 당신의 유전체는 단백질을 암호화하는 일련의 긴 유전 물질로 이뤄져 있다.[1] 그 유전 물질은 다시 SNP, 즉 '단일염기다형성 Single Nucleotide Polymorphisms'이라 불리는 염기 변이들로 이뤄져 있다.[2]

어떤 SNP가 어떤 목적에 필요한지를 알려면, 의학이나 생물학 또는 생리학적 관점에서 볼 때 흥미로운 한 가지 현상부터 이해해야 한다. 뉴욕시 지하철에 쓰여 있듯, 뭔가를 보게 되면 그것에 대해 뭔가 말할 수 있게 된다. 유전학식 표현을 빌리자면, '표현형 phenotype', 즉 '한 생명체의 관찰 가능한 모양이나 성질(pheno는 '보여주는'의 뜻을 가진 그리스어임)'을 알게 되면 그 생명체의 특징을 알 수 있다. 이를 지능에 대입해보자. 우리는 지능을 배우고 추론하는 능력 또는 자신의 마음을 통제하는 능력이라고 규정했으며, 그런 능력을 점수로 나타내고 있다.

당신 자신의 표현형과 특징을 알고 난 후에는 '유전자형 genotype', 즉 '표현형과 관련된 생명체의 유전 물질'을 알아야 한다. 유전자형을 알아내는 방법은 여러 가지가 있으며, 모두 나름의 존재 가치가 있다. 어떤 방법은 각 가정과 그 가정의 유전학적 유산에 초점을 맞춘다. 다른 방법은 어떤 형질 보유자 또는 부모·형제자매의 유사점과 차이점에 초점을 맞춰 관련이 없는 사람이나 가족을 비교한다. 또 다른 방법은 독특한 생물학적 특성을 알기 위해 또는 단순한 호기심 등의 이유로 특정인의 유전체 전체를 살펴보기도 한다.

초창기의 인간 유전학은 주로 특정 집안의 지능을 알아볼 목적으로 활용됐다. 이후 20세기 말에 이르러 유전체에 대한 대중적 관심이 높아지면서 유전학 분야에서는 '후보 유전자 접근방식 candidate-gene approach', 그러니까 표현형과 관련 있다고 알려진 어떤 유전자의 배열 상태를 최대한 자세히 알아보는 접근방식이 쓰이기 시작했다.[3] 이 접근방식은 헌팅턴병과 같이 치명적인 신경 질환인 단일 유전자 single gene 또는 monogenetic [4] 질환에 사용하긴 쉬웠으나, 지능 같은 다중 유전자 multi-gene 또는 polygenic [5] 표적에 사용하긴 어려웠다. 이처럼 유전학 분야가 갈피를 못 잡던 중 2000년대 초에 다중 유전자 변이의 유전자 지도를 그리는 새로운 기술이 등장했다.

유전학자들이 '공통 변이 common variation'라고 부르는 특성, 다시 말해 모든 인간이 공유하고 있지만 조금씩 다른 다중 유전자 특성에 관한 GWAS, 즉 '전체 유전체 연관성 분석 Genome-Wide Association Study'이 주요 연구 방법으로 자리 잡았다.[6] GWAS 분석을 활용하면 서로 혈연관계가 없으면서도 표현형을(일정한 수준의 지능까지) 공유하는 것으로 알려진 사람들의 유전체를 비교할 수 있다.

과학자들은 이를 '사례-대조 case-control' 방법이라고 한다. 특정한 지능 점수를 가진 사람을 '사례 cases'로, 지능 점수를 공유하지 않는 사람을 '대조군 control group'으로 두고 비교하기 때문이다.[7] 이는 간단히 '전체 유전체 genome-wide' 방법으로도 불리는데, 유전학 분야에선 특수 소프트웨어를 활용해 지능과 관련해 이미 알려진 일부 특정 분야뿐만 아닌 최대한 많은 유전체 정보 전체를 알아내려 해서다. 따라서 다른 조사를 통해 특정 염색체에서 이미 어떤 신경 유전자 변이를 알아냈다 해도, GWAS 분석에선 그 데이터를 무시한 채 DNA 코드에 기록된 또 다른 유용한 정보를 찾아내려 애쓴다. 아주 강력하면서도 유용한 툴이라고 할 수 있다.

우리가 조심해야 할 것은 단 하나, 주어진 데이터를 무용지물로 만들 수도 있는 다른 종류의 공유된 특성이다. 돌연변이 특성은 세대를 이어 유전되며 집안 혈통에 일종의 고속도로 같은 것을 깐다. 최대한 많은 면에서 비슷한 사람을 비교하려면, 같은 배경의 사람들, 말하자면 '같은 인종'을 상대로 GWAS 분석을 해야 한다.[8] 설사 국가 데이터베이스에 있는 DNA처럼 미리 수집된 DNA로 작업하고 있어도, 혈통이 같은 사람을 알아내는 데(마치 사과와 사과를 비교하듯) 도움이 될 간단한 알고리즘이 있다.

유전체와 IQ

최근에는 노하우가 있는 누구나 자기 자신은 물론 후손을 위해 유전자 변이를 검사할 수 있게 됐다. 유전학자들은 IQ 검사와 관련해 GWAS 분석을 활용하고 있으며, 연구를 위해 10만에서 20만 건 이상의 IQ 검사 결과(과학 분야에서 이는 많은 데이터임)를 비교하고 있다.[9] 아주 높은 IQ 점수(170 이상)나 아주 낮은 IQ 점수(85점 이하)를 받은 사람 등 비슷한 점수를 받은 사람들을 보면서, 과학자들은 IQ와 관련이 있을 뿐 아니라 언젠가 한 사람의 지능 수준을 예측할 수 있게 해줄 거라 믿어지는 수백 가지 유전자 변이를 분류해냈다.

그들은 아주 큰 성공을 거둔 듯 보였고, 따라서 많은 유전체 기술 기업이 그들의 데이터에 의존했으며, 자사의 지능 예측 제품이 효과가 있다는 걸 보여주는 증거로 그 데이터를 인용하곤 했다. 그러나 유감스럽게도 그들의 주장은 완벽한 게 아니었으며, IQ 검사에 GWAS 분석을 이용하는 것에는 다음과 같은 심각한 문제가 있었다.

첫째, 지능을 연구하는 사람들은 부정확한 표현형을 공유한 개인들의 유전체를 비교하고 있다. 지능과 관련된 GWAS 분석에 활용되는 IQ 점수는 서로 다른 IQ 검사를 한 개개인에게서 나온 것들이다.[10] 지능을 연구하는 사람들은 서로 다르게 측정된 IQ 점수를 끌어 모으기도 했는데, 이는 지능검사를 만들 때 검사 결과가 서로 호환되도록 한 것이다. 다시 말해 어떤 IQ 검사를 받든 비슷한 점수가 나오게 하기 위해서였다. 그리고 과학계는 모든 IQ 검사가 정확히 같은 목적에 쓰인다며 그런 주장을 지지해왔다. 그러나 서로 다른 IQ 검사에서 같은 점수가 나온다는 증거는 없기에 '높은 IQ 표현형'이니 '낮은 IQ 표현형'이니 하는 건 논란의 여지가 있다.[11]

둘째, 그들의 표현형에는 오류가 있다. 각 표현형이 편견 있는 IQ 검사를 통해 도출되는 데다, 편견 대부분은 IQ 검사 개발자들도 어찌할 수 없는 것이기 때문이다. 사실 IQ 검사 개발자들이 문화적 편견을 바로잡기 위해 그간 해온 일이라곤 IQ 검사에서 셰익스피어처럼 문화적 배경을 알아야 하는 내용을 빼는 정도뿐이다.[12] IQ 검사의 호환성을 높이기 위해 각 검사를 똑같이 유지하는 데만 집중한 것이다.

그러나 표현형 'IQ'가 절대적이라는 증거가 부지기수라 해도, 지능이라는 맥락에선 특히 골치 아픈 문제가 있다. 우선 GWAS 분석은 대개 전 세계 모든 인간에게 두루 적용되는 묘책은 고사하고 분석 중인 일부에게 적용되는 묘책도 되지 못한다. 그리고 의학 분야에선 황반변성[13]과 녹내장[14], 소아당뇨병[15]과 연관된 단일염기다형성 SNP 등 인과 관계가 있는 소수의 SNP만 발견됐다. 그러나 행동과학 분야에선 인과 관계가 **전혀 없는** SNP가 발견됐다. 인간 행동 연구와 관련해 가장 규모가 크고 주목할 만한 성공을 거둔 GWAS 연구 가운데 교육 성과에 대한 한 연구에선 300만 명 넘는 IQ 검사 응시자에게서 거의 4000개에 달하는 관련 SNP가 발견됐음에도 학생들이 학교생활을 제대로 해낼 수 있을지에 대해선 12퍼센트 정도만 예측할 수 있었다. 유전학적 측정 방식으로는 나머지 88퍼센트를 예측할 수 없던 것이다.[16] 지능처럼 복잡한 걸 제대로 예측하려면 적어도 수천 가지 SNP가 더 필요하다.

지능 연구를 어렵게 만드는 또 다른 일반적 문제는 적절한 표현형을 알아내는 것과 관련이 있다. 누구든 자신의 연구에 포함한 가계의 유전자 변이를 알아냈다고 주장할 수 있을 뿐이다. 다양한 가계를 상대로 GWAS 분석을 해보지 않는 한 시장에 새로운 기술을 내놓을 순 없다. 그러나 행동과 관련된 GWAS 연구의 약 90퍼센트는 유럽의 가계 집단을 상대로 행해진 것이며, 약 75퍼센트는 아이슬란드와 영국, 미국의 국민을 상대로 행해진 것이었다.[17] 기업이 자사의 기술을 돈만 내면 누구에게든 파는 걸 감안하면, 이는 문제가 아닐 수 없다.

과학자들은 혈통은 같으나 서로 다른 환경에 있는 사람들의 데이터를 조심스레 비교하는 등 다양한 가계 집단을 상대로 GWAS 분석을 해볼 수는 있지만, 이를 통해 확실한 결론을 내릴 수는 없다. 반면에 세대가 거듭될수록 IQ 점수가 올라간다는 '플린 효과'를 발견한 플린의 비非유전학적 연구에 따르면, IQ가 유전된다는 데이터는 사람들의 생활수준 향상과 함께 철저히 무력화돼 계속 유전체에서 해답을 찾을 이유가 없다. 또한 흑인 미국인에 관한 그의 연구에 따르면, 20세기 후반에 들어와 흑인 미국인들의 IQ 점수는 크게 높아졌다. 이는 사회적 영향에 의한 상승으로밖에 설명될 수 없다.[18] 짐 크로우 법Jim Crow law, 공공시설에서 백인과 흑인 분리를 강제했던 법으로, 1876년부터 1965년까지 시행됐음 - 옮긴이이 적용되던 환경에서 벗어나 현재와 비슷한 환경에 이르면서 흑인 미국인의 평균 IQ 점수는 이른바 '평균점'인 100에 조금씩 가까워졌다. 결정적으로, 흑인 미국인의 IQ 점수 상승 속도는 같은 기간 다른 국가 사람들보다 빨랐다. 다시 말해, 환경이 개선되자 똑같은 흑인 미국인 집단의 IQ 점수가 자기 자신은 물론 너무도 자주 비교되는 백인 미국인 집단보다 상승한 것이다. 이런 현상은 표현형으로는 설명할 수 없는 부분이다.

이 모든 문제에도 GWAS 데이터는 당신의 타고난 재능과 미래를 예측하기 위해 당신의 DNA를 읽는 데 쓰이는 판단 기준이 된다. 또한 이 데이터는 미래의 뇌파를 예측하는 데 필요한 표적 변이 집합이 된다. IQ 패러다임에 대한 확신이 있는 엔지니어들은 지금 은밀히 IQ 패러다임에 많은 시간과 노력을 쏟고 있다. 일부 엔지니어는 유전학자들이 훨씬 더 방대한 규모의 유전자 샘플을 요청하고 있어, 언젠가는 유전학이 인간의 지능 및 잠재력을 100퍼센트 정확히 예측할 수 있을 만큼 강력해질 거라고 주장하기도 한다.

쌍둥이

지능 유전학의 역사는 부도덕하고 허울만 그럴듯하며 일견 멋지고 또 어지럽다. 개념의 소용돌이에 빠진 기분이다. 좀 더 정확히 말하자면, 개념의 싱크홀sinkhole, 땅의 지반이 내려앉아 커다란 구멍이 생기는 현상 - 옮긴이에 빠진 기분이다. 우리는 이른바 '지능'이라는 능력에 대한 우리의 인식이 다윈 시대 이후 변한 게 거의 없다는 걸 뻔히 알고 있으며, 지능이라는 이 골치 아픈 주제에 계속 매달리려 한다.

IQ 검사 개발자들과 애플리케이션 개발자들 그리고 소프트웨어 엔지니어들에게 왜 DNA와 IQ 검사의 관계에 그 많은 시간과 노력을 쏟느냐고 물어보면 한결같은 대답을 한다. 지능은 측정할 수 있을 뿐 아니라 유전되기 때문이라고. 지능의 약 80퍼센트는 DNA 속에 녹아 있다. 이 말을 믿지 못하겠다면 '쌍둥이'의 경우를 보라.

쌍둥이 연구는 아주 강한 설득력이 있다. 그래서 과학자들에게는 꿈의 연구나 다름없다. 쌍둥이 연구에서 연구진은 일란성 쌍둥이들과 이란성 쌍둥이를 비교하는데, 일란성 쌍둥이는 유전체를 100퍼센트 공유하며 이란성 쌍둥이는 50퍼센트의 유전체를 공유한다.[19] 일란성 쌍둥이는 생물학적으로 같은 존재로 여겨지지만, 이란성 쌍둥이는 다른 형제자매와 비슷한 존재로 여겨진다.[20] 만일 이 두 타입의 쌍둥이에게서 어떤 특징이 같은 비율로 나타나면, 연구진은 그걸 환경적 특징으로 결론짓는다. 반면에 그 특징이 일란성 쌍둥이에게서 더 높은 비율로 광범위하게 나타나면, 연구진은 그걸 유전학적 특징으로 본다. 이 차이가 이른바 '유전 가능성 점수 heritability score'가 된다.

초기 쌍둥이 연구에서는 일란성 쌍둥이와 이란성 쌍둥이를 비교하지 않았고 유전 가능성 점수도 내지 않았다. 유전 가능성 점수를 창안한 건 다름 아닌 프랜시스 골턴이었으나, 쌍둥이들 사이에 존재하는 지적 능력상 유사한 특징만 기록하고 끝냈다.[21] 2차 세계대전이 발발하기 몇 년 전, IQ가 유전 가능성이 크다는 생각을 널리 전파한 사람은 안경을 쓴 우생학자 시릴 버트 Cyril Burt였다.[22] 버트는 여러 연구에 나타난 일란성 쌍둥이와 이란성 쌍둥이의 특징을 비교해 약 80퍼센트라는 지능 유전 가능성 점수를 산출하는 데 성공해 하루아침에 스타덤에 올랐다. 그는 곧 영국심리학회 회장으로 선출됐고, 영국 왕조지 6세에게서 기사 작위를 받음으로써, 연구 공로로 왕에게 기사 작위를 받은 사상 최초의 심리학자가 됐다.[23]

그러나 버트의 명성은 그리 오래 가지 않았다. 다른 쌍둥이 연구 전문가들이 그의 연구를 재연하면서 버트에 대한 평판이 곤두박질친 것이다.[24] 의아하게도 연구 대상이 누구든, 연구 규모가 어느 정도이든 버트가 산출한 유전 가능성 점수는 늘 똑같았다. 자신이 어떤 식으로 연구했고, 어떤 사람을 대상으로 연구했는가에 대한 버트의 설명 또한 현실과 아주 큰 괴리가 있었다. 게다가 쌍둥이들에 대한 데이터베이스를 보면 실제로 존재하는 쌍둥이의 수는 그가 연구했다고 주장한 쌍둥이의 수보다 훨씬 적었다. 모든 수치가 그의 주장과 어긋났다.

버트는 1966년에 세상을 떠나면서 자신의 모든 서류를 불태워버렸다. 그래서 그가 행했다고 주장한 쌍둥이 연구가 실제로 이뤄졌는지 확인하는 게 불가능해졌다. 한 가지 분명한 건 버트의 연구에 언급된 쌍둥이 중 상당수는 존재하지도 않았다는 점이다. 그러나 그의 주장들은 영국의 교육 시스템에 영원히 지워지지 않을 흔적을 남겼다. 영국의 교육가들은 늘 그의 연구를 인용했고, IQ 점수를 통해 어떤 아이들이 더 많은 교육을 받을 가치가 있는지를 결정하는 등 전 국가적인 교육 정책을 수립했다. 초등학교를 졸업할 때나 중고등학교를 졸업할 때, 대학 입학 자격을 측정하기 위해 표준된 IQ 검사가 실시됐는데, 이와 같은 관행은 지금까지 이어지고 있다.

시릴 버트 스캔들 이후, 지능 연구 전문가들은 추적·관찰이 가능한 일란성 쌍둥이와 이란성 쌍둥이를 중심으로 본격적인 쌍둥이 데이터베이스를 구축하기 시작했다. 그러나 곧 같은 환경에서 자란 쌍둥이들을 연구하는 게 과연 타당한지에 관한 문제를 놓고 논란이 생겼다. 일란성 쌍둥이가 지나칠 만큼 비슷한 건 어떤 부모 밑에서 자랐는가, 어디에서 학교생활을 했는가, 자신이 속한 사회에서 사람들로부터 어떤 대우를 받았는가 하는 환경적 요인이 영향을 준 건 아닐까? 그게 아니라는 걸 입증할 방법이 없었다.

1970년대 말에 새로운 쌍둥이 연구 방법이 도입됐다. 따로 성장했거나 다른 가정에 입양된 일란성 쌍둥이와 마찬가지로 다른 가정에 입양된 이란성 쌍둥이와 비교하는 방법이었다. 유명한 우생학자 단체인 파이오니어 펀드Pioneer Fund에서 자금 지원을 한 MISTRA, 즉 '따로 자란 쌍둥이들에 대한 미네소타 연구Minnesota Study of Twins Reared Apart'가 시작되기도 했는데, 이 연구는 파이오니어 펀드의 프로그램인 '인종 향상race betterment'을 뒷받침해줄 최종적인 IQ 유전 가능성 점수를 내는 데 목적이 있었다.[25] 연구에 착수한 지 몇 년 채 되지 않아 파이오니어 펀드는 목적을 이뤘다. 그리고 놀랍게도, 정말 놀랍게도 MISTRA 연구 결과 버트의 결론이 옳았음이 확인됐다.[26]

그 이후 쌍둥이들에 대한 다른 데이터베이스도 구축됐는데, 그중 '스웨덴 쌍둥이 기록Swedish Twins Registry'과 '쌍둥이 초기 발달 연구Twins Early Development Study'가 유명하다. 전자에는 거의 20만 쌍 쌍둥이의 기록이 담겨 있고(그중 7만 5000쌍은 일란성 쌍둥이나 이란성 쌍둥이로 확인됐고, 5만 5000쌍은 DNA를 기증함), 후자에는 약 1만 5000쌍 쌍둥이의 기록이 담겨 있다(전부 일란성 쌍둥이나 이란성 쌍둥이로 확인됐고, 그중 5000쌍은 DNA를 기증함).[27] 유전 가능성 점수는 이 데이터베이스로 옮겨갔고, 오늘날의 공식적인 유전 가능성 점수의 80퍼센트는 스웨덴 쌍둥이 기록을 반영한 것이지만, MISTRA 연구 결과 외에는 그 어떤 데이터베이스도 서로 떨어져서 자란 쌍둥이를 비교할 수 있는 이상적인 방법은 못 된다.

그런데 파이오니어 펀드의 MISTRA 연구는 정말 그들의 주장처럼 '성배' 같은 연구였을까? 1999년에 막을 내린 MISTRA 연구에는 81쌍의 일란성 쌍둥이에 대한 유전학적 데이터는 없고 행동학적 데이터만 있을 뿐이다.[28] 그리고 그 쌍둥이들 가운데 정말 태어날 때부터 서로 떨어져 자랐으며, 완전히 다른 환경 속에서(요컨대 서로 다른 나라나 다른 지역사회에서, 서로 다른 사회경제적 배경과 문화적 배경 속에서) 계속 서로를 모른 채 지낸 쌍둥이는 없었다.[29] MISTRA 연구는 인터넷 붐이 일어나기 훨씬 전, 건강 및 입양 관련 디지털 기록이 등장하기 이전에 행해졌기 때문에, 그 연구에 참여하려면 쌍둥이들은 서로에 대해 알고 있어야 했다. 실제로 그 연구에 참여한 쌍둥이 대부분은 자신의 쌍둥이가 다른 데서 살고 있음을 알고 자랐다.

더 놀라운 일은 MISTRA 연구에 참여한 쌍둥이들 가운데 일부는 다른 가정에 입양됐지만, 많은 쌍둥이가 일시적으로 한 가정의 같은 부모 밑에서 함께 자랐다는 사실이다.[30] 쌍둥이들이 서로 헤어진 건 부모가 이혼했을 때였다. 아니면 일정 기간 함께 자란 뒤에 다른 가정에 입양됐다. 삶의 대부분을 따로 떨어져 자란 쌍둥이들 가운데 상당수는 젊은 시절에 재회했고 심지어 일부는 다시 함께 살게 됐다.

또한 많은 쌍둥이가 늦은 나이에 헤어져 계속 한쪽 부모나 나머지 부모와 함께 자랐다. 그래서 그들은 핵심 가치 체계가 같았고, 함께 자란 쌍둥이와 사회경제적 환경과 문화적 환경을 공유했다. 사실 MISTRA 연구에 참여한 일란성 쌍둥이와 이란성 쌍둥이들 가운데 단 12쌍(유전 가능성 점수를 내기엔 너무 적은 수였음)만 서로 다른 국가에서 자랐는데, 이들 역시 늦은 나이에 헤어졌거나 이혼 후 헤어져 친부모들 밑에서 자라면서 환경 조건이 그대로 유지됐다.[31]

파이오니어 펀드와 월터 키슬러 Walter Kistler(파이오니어 펀드 및 키슬러 상의 단일 후원자) 같은 21세기 우생학자들은 일란성 쌍둥이가 정말 똑같으며 지능은 거의 완전히 유전되고 환경 변화도 지적 능력 향상에 별반 도움이 안 된다는 걸 증명하기 위해 MISTRA 연구에 수백만 달러를 쏟아부었다.[32] 그러나 MISTRA 연구는 쌍둥이나 유전학과 관련해 그 같은 결론을 도출하지 못했다.

완전한 다름에서 독특한 비슷함으로

우리 유전자와 환경의 관계는 복잡하다. 우리가 순전히 유전체 자체인 순간은 없는데, 그건 우리가 세상 빛을 처음 보기 한참 전에 자궁 내 환경에서 자라기 때문이다. 유전자 분석 없이 일란성 쌍둥이 연구를 통해 유전자 데이터를 만드는 게 아무 소용없는 이유이기도 하다.

당신이 놀랄 만한 사실이 있다. 일란성 쌍둥이들은 현재도 전혀 똑같지 않고 과거에도 전혀 똑같지 않았다는 것이다.[33] 그렇다. 일란성 쌍둥이들은 한순간도 완전히 똑같은 적이 없다. 어떻게 그럴 수 있겠는가? 쌍둥이들은 서로 다른 개체로 나뉘는 순간부터 서로 공유한 일련의 자원들, 즉 자신들의 환경과 관계를 맺으며 자란다. 100퍼센트 공유된 유전체에서 나온 100퍼센트 유전자가 공유한 환경과 분리될 수 있는 순간이란 없다.

나는 우리 집 쌍둥이의 성장 및 발달을 추적·관찰하는 데 온갖 기술이 적용되는 세계 최첨단 의료 시설 안에서 지내며 일하는 상황에서 이 모든 사실을 알게 됐다. 나는 초음파 검사를 **격주로** 받다가 임신 후기 third trimester, 임신 29주부터 출산까지의 시기 - 옮긴이에 이르러 매주 받았으며 그러다 다시 매일 받았다. 그사이에 셀 수 없을 만큼 많은 다른 검사도 받았다. 왜 그렇게 많은 검사를 받느냐고? 일란성 쌍둥이는 자원을 공유하기 때문이다. 그들은 같은 공간에서 태반placenta, 태아와 모체의 자궁벽을 연결해 영양 공급, 가스 교환, 노폐물 배출 등의 기능을 담당하는 기관 - 옮긴이을 공유하고, 당신의 관심과 보살핌을 공유한다. 그들은 모든 걸 공유한다. 그리고 그 모든 자원은 **한정돼** 있다.

의사들은 일란성 쌍둥이를 '아기 A Baby A'와 '아기 B Baby B'라 부른다. 두 아이 모두 필요한 자원을 제대로 받도록 하기 위해서다. 아기 A는 먼저 자궁 경부cervix, 자궁의 아래쪽 질과 연결되는 부위 - 옮긴이 가까이 나타나는 아기이고, 아기 B는 그 위에 있는 아기다. 의사들은 처음부터 두 아기가 서로 위치를 바꾸며 자라는 과정에서 누가 누구인지를 구분하기 위한 기준을 정한다. 두 아기의 크기를 서로 비교해 점수도 매긴다. 점수 차이가 25퍼센트 이내면 안전하다고 보고, 25퍼센트가 넘으면 위험하다고 여긴다.

우리는 운이 좋았다. 쌍둥이들 각자 자신의 양막낭amniotic sacs, 태아를 양막으로 둘러싸고 있는 주머니처럼 생긴 것, 태아를 보호하는 두 막 중에 바깥쪽 막이 융모막이고 안쪽 막이 양막임 - 옮긴이을 갖고 있다는 걸 알게 됐으니까. 쌍둥이들은 태반도 갖고 있었다. 우리 애들이 쌍생아간수혈증후군 twin-twin transfusion syndrome, 일란성 쌍태아가 하나의 태반을 공유하는 상황에서 양쪽 태아 간에 혈류의 균형이 깨지는 질환 - 옮긴이에 걸릴 위험은 없었다. 한 태아가 지나치게 많은 혈액과 영양분을 가져가거나 자궁 내 성장 제한이 발생해서 한 태아가 제대로 성장하지 못하게 될 위험은 없던 것이다. 영양 섭취 측면에서도 균형이 잘 잡힐 것으로 예측됐다.

실상은 달랐다. 외둥이와 마찬가지로, 쌍둥이들 역시 자궁 안에서 많이 움직인다. 몸을 이리저리 뒤집고 방향을 틀며 빙글 돌기도 한다. 그러나 외둥이는 몸이 커갈수록 자궁 안을 점점 더 꽉 메우면서 자궁 밖으로 나오기 위해 자리를 잡는다. 우리의 경우, 아기 A가 임신 기간 내내 자궁 아래쪽 절반을 차지했고 아기 B는 위쪽 절반을 차지했다.

그런데 초음파 검사를 거듭하면서 한 가지 패턴이 보였다. 아기 A는 움직일 공간이 점점 더 줄어들고 있는 데 반해 아기 B는 자궁 위쪽 공간 전부를 차지하고 있던 것이다. 아기 B의 몸집도 점점 더 커지고 있었다. 배영을 하고 있던 걸까? 몸을 앞쪽으로 굴리고 있던 걸까? 우리는 두 태아의 크기 차이가 10퍼센트, 12퍼센트…식으로 조금씩 늘어나는 걸 초조히 지켜봤다.

아이들이 드디어 세상으로 나왔다. 루카Luca(아기 A)가 오전 10시 31분에 먼저 나왔고, 마즈Mars(아기 B)는 오전 10시 32분에 나왔다. 루카는 마즈보다 약 0.3킬로그램 가벼웠고 머리는 2.5센티미터쯤 작았다. 우리 부부는 환호했다. 그러고 나서 울었다. 우리는 더없이 큰 마음속 평화를 맛봤다. 두 아이는 늘 그래 왔듯 서로 바싹 붙은 채 내 품에 안겨 있었다.

시간이 지났고, 자리를 옮겨 몸을 추슬러야 할 때였다. 휠체어를 타고 병실을 나서면서 얼핏 태반을 보게 된 순간, 나는 내 눈을 믿을 수가 없었다. 태반이 하나뿐이었다! 어느 순간 하나로 합쳐진 게 분명했다. 마즈 쪽 태반은 아주 컸다. 루카 쪽 태반의 두 배는 돼 보였다!

오, 그러나 걱정할 필요가 전혀 없었다. 이제부터 두 아이의 다른 점을 사랑하면 됐다. 우리는 두 아이를 독특하게 키울 새로운 방법을 알고 있었고 실제로 그 방법을 쓰기 시작했다. 먼저 집으로 돌아가는 길에 루카에게는 노란색 옷을 입히고 마즈에게는 연초록색 옷을 입혀, 두 아이 특유의 개성을 존중해 줬다. 두 아이의 억양과 울음소리만으로도 각자 다른 개성이 뚜렷이 느껴졌다.

우리 부부는 쌍둥이 아들들이 서로 다른 자기만의 정체성을 갖길 원했다. 그래서 한 아이에게 코르덴 멜빵바지를 입히면 다른 아이에겐 데님 반바지를 입혔고, 한 아이에게 알로하 셔츠 aloha shirt, 하와이가 원산지인 화려하게 인쇄된 스포츠 셔츠 - 옮긴이를 입히면 다른 아이에겐 페어아일식 스웨터 Fair Isle sweater, 스코틀랜드의 섬인 페어 아일에서 생산되는 스웨터 - 옮긴이를 입혔다. 그리고 두 아이에게 모든 면에서 아무런 관계없고 비논리적이며 서로 어울리지도 않고 비교도 안 되는 이름을 지어줬다. 우리가 해줘야 할 일은 단 하나, 아이들 각자에게 우리와 함께할 시간을 충분히 주고 서로 독립적으로 생각하고 놀고 느낄 기회를 충분히 제공하는 것이었다. 우리 애들은 쌍둥이 연구의 꿈이니까!

결론부터 말하자면 우린 실패했다. 정말 그랬다. 아이들에게 서로 다른 옷을 입혔고, 서로 연관성 없는 이름을 지어줬으며, 함께하는 시간은 물론 혼자 있는 시간도 중요시했다. 아이들은 먹고 자고 목욕하고 기저귀 가는 걸 늘 함께했다. 아이들의 일정을 따로 잡는 건 사실상 불가능했다. 게다가 최근 소아학 분야에선 쌍둥이들에게 같은 간격으로 먹이고 재우라 권하는데, 우리가 왜 아이들의 일정을 따로 잡는단 말인가? 우리는 몇 개월간 계속 담당 의사를 찾아가 쌍둥이들이 자라면서 똑같은 성장 기준을 충족하는지 확인했다. 그 결과는? 우리는 아침마다 서로 같은 생체 리듬의 산물인 아이들의 즐거운 재잘거림과 행복한 옹알이를 들으며 잠을 깨곤 했다. 지금도 두 아이는 여전히 비슷한 시각에 잠이 들고 잠에서 깬다.

환경적인 입력 요소는 유전학적인 형태뿐 아니라 생물학적인 형태로도 나타난다. 어떤 연구원이 우리 일란성 쌍둥이가 먹고 자고 싸는 것이나 또 다른 육체적 행동을 조사한 뒤 그들이 똑같이 먹고 똑같이 자고 똑같이 싸는 등 똑같은 행동을 한다는 걸 알게 될 수도 있다. 그리고 그걸 먹고 자는 시간이 엄격히 정해지지 않고 수시로 소아과 의사를 방문해 서로 균형 잡힌 성장을 하고 있음을 확인하지 않아도 되는 이란성 쌍둥이와 비교해볼 수 있을 것이다. 그러고는 먹고 자고 싸는 등의 행동은 거의 전적으로 유전된다고 추정할 수도 있을 것이다. 그러나 제대로 분리된 채 자라지 않는 한, 일란성 쌍둥이는 각자의 환경에 영향을 받게 된다. 일란성 쌍둥이의 유전자는 그들을 돌보는 사람들이 하는 행동에 따라 자기를 표현하고 신체를 조절한다. 그 결과 그들은 완전히 달라지기보다는 독특하게 비슷해진다.

CRISPR에 들어가기

유전학적 기술을 활용해 우리 생각을 바꾸고 새로운 형태의 우생학을 통해 인류를 영구히 개선하라는 시장의 압력이 없었다면, IQ의 유전학적 예측 변수에 대한 잘못된 주장들은 그리 위험하지 않았을 수도 있다. 최근 들어 우리의 지능을 세포 수준에서 변화시킬 수도 있는 아주 강력한 기술이 등장했는데, 그게 바로 인간 유전자 편집 기술human gene editing, 특정 DNA를 자르고 교정하는 기술 - 옮긴이이다. 유전학자들은 CRISPRClustered Regularly Interspaced Short Palindromic Repeat, 주기적·반복적으로 분포되는 짧은 염기 서열 집합 - 옮긴이 같은 유전자 편집 기술을 이용해 뇌 기능 향상을 위해 유전체를 편집하는 방법을 찾아내기 시작했다. 일부 유전학자들은 SNP, 즉 '단일염기다형성'을 수정해 초인적 능력을 만들어내길 희망한다.

검사를 받기로 선택한 사람들을 기만해 이를 스스로 선택한 소수에게 피해를 주는 개인 DNA 검사와는 달리, CRISPR 유전자 편집 기술은 인류 전체에 영향을 미친다. 과학자들은 한 개인의 몸속 특정 세포 유형들, 즉 특정 체세포들만 편집해 다음 세대까지 영향을 주진 않지만, 지금 전 세계가 빠른 속도로 생식세포 유전자 차원에서의 배아embryo, 수정 후 첫 8주까지의 태아 - 옮긴이 또는 성세포 편집 쪽으로 나아가고 있어, 그 변화들이 사람이 태어나기도 전에 영향을 주고 미래 세대까지 유전될 수도 있다.

물론 상황이 늘 이런 식이었던 건 아니다. 유전자 편집 기술이 처음 개발됐을 때 CRISPR 편집 기술 분야의 엘리트들이 이끌던 과학계의 지배적인 견해는 유전자 편집 기술이 살아 있는 환자들의 질병 퇴치에만 사용돼야 한다는 것이었다.[34] 한마디로 CRISPR 유전자 편집 기술이 '체세포 질병'과 '불치병'에만 사용돼야 했다. 생식세포 계열(아이들에게까지 전해져 내려가는 유전된 DNA) 질병이나 치명적이지 않은 질병은 물론이고 지능과 관련해서도 절대 사용하면 안 된다는 것이다. 사실 제니퍼 다우드나 Jennifer Doudna를 비롯한 많은 과학계 리더들과 전 세계의 정부 관련 기구들이 한자리에 모여 인간 유전자 편집에 대한 세계 최초의 국제회의를 열었을 때(이 회의에서 나는 인종 측면에서 오명을 얻은 유전학 분야의 위험을 주제로 강연했음), 참석자들은 모두 '맞춤아기 designer baby, 희귀질환을 앓는 자녀를 치료하는 데 쓸 줄기세포를 얻기 위해 탄생시킨 아기 - 옮긴이'가 생겨나는 걸 막고 특히 뇌를 건듦으로써 유전자 편집을 무기화하는 시도를 막을 정책이 필요하다는 데 공감했다.

그러나 내가 쌍둥이 아들들을 임신하고 나의 생식세포 유전자가 완전한 착상 모드에 돌입했을 때, 유전학 분야의 지배적인 견해는 삶을 풍요롭게 해주는 유전자 개입은 용인돼야 한다는 쪽으로 변해 있었고, 그에 발맞춰 기업들은 알츠하이머병과 파킨슨병 등 지적 장애를 유발하는 질병과 관련된 유전자 변이와 지적 능력 향상에 활용 가능한 유전자 변이에 대한 편집 기술 연구에 착수했다.

그 국제회의 이후 나는 최초의 국제적인 유전자 편집 유전체 프로젝트인 'GP-라이트 GP-write' 프로젝트에 합류했다. 또한 CRISPR 유전자 편집 기술과 그 가능성이란 주제를 놓고 많은 과학 전문 작가와 저널리스트, 영화 제작자들과 화상회의나 전화 통화로 공식 인터뷰를 했다. 사람들은 단순히 내가 유전학에 대해 어떤 생각을 하고 있는지를 알고 싶어 한 게 아니라, 유전학과 관련된 우려 상황에서 내가 그 유전학을 어떻게 활용하려 하는지를 알고 싶어 했다.

두 손으로 배를 만지면 아기 A의 낯익은 조그만 팔꿈치(아니면 아기 B의 무릎이었을까?) 부분이 느껴지게 됐을 무렵, 나는 사람들에게 우리 부부 양쪽 집안에 불치병 내력이 없다고 얘기했다. 암이나 심부전 등에 걸릴 가능성은 얼마든지 있었지만, 그런 경우에는 분명 그럴 만한 환경 요인이 있다. 그러나 유전 질환으로 고통받았던 친구들과 지인들, 특히 선천적 질병으로 자녀를 잃은 사람들을 생각해보면, 나는 인정할 수밖에 없다. 만일 우리에게 불치병 유전자가 있다는 걸 알게 된다면, 나는 분명히 유전자 편집을 활용해 불치병을 예방하려 할 것이다.

뭔가를 잘하게 된다면 어떨까? 예를 들어 악기 연주를 잘한다면? 지적 능력이 뛰어나다면? 이런 의문에 나는 직관적으로 답했다. 내 남편은 타악기 연주자이자 전문 뮤지션이다. 그는 가족들과 함께 조개와 굴을 키우면서 자랐다. 반대로 도시 여자로 살아온 나는 평생 글을 쓰고 춤을 추며 보냈다. 우리 두 사람을 연결한 건 학습과 실천에 대한 우리의 열정이다. 내 생각에 우리 쌍둥이들의 소질과 관심사를 프로그래밍한다는 건 그런 창의적인 과정을 막는 것이다. 한동안 나는 내가 알고 있는 그대로의 삶을 신뢰했다. 그리고 아직 미지의 유전자 편집 기술인 CRISPR는 너무 위험해 보였다.

3장 지능의 본질

그때 일이 터졌다. 누군가가 자신의 쌍둥이들에게 CRISPR 유전자 편집 기술을 사용해, 아직 태어나지 않은 아기들의 세포로 최초의 맞춤아기를 만들어낸 것이다. 그 쌍둥이들은 감염병에 내성이 있도록 유전자 편집이 됐지만, 표적이 된 유전자 변이들은 지능 연구와도 관련이 있었다.[35] 그 일은 지대한 관심을 불러일으켰다. CRISPR 유전자 편집 기술 분야에 몸담고 있던 우리는 우리의 불문율 같은 게 깨진 것에 격분하면서도, 질병 치료를 위한 유전자 편집과 지능 향상을 위한 유전자 편집 사이에 명확한 경계선을 긋는 게 불가능하다는 사실을 깨달았다. 인간 유전자 편집에 대한 2차 국제회의가 끝날 때 새로운 의견 일치가 이뤄졌다. '세포체 편집은 가능, 생식세포 유전자 편집은 어쩌면 가능, 향상을 위한 유전자 편집은 물론 가능' 쪽으로 공감대가 형성된 것이다.

이 무렵, 나는 셋째를 임신했다. 신경 최적화 또는 지능 최적화에 대한 관점이 완전히 달라졌던 때다. 환자 이송용 침대에 누워 초음파 검사로 세 번째 아기의 매끄러운 두개골 윤곽을 들여다보면서, 나는 당시 상황을 너무 잘 파악하고 있었다. 가능한 모든 형태의 유전자 편집 기술이 쓰나미처럼 우리를 덮쳐 오고 있었다. 우생학은 더 이상 논란거리가 아니었다. 나는 대체 어떤 일들이 일어날 수 있을지를 깊이 생각하며 연구하고 있었는데, 주변에선 이미 그런 일이 일어나고 있었다. 유전학 업계가 생식세포 유전자 향상 쪽으로 나아가는 상황에서, 곧 새로운 임산부가 될 내게는 그리고 우리 인류에게는 달리 선택의 여지가 없었다.

이런 사실을 토대로, 나는 지능 우생학 그리고 유전 가능성 측정 방법들과 GWAS, 즉 '전체 유전체 연관성 분석'의 장밋빛 미래에 대해 더 큰 의구심을 갖게 됐다. CRISPR 유전자 편집 기술의 강력한 힘이 이미 작동 중이었고 전혀 새로운 우생학도 등장했다. 구태의연하게 지능은 타고나는 것이라는 둥 잘못된 주장을 또다시 늘어놓을 건지 아니면 우리 자신을 향상하고 모든 사람에게 성장 기회를 줄 새로운 방법을 찾을 건지는 전적으로 우리에게 달렸다.

4장

지능 높이기

변화할 수 있는 능력이야말로 지능의 척도다.
- 미국 속담

호르헤Jorge는 컬럼비아의 번화한 도시 보고타에서 엔지니어 겸 가스·수도관 디자이너 일을 하고 있었다. 하루는 그의 동료가 도시 외곽 지역에 있는 정육점 고기 판매대 뒤에서 일하고 있는 그를 목격했다. 순간 그 동료는 아주 당황스러웠다. 호르헤가 쌍둥이라는 건 잘 알려진 사실이었지만, 이란성 쌍둥이인 탓에 형 카를로스Carlos와는 생김새가 딴판이었다. 어쨌든 카를로스 역시 정육점에서 일하진 않았다. 대체 어찌 된 일이었을까?

동료가 정육점에서 본 사람은 호르헤도, 카를로스도 아니었다. 240킬로미터 넘게 떨어진 한 외딴 마을에서 온 농부 윌리엄William이었다. 호르헤와 카를로스는 결국 자신들의 진짜 쌍둥이 형제인 윌리

엄과 윌러드Willard가 태어날 때 서로 바뀌었다는 사실을 알게 된다. 이 일란성 쌍둥이들은 전혀 다른 두 가정과 환경에서 피 한 방울 섞이지 않은 형제자매들과 함께 이란성 쌍둥이로 자란 것이다.

호르헤와 윌리엄은 일란성 쌍둥이였다. 카를로스와 윌러드도 일란성 쌍둥이였다. 그런데 성장 환경이 뒤섞이는 바람에 네 사람은 '따로 자란 쌍둥이들' 실험의 진정한 첫 후보가 됐다. 캘리포니아주립대학교 플러턴 캠퍼스의 연구원들은 그들을 대상으로 한 연구를 희망했고, 마침내 2014년 그 두 쌍의 쌍둥이는 연구 대상이 되는 데 동의했다.[1] 과학자들은 마침내 자신들이 지능의 유전학적 토대에 반박불가능한 증거를 제시할 수 있게 됐다고 쾌재를 불렀다.

그렇게 해서 네 사람의 정신 및 행동과 관련해 다양한 표현형 비교가 이뤄졌고, 환경 변화가 쌍둥이 두 쌍에게 상당한 영향을 미쳤다는 게 밝혀졌다. 당시 관찰 결과 중 가장 특기할 만한 건 도시에서 자란 형제들은 대학 졸업 후 높은 연봉을 받는 직장에서 일하고 있는 데 반해, 시골에서 자란 형제들은 초등학교 5학년 때 학교를 그만둔 뒤 컬럼비아 시골 지역의 초원에서 일하고 있었다는 것이다.[2] 무엇보다 연구원들을 놀라게 한 건 형제들 간의 차이가 그들의 DNA에서도 뚜렷이 나타났다는 것이었다. 그들의 몸 안에서 평생 다른 유전자들이 시기에 따라 발현되기도 하고 발현되지 않기도 한 것이다.[3]

유전체를 뛰어넘어

지난 10여 년간 우리는 유전자가 운명처럼 고정된 게 아니라 환경에 따라 다른 형태로 존재하고 진화하며 스스로 발현한다는 사실을 알게 됐다. 이는 그야말로 과학계의 가장 큰 돌파구 중 하나이기도 했다.[4] 유전자들은 발현되기도 하고 발현되지 않기도 한다. 매 순간의 환경이 유전자의 기능을 좌지우지한다.

실제 당신의 유전체를 에워싸고 있는 환경은 여러 층이다. 첫째, DNA 가닥을 직접 에워싼 세포 환경 층이 있다. 당신의 몸속 세포는 모두 전문화된 기능이 있으며, 한 세포의 기능은 그 속에 포함된 유전자의 발현에 영향을 준다.[5] 폐 세포인가, 심장 세포인가 아니면 눈 세포인가? 숨 쉬는 데 도움이 되는가, 혈액을 펌프질하는 데 도움이 되는가 아니면 세상을 보는 데 도움이 되는가? 세포가 하는 일은 환경의 영향을 받는다.

그다음에는 세포 기관 및 세포 기관계 환경이 있다. 앞서 살펴본 예와 함께 그 자체가 더 큰 폐 기관계의 일부인 폐 주변 환경을 떠올릴 수 있다. 아니면 거대한 순환계와 연결된 심장의 주변 환경을 떠올릴 수도 있고, 뇌의 신경망과 연결된 눈, 그 신경 말단을 떠올릴 수도 있다. 당신의 DNA는 각 세포 내 지침서 같은 것으로 이뤄져 있지만, 이처럼 변화하는 환경으로 인해 당신의 몸이 그 지침서를 암호화하는 방식 또한 달라진다. 결국 환경에 따라 지금 어떤 유전자의 발현이 필요한지 그리고 무엇에 왜 어떻게 필요한지도 달라지는 것이다.

이런 직접적인 환경들 외에, 당신의 모든 세포 기관은 몸의 광범위한 환경 안에서 함께 작동하고 있으며, 당신의 DNA에 신호를 보내 언제 발현해야 할지를 알려준다. 당신의 폐와 심장과 눈은 신경 없이는 제 기능을 할 수 없으며, 그 신경들은 중추신경계 안을 지나 뇌까지 올라가고, 몸의 표면에 있는 피부와 섬모, 점막들까지 뻗어나간다.

몸의 내부 환경 바깥쪽에는 외부 생태계가 있다. 몸이 살아가고 존재하고 움직이는 임시 환경이 있는 것이다. 그 환경은 당신의 DNA에 신호를 보내고 암호화해 당신이 환경에 적응하고 환경을 이해하고 환경을 최대한 활용할 수 있게 해줄 뿐 아니라 환경을 관리·통제할 수 있게도 해준다.

따라서 설사 당신에게 호르헤와 윌리엄 또는 카를로스와 윌러드 그리고 또 우리 쌍둥이 아들들처럼 정확히 같은 DNA와 정확히 같은 지침서를 공유하는 일란성 쌍둥이가 있다 해도, 당신의 생리 및 생명 결과들은 난자와 정자가 만나는 수정 단계부터 이미 달라지기 시작했을 것이다. 당신만의 독특한 환경에서 독특한 당신이 생겨나는 거니까.

후성유전체

환경이 DNA에 미치는 영향을 연구하는 학문을 '후성유전학epigenetics, DNA 염기 서열의 변화 없이 나타나는 유전자 기능의 변화가 유전되는 현상을 연구하는 학문 - 옮긴이'

이라고 한다. 후성유전학에서는 '후성유전체 epigenome'를 이해하는 데 주안점을 둔다.[6] 또한 후성유전체는 당신의 유전자를 서로 연결해주는 '유전자 코드 순서 sequence of code'로(후성유전체, 즉 epigenome의 epi는 '~ 위에'를 뜻하는 그리스어임) 유전자가 발현될 때와 발현되지 않을 때를 알려준다.[7] 어떤 유전자 코드 순서는 유전자가 스스로 침묵케 하며(이른바 'DNA의 메틸화'라 함),[8] 어떤 유전자 코드 순서는 DNA를 옥죄게 해 일시적으로 발현을 막는다(이른바 '히스톤' 또는 '염색질 변형'이라 함).[9] 이처럼 유전자의 기능이 발현됐다가 미발현됐다가 하는 것이야말로 신경 생성의 기본이 된다. 몸속에서 새로운 뇌세포가 생겨나 발달하는 과정의 기본이 되는 것이다. 이는 호르헤와 윌리엄 그리고 카를로스와 월러드를 겉모습은 같지만 여러 면에서 달라지게 만든 지적 능력과 관련된 전체 신경 과정(세포 조직 발달 및 신경 신호 등)에 꼭 필요한 일이기도 했다.

후성유전체를 설명할 때 흔히 쓰는 방법은 교향곡을 연주하는 음악가에 비유하는 것이다. 당신의 DNA는 악보다. 당신은 후성유전체를 통해 각 악기가 연주해야 할 음을 지시해야 한다. 후성유전체가 작동되는 가장 흔한 방식은 유전자가 발현되지 않도록 암호화함으로써 DNA를 침묵시키는 것이다. 이를 통해 당신의 몸은 언제 어떤 소절을 연주하기 시작하거나 중단해야 할지를 알게 돼 교향곡 연주에 도움이 될 수 있다. 그러나 환경적 영향으로 인해 당신의 몸이 연주해야 할 때 침묵하라는 신호를 받게 된다면 오히려 교향곡 연주에 방해가 될 수도 있다.

이때 교향곡 지휘자는 오염이나 식습관, 운동 같은 생활방식 요인을 비롯한 가장 바깥쪽 환경이다. 그런 요인들이 힘을 합쳐 내린 지침에 따라 연주자들이 악보를 어떻게 해석할 건지 또 유전자들을 발현시킬 건지 미발현시킬 건지가 결정되는 것이다. 가장 바깥쪽 환경의 이런 영향력은 그 환경이 얼마나 건강한가에 따라 해로울 수도 있고 생산적일 수도 있다. 후성유전학 덕에 당신이 숨 쉬는 공기, 당신이 소비하는 것들, 심지어 당신이 생각하는 방식 등 모든 것이 당신의 후성유전체 기능에 영향을 준다는 게 밝혀졌다.

후성유전체와 관련된 놀라운 사실 중 하나는 그것이 유전된다는 것이다.[10] 후성유전체는 개인적인 삶의 경험으로 각인되지만, DNA와 함께 대를 이어 유전된다. 당신의 할머니가 살았던 환경과 그분이 했던 선택이 당신의 현재 유전자 발현에 영향을 미친다는 얘기다.

사실 그간 여러 종단적 연구longitudinal study, 동일한 연구 대상을 오랜 기간 추적하면서 관찰하는 연구 방식 - 옮긴이 덕에 현재의 환경이 과거의 환경과 얼마나 복잡하게 뒤얽혀 있는지가 밝혀졌다. 널리 알려진 후성유전학 연구는 뇌의 신경가소성neuroplasticity, 뇌의 신경망이 경험과 학습에 따라 변화하는 능력 - 옮긴이뿐 아니라 주변 환경에 대처하는 뇌의 능력 그리고 과거의 스트레스 및 트라우마로 인해 오랫동안 뇌 기중이 저하된다는 사실을 밝혀냈다.[11]

그중 유명한 사례는 '네덜란드 겨울 기근(1944년 독일 나치스가 네덜란드에 대한 식량 공급을 차단함으로써 발생한 일시적 기근)'에서 살아남은 사람들을 대상으로 진행한 연구다. 그해 겨울에 임신한 사람들은 이후 높은 비율로 조현병이나 비만 또는 당뇨에 걸렸을 뿐 아니라 수명도 짧아졌다. 더욱이 당시의 연구 결과, 그런 특징은 이후 아이들에게 유전돼 단 한 계절 동안 경험한 스트레스와 영양 결핍이 다음 세대에게 영향을 미친다는 사실이 밝혀졌다.[12]

마찬가지로, 유대인 대학살에서 살아남은 사람들도 후성유전학적 변화로 뇌세포 조직에 변화가 생겼고, 그 바람에 불안감과 스트레스 호르몬 분비, 외상후스트레스장애 PTSD, Post-Traumatic Stress Disorder 등에 시달리는 경우가 많았다.[13] 전쟁 포로들 역시 포로수용소에 투옥되면서 후성유전학적 측면에서 각종 후유증에 시달렸다. 그런 변화는 그들이 겪은 특정 스트레스나 트라우마를 전혀 겪지 않은 후손에게 그대로 유전됐다. 트라우마가 인지 발달에 미치는 영향은 이렇듯 오래 이어지는 것이다.

우리 중 누구도 과거를 바꿀 순 없지만, 후성유전체가 환경에 이렇게 민감한 것에는 희망적인 면도 있다. 당신의 유전체가 당신의 운명까지 결정짓지 못하듯, 당신의 후성유전체 역시 당신의 운명을 결정하지 못한다. 후성유전체는 **당신이** 겪는 경험에 따라 평생 계속 변화하기 때문이다. 따라서 당신은 환경을 더욱 건강하게 만듦으로써 당신 자신의 교향곡은 물론 미래 세대의 교향곡까지 더 훌륭하게 만들 수 있다.

건강한 환경, 건강한 마음

뇌에 주안점을 두는 후성유전학 연구에 따르면, 후성유전체는 처음부터 DNA를 통제하며 심지어 이런저런 생각을 떠올리는 데도 양질의 영양분과 공기 같은 요인이 필요하다는 걸 알 수 있다. 뇌 연구에 따르면, 태아 시절에 우리 뇌에 신호를 보내 세포 분열이라는 독특한 과정을 시작하게 해 우리 인간의 뇌를 사촌인 영장류 동물들의 뇌보다 훨씬 커지게 만드는 등 '신경 생성', 즉 뇌 신경세포 생성을 통제하는 것도 후성유전체다.[14]

훗날 신경학적 기능 장애 및 쇠퇴에 일조하는 호르몬 유전자들을 통제하는 것 역시 후성유전체다. 임신 기간 중의 모체 환경에 관한 연구에 따르면, 비타민 섭취에서 명상에 이르는 엄마의 모든 행동이 아기의 신경 발달 및 학습 능력에 영향을 미친다.[15] 심지어 아빠의 비타민이나 '메틸레이터 methylator, 라임병 등의 치료에 쓰이는 약 - 옮긴이' 섭취도 갓 태어난 아기의 지적 작업 수행 능력을 비롯한 정신 능력에 영향을 준다고 밝혀졌다.[16]

그런데 뇌 후성유전학 연구 과정에서 스트레스 자체가 지적 처리 과정에 직접적인 영향을 준다는 훨씬 더 놀라운 사실이 밝혀졌다. 임신부를 대상으로 한 연구에 따르면, 임신 후반에 우울증을 겪게 되면 신생아의 후성유전체에 부정적 변화가 일어나, 아이가 평생 살아가며 매 순간 받아들이고 느끼는 정신적 자극에 적절히 대응하는 데 애를 먹게 된다.[17] 심지어 임신 기간에 아빠가 겪는 스트레스 또한 발달 중인 아기의 후성유전체에 깊이 각인돼 아기가 자신을 둘러싼 세상을 스트레스 넘치는 환경으로 인식하게 만들고, 그 결과 지적 과제 수행 능력이 떨어지게 된다.[18] 그리고 지적 능력에 직접적으로 초점을 맞춘 일부 후성유전체 연구에선 성취도를 측정하기 위해 편향된 IQ 검사를 사용했는데, 그 연구 결과에 따르면 환경 관련 스트레스 요인은 유해한 후성유전학 신호를 보내 사고력을 흐리게 만드는 스트레스 호르몬을 활성화함으로써 IQ 검사 결과에 부정적 영향을 미친다.[19]

우리는 스트레스를 받는다는 게 어떤 느낌인지 잘 안다. 어떤 스트레스 요인에 직면할 때 우리 몸은 버티다가 결국 이런저런 부정적 감정에 휩싸이게 된다. 스트레스 요인이 심하지 않다면, 우리는 안심하거나 적어도 스트레스 요인에 대한 인식을 뒤로 밀어 놓는다. 반면에 스트레스 요인이 심하다면, 생리적 스트레스 반응이 개입하게 되며, 그 결과 뇌에서 시작하고 끝나는 미묘한 피드백 순환고리 속에서 우리 몸이 화학물질 및 호르몬을 대거 발산하게 된다.

이 같은 스트레스 순환고리는 뇌 속 감정 처리 장치인 편도체를 변화시켜 당신의 몸속 'HPA 축'을 강화하는 도파민과 에피네프린 같은 신경전달 물질로 점화된다. 이때 HPA 축은 시상하부-뇌하수체-부신 축 Hypothalamus-Pituitary-Adrenal gland axis 의 줄임말로, 이 헌신적인 심신 스트레스 시스템 안에는 시상하부, 뇌하수체, 부신이 포함된다. 또한 그 과정에서 당신의 지적 능력이 향상돼 기억을 잘 활용하게 되고 새로운 정보를 받아들여 반응하는 데 도움을 얻게 된다.

스트레스를 받고 있다는 신호가 편도체에 전달되면, 편도체는 다시 메시지를 보내 뇌의 두 부위를 활성화한다. 먼저, 뇌의 '통제 센터'로 알려진 전두엽 피질로 메시지를 보내 침착함을 유지할 수 있게 한다.[20] 전두엽 피질은 기억 중에서 격한 반응을 자제시켜줄 지식과 이미지를 끄집어내 큰 두려움 없이 환경을 인식할 수 있게 해준다.

그다음 편도체는 시상하부에 메시지를 보내 뇌하수체에서 스트레스 호르몬 코르티솔이 몸속으로 분비되며, 그 코르티솔이 자극제 역할을 하게 된다.[21] 부신에서 쏟아져 나온 코르티솔은 다른 장기가 스트레스 요인에 반응하게 만든다. 근육이 반응하고 호흡과 심장 박동이 빨라진다. 이때 뇌는 이성적 판단이나 새로운 정보를 받아들이는 것을 중단하고, 싸우거나 도망가는 데 필요한 이미지와 생각을 끌어모은다.

30분쯤 지나면 부신에서는 코르티솔이 분비되지 않으며, 몸속에 퍼져 있던 코르티솔은 다시 뇌로 흘러 올라가기 시작한다. 뇌가 순환 고리를 끊는 것이다. 그렇게 몸이 평소 상태로 돌아가면 당신은 뭔가를 추론하고 배우는 데 필요한 뇌 부위를 다시 사용할 수 있게 된다. 이처럼 몸이 스트레스 반응을 시작했다가 평소 상태로 되돌아가는 데 소요되는 시간은 60분에서 90분 정도다.

연구원들은 이 모든 시간을 감안해 연구원들은 어떠한 일이 있기 직전에 갑자기 가벼운 스트레스 요인이 발생하면(시험을 앞두고 느끼는 불안감 등) 초기에 분비되는 화학물질 덕에 인지 능력이 향상될 수도 있다는 걸 알아냈다. 그러나 코르티솔 수치가 너무 오랜 시간 높은 상태를 유지하면 뇌가 손상되기 시작한다.[22] 게다가 스트레스 피드백 순환고리가 끊이지 않고 계속된다면 영구적 인지기능 상실로 이어져, 결국 지적 능력 퇴보 및 지적 장애에 이르게 될 수도 있다.

스트레스는 뇌에 단기적인 영향과 장기적인 영향을 모두 준다. 단기적으로는, 심장 박동과 호흡이 빨라지면서 몸속 혈류와 산소량 또한 늘어나 깊은 사고와 집중, 기억을 담당하는 뇌 부위의 에너지를 뺏는다.[23] 이는 심리학적 성과에 관한 많은 연구로 입증됐다. 연구 결과에 따르면, 사람들은 한 번 겪는 가벼운 일회성 스트레스 상황에도 시공간 과제 및 기억 회상부터 계산 및 이해에 이르는 거의 모든 인지 작업에서 실수를 범하거나 성과가 떨어지는 것으로 나타났다.[24]

그런데 스트레스는 일회성일 때가 드물다. 사람들은 대개 매일, 매주, 매년 만성 스트레스를 겪는다. 연구원들에 따르면, 장기적으로 스트레스에 시달릴 경우 뇌 안에서 구조적 변화가 발생해 뇌위축이 일어나거나 신경생성 질환이 생기게 된다.[25] 또한 HPA 축에 계속 자극이 가서 뇌에 코르티솔이 넘쳐나게 되면 뇌 시스템 자체에 문제가 생긴다. 뇌가 코르티솔 분비를 멈출 방법을 찾으면서 뇌의 다른 부위에서 각종 자원을 빼내기 때문이다. 해마처럼 높은 수준의 사고와 학습, 기억에 관여하는 뇌 부위의 뉴런neuron, 신경계를 이루는 기본적인 단위세포로, 자극과 흥분을 전달함 - 옮긴이을 측정해보면 뉴런 수와 양이 줄어드는 등 큰 타격을 받는다.

스트레스는 신경퇴행성 질환을 유발하는 등 장기적으로도 몸에 아주 큰 악영향을 끼친다. 코르티솔 수치가 급증하면 '경도 인지 장애'로 알려진 질환이 생기는데, 그러면 기억력이 쇠퇴하고 단어와 아이디어를 떠올리는 게 어려워지며 물건을 잘 잃어버리고 계획된 행사에 참석하는 걸 잊게 된다.[26] 또한 스트레스가 장기간 지속되면 치매에 걸릴 수 있으며, 치매에 걸린 사람들의 80퍼센트는 알츠하이머병에 걸리게 된다.[27]

우리는 이혼을 하거나 사랑하는 사람을 잃는 등 급성 스트레스를 겪게 되면 우울증에 걸리는 경우가 많다는 걸 안다. 현대 신경과학에 따르면, 급성 스트레스를 겪으면 한평생을 넘어 대를 이어서까지 뇌에 타격을 주기도 한다. 많은 연구에서 급성 스트레스를 겪은 사람들이 인지기능 장애 및 쇠퇴에 이르게 될 가능성이 큰 것으로 나타났다. 또한 임신부를 대상으로 한 연구에서도 급성 스트레스가 임신에 부정적 영향을 미쳐 조산하게 되거나 저체중 미숙아를 낳게 되기도 한다는 걸 보여준다.

지금까지는 주로 급성 스트레스 요인이 뇌에 미치는 부정적 영향을 살펴봤다. 그러나 최근 연구에 따르면 만성 스트레스를 겪는 게 뇌 기능에 훨씬 더 안 좋다. 압박감이 심한 학교나 직장 환경, 고통스러운 인간관계나 학대받는 인간관계 또는 차별적인 사회 환경 등으로 만성 스트레스를 겪는 경우, 스트레스 반응의 피드백 순환고리를 끊는 뇌 능력을 약화시켜 격한 스트레스 반응이 끝없이 되풀이되는 악순환에 빠지게 된다.[28] 만성 스트레스를 겪으면 몸 곳곳에 염증이 일면서 순환계 및 심혈관계에 문제가 생기고 뇌와 그 기능에 악영향을 미치게 된다.[29] 스트레스가 정신질환과 신경퇴행성 질환부터 암과 면역 질환에 이르는 거의 모든 뇌 질환에 악영향을 미치는 것도 이러한 이유다.

오늘날 후성유전학 분야에서는 스트레스가 심한 환경에서 발생하는 뇌 기능 쇠퇴 문제를 집중적으로 파고드는 연구 분야가 급성장하고 있다. 이른바 '사회 후성유전학 social epigenetics'이라는 이 연구 분야에서는 교육, 영양분, 주택, 오염 및 독성 물질 노출, 자녀 양육 관행, 부모의 건강 같은 요인이 평생 어떻게 우리 뇌의 기능과 작동 방식을 프로그래밍 및 재프로그래밍하는지를 연구한다.[30] 붕괴되는 학교 시스템, 제임스 플린이 조사했던 자원이 제대로 제공되지 않는 지역 등 소외된 지역 그리고 부적절한 의료 시설 등에 관한 연구를 통해 우리는 각종 스트레스로 고통받는 삶 속에서 환경이 우리 뇌에 얼마나 나쁜 영향을 주는지를 잘 알 수 있다. 그런 노력 덕에 많은 과학자가 앞장서서 각종 사회 환경의 질을 결정짓는 정책들에 더 많은 관심을 기울일 걸 요청하게 됐다. 특히 지능을 전문으로 연구하는 과학자들은 목소리 높여 교육 시스템의 변화를 외쳤는데, 사소하더라도 모두가 양질의 환경을 고루 누릴 수 있는 조치가 이뤄진다면 사람들의 지적 능력은 대를 이어 더욱 좋아지게 될 거라고 주장해왔다.

당신의 지능을 높여라

이처럼 스트레스가 우리 뇌에 신경학적 측면과 후성유전학적 측면에서 지대한 영향을 준다는 사실을 통해, 우리는 환경이 최대한 그걸 잘 활용할 수 있는 방식으로 조성되지 않는 한 아무리 특정 유전자 코드 배열을 갖고 태어난다 해도 별 소용이 없다는 걸 알 수 있다. 마찬가지로, 특정 유전자 코드 배열을 편집한다 해도 환경을 바꾸는 데는 별 소용이 없으며, 결국 환경이 정신적 명료성과 지적 건강을 결정짓는 핵심 요소가 된다. 후성유전학 CRISPR 유전자 편집 기술 덕에 언젠간 테이-삭스병이나 대두증 또는 취약X증후군같이 희귀한 선천성 질환 환자를 치유할 수 있게 될지 몰라도, 스트레스 요인이 사라지지 않는 한 우리 같은 일반인으로선 별다른 변화도 없을 것이다.

    DNA 기능을 깊이 들여다보노라면, 후성유전체는 사고하는 뇌에 꼭 필요한 유전자 '발현' 버튼이라는 점이 분명해진다. 다행히도, 유전학적 측면에서 볼 때 당신의 뇌는 지능적으로 생각하게끔 프로그래밍돼 있을 뿐 아니라 환경을 최대한 잘 이용할 수 있게끔 돼 있다. 당신의 악보에는 끝까지 철저히 그렇게 하고 또 당신 특유의 음을 최대한 잘 활용하라는 지침이 담겨 있다. 그 무엇도 그걸 못하게 막지 않도록 해야 한다. 제대로 된 지휘자를 고용해 잘 이끌게 해야 한다. 또한 당신의 연주자들이 당신의 기대에 부응하게 잘 조정해야 한다.

후성유전학 결과들을 향상하려면 어떻게 할까? 건강한 방식으로 스트레스를 줄이고 우리 뇌를 자극할 수 있는 전술을 써야 한다. 스트레스를 줄이고 정신 건강을 증진할 방법은 많지만, 나는 높은 비용이나 외과적 개입이 없어도 되는 과학적 방식을 쓰고 싶다. 이와 함께 우리 뇌가 우리가 필요로 하는 걸 할 수 있게 해줄 인지 전략을 쓰고 싶다.

2부에서는 우리가 지능을 최대한 활용할 수 있도록, 우리 뇌를 활용해 환경과 연결하고 환경에서 배우며 환경을 개선하는 방법에 대한 틀을 소개한다. 어떻게 모든 것에서 배우는 마음가짐을 갖기 시작할 것인지에 대한 아이디어를 제공해, 모든 사람이 자신이 처한 환경에서 이런저런 성장 기회를 잡도록 할 것이다.

지능을 어떻게 높일 수 있는지 아직 모르는 게 많지만, 우리가 확실히 알고 있는 한 가지 사실은 건강한 환경에서 건강한 마음이 생겨난다는 것이다. 그러므로 우리는 본성을 잘 활용해 건강한 환경을 조성해야 한다.

Rethinking Intelligence

2부

지능 높이기

5장

성장형 사고방식

실패란 없다. 피드백이 있을 뿐.
- 로버트 앨런Robert Allan

지능이 한낱 사람들에게 순위를 매기는 점수 또는 일부 유전자 변이로 전락해선 안 된다는 걸 이해하면, 비로소 그 지능을 어떻게 제대로 활용할 수 있는지 보이기 시작한다. 지능은 역동적인 과정이다. 우리는 그 과정을 통해 환경과의 교감 속에 뭔가를 배워 우리 삶을 개선하게 된다. 아무리 똑똑하거나 학식이 깊거나 또는 평범해 보이는 사람이라도 누구나 그런 능력이 있고 이를 활용할 수 있다.

지능이 단순한 지적 능력 이상의 것이며 스트레스와 우리의 정신 및 정서 건강의 영향을 받는다는 걸 이해한다면, 우리 마음에 더 나은 환경을 조성하는 데 도움이 된다. 우리의 뇌와 몸은 우리가 일하고 배우고 살아가는 사회적 환경에 끊임없이 반응하기에 우리는 어떻게 그 환경을 개선할 건지 의문을 가질 수 있다. 우리는 외적인 삶이 내적인 삶에 미치는 영향을 개선하고, 더 나아가 환경이 우리의 후성유전학에 미치는 영향을 개선할 책임이 있으며, 또한 그렇게 우리 자신의 잠재력을 가다듬을 권리도 있다.

그러기 위해선 인간의 타고난 '신경가소성', 즉 평생 성장하고 변화하는 우리 뇌의 능력에 대한 자신의 지식을 최대한 활용할 수 있어야 한다. 뇌는 끊임없이 성장하고 변화하므로, 한 사람의 지능은 태어날 때의 상태 그대로 고정되진 않는다. 지능은 자신의 마음을 어떻게 활용해 환경과 연결을 맺는지, 그리고 그 환경을 자신의 내면과 얼마만큼 잘 연결하는지에 따라 달라진다. 지능이 유동적이라는 사실에 대해 말하고, 환경에서 배우는 과정의 본질에 대해 생각하고 얘기함으로써, 우리는 가정과 직장을 비롯해 뭔가를 배우는 공간을 지능 향상을 위한 토대로 삼을 수 있다.

뇌 업그레이드하기

한 세기가 넘는 인간 유전자 연구를 통해 인간의 뇌는 가소성을 갖고 있다는 게 입증됐다. 우리 뇌는 '학습'이라는 아주 중요한 인간 활동을 통해 계속 발전하고 성장하게 돼 있는 것이다. 뇌는 우리가 새로운 정보를 받아들이고, 그 정보를 이미 있는 정보와 비교해 삶을 개선할 조치를 취할 수 있게 해준다. 이처럼 우리 뇌는 정보를 입출력할 수 있게 프로그래밍돼 있으며, 그 결과 새로운 뉴런을 생성하고 새로운 신경 연결 경로를 만들 수 있다. 우리가 끝없이 변하는 환경에 적응하면서 우리 뇌의 가소성도 향상된다. 살아가면서 뇌 기능이 계속 업그레이드되고 재프로그래밍되면서 향상되는 것이다.

과학자들은 한때 뇌세포가 태아 시절에만 형성된다고 믿었으며, 뇌 신경 연결 경로 및 신경망은 평생 변하지 않는다고 봤다(나이가 들어 뇌가 위축될 때는 예외지만). 그러나 이제 우리는 뇌는 태어날 때 외에 어린 시절과 청소년 시절 그리고 성인 시절에도 끊임없이 성장하고 발달하고 향상된다는 걸 잘 안다.[1] 전기화학적 흐름 특성이 있는 뇌 신호들은 줄기세포들을 자극해 신경생성을 촉발함으로써 새로운 뇌세포들을 생성한다. 그 결과 뇌는 신경 연결 경로들을 재프로그래밍해 우리 삶의 요구들에 더 잘 맞게 변화시키게 된다.

학습은 뇌를 밝히는 불꽃으로 뇌 신호가 흘러가게 만든다. 당신이 어떤 정신적인 일을 되풀이하면서 뇌로 하여금 어떤 행동에 대한 기억을 불러오게 할 경우, 문자 그대로 뇌가 활성화되면서 신경 연결 경로가 강화된다.[2] 당신이 수학 방정식을 풀거나 색칠이나 명상을 하는 등 특정 방식으로 생각하고 행동하면서 자기 자신에게 도전장을 내밀 때, 뇌는 예전 신경 연결 경로 외의 다른 신경 연결 경로를 만들어 특정한 정신적 활동을 더 잘할 수 있게 돕기 시작한다. 그리고 그런 형태의 학습을 중단하면 당신의 뇌는 결국 신경 연결 경로와 신경망을 다른 것으로 대체한다. 세포 연결 경로를 정리해 현재 신경 에너지가 가장 필요한 곳에 투입할 수 있게 되는 것이다.

새로운 것을 배울 때는 훨씬 더 큰 불꽃이 인다. 뇌를 향해 새로운 방식으로 환경에 반응하도록 강요하는 건 새로운 신경 연결 경로와 세포를 만들 때라고 말하는 것과 같다. 당신의 뇌는 기존의 신경 연결 경로 및 세포를 강화하는 동시에 그것들을 재프로그래밍하고 별도의 신경 연결 경로와 세포를 만들면서, 새로운 물질을 통해 새로운 신경망을 만들어낸다.

삶은 학습이고, 학습은 성장이다

거시적 차원에서 볼 때, 우리는 학습을 통해 환경을 공유하는 다른 사람들과 조화를 이루며 살기 위해 함께할 방법뿐 아니라 우리의 환경 자체와 조화를 이루며 살기 위해 다른 사람들과 함께할 방법도 찾아낼 수 있다. 읽는 법을 배웠을 때 생겨난 파급 효과와 읽고 쓸 줄 알게 됐을 때 우리 인류 앞에 펼쳐진 가능성을 생각해보라. 반면에 미시적 차원에서 볼 때, 우리 뇌는 문자 그대로 우리를 프로그래밍하고 재프로그래밍해 주변 환경을 더 나은 환경으로 만들게 해줄 뿐 아니라 세포가 서로 협력해 새로운 신경망을 구축할 수 있게도 해준다. 우리 몸속의 모든 DNA 가닥, 모든 세포 그리고 우리가 관여하는 모든 활동이 가장 기본적인 사실의 표출이다.

흔히 학습은 일종의 힘 또는 투자라고(그래서 누군가는 더 많이 갖고 있고 누군가는 거기서 더 많은 걸 얻는다고) 말하지만, 사실 학습은 삶의 기본이다. 뇌는 당신에게 환경과 관련된 지식을 얻는 데 필요한 모든 걸 주고, 환경은 당신에게 뇌 기능을 향상하는 데 필요한 모든 걸 준다. 그것이 뇌가 작동하는 방식이며 모두가 하는 일이다. 모든 순간은

학습을 위한 순간이다. 모든 순간은 당신에게 환경을 알고 대처하고 잘 통제할 기회를 제공한다. 아무리 일상적이고 따분할지라도 늘 메시지가 있다. 이를 받아들이는 건 당신에게 달렸다. 어떤 순간에는 산들바람이 불고 어떤 순간에는 폭풍우가 몰아치지만, 당신은 늘 환경에 적응하며 진화한다. 늘 잠재적으로 창의력과 공감 능력과 만족감을 높이는 데 한 발자국씩 다가서는 것이다.

당신은 살아가면서 특정한 순간 그리고 특정한 기간에 특정한 화젯거리나 주제에 대해 배우는 데 집중할 것이다. 내 인생 초반에는 내가 사는 지역사회에서 세상 물정을 배웠고, 학교에서는 수학과 역사를 공부하면서 프로 댄서가 되기 위한 훈련에 집중했다. 이후, 중반에는 건강한 인간관계를 유지하고 나만의 공동체를 구축했으며, 사회과학 분야의 전문가로 성장하는 데 힘썼다. 그러나 그런 화젯거리나 주제가 내 지능을 결정하지는 못했다. 내가 가장 가치 있다고 믿은 아주 중요한 화젯거리나 주제와 상관없이, 내가 내 환경을 잘 활용해 더 나은 생각을 하고 더 현명한 삶을 살고 더 나은 사회 인식을 할 수 있게 된 건 순전히 일상적인 학습 덕이었다.

마찬가지로, 당신의 리더와 관리자, 교사, 동료들은 종종 당신을 향해 매 순간의 환경에 맞춰 자신의(또는 조직의) 목표에 부합되게 행동하길 요구할 것이다. 현재 교수이자 어느 정도 알려진 지식인인 나는 빠른 속도로 변화하는 학생과 대중을 위해 계속 새로운 전문 지식을 배우고 가르치며 그와 관련된 글을 쓰라는 요청을 끊임없이 받고 있다. 또한 내가 몸담은 대학과 교수라는 내 직업을 위해, 나아가 과학계를 위해 매일같이 특정 과업들을 수행해야 한다. 그러나 그런 전문 지식과 일 역시 내 지능을 결정짓지는 못한다. 내 두뇌를 성장시키고 강화하는 건 환경에 관한 나의 의식적이고 부단한 관심과 참여다.

그러니 당신이 똑똑하다는 말을 듣는 게 어떤 검사나 시험에서 답을 잘 골랐거나 직장에서 다른 사람들이 정한 성과나 목표를 달성했기(다시 말해, 직장에서 어떤 획기적인 일을 해냈거나 회사를 괴롭히던 어떤 문제를 해결했기) 때문이라고 생각하는 우를 범하진 말라. 물론 공식적으로 뭔가를 배우거나 문제를 해결하면 지식이 더 많아지거나 자기 분야에서 전문성을 인정받을 수 있고, 다양한 분야의 전문 지식을 쌓으면 일을 해나가는 데 도움이 될 수 있다. 그러나 외부적으로 아무리 시급한 일이 있대도, 당신이 잠재력을 제대로 발휘할 수 있는 건 오직 배우는 순간에 집중하고 개인 목표를 달성하기 위해 전력 질주할 때뿐이다. 그럴 때 비로소 지적인 삶을 살게 된다.

이는 우리가 집단적으로든 개인적으로든 '지능'을 다시 정의해봐야 할 이유이기도 하다. 지능이 누군가의 손해를 통해 무언가 얻는 제로섬 게임이라는 생각을 버려야 한다. 그 대신 신경가소성을 고려한 과정적이고 성장 지향적인 개념으로 받아들여야 한다.

이런 사실을 염두에 두고 스스로 질문을 해보라. 나는 내 지능이 고정적이라고 생각하는가 아니면 유동적이라고 생각하는가? 학습에 대한 내 동기는 다른 누군가가 정한 목표를 달성하는 데 있는가? 지식에 대한 내 갈망은 내 존재에 꼭 필요하다고 느껴지는 것인가? 내 가족 그리고 내가 속한 문화와 사회에서 지능과 관련된 가치와 추정을 물려받았는가? 그런 가치와 추정은 개인의 자신감과 성장 잠재력에 어떤 영향을 주고, 어떤 제약을 가하는가? 나는 환경에 의해 주어지는 부단한 성장 기회를 제대로 알아보고 있는가? 이런 질문은 지식에 대한 당신의 사고방식을 재정립하는 데 도움이 될 수 있다.

스스로 성공 준비하기

지능을 최대한 활용하려면 성장 중심의 사고방식을 키워 당신에게 주어진 지능을 뛰어넘고 그간 이룬 성취를 뛰어넘고 당신의 전문 지식을 뛰어넘을 수 있어야 한다. 또한 사고방식을 바꿔, 뇌의 타고난 신경가소성을 십분 발휘할 수 있게 애를 쓰면서 성공의 뜻을 재정의해야 한다. 그리고 그런 사고방식이 폭넓은 세계에서도, 그러니까 당신이 몸담은 교육계와 직장은 물론 당신과 다른 사람에게 궁극적인 발전의 토대가 돼줄 사회 및 정치 조직 안에서도 적용될 수 있어야 한다.

그러나 그렇게 하기에 앞서, 지능과 학습에 대한 자신의 현재 관점 및 믿음을 되돌아보고 지능을 높인다는 생각을 버리고, 성장과 발달을 꾀한다는 새로운 목표를 세워야 한다. 그러니 잠시 시간을 내 성취에 대한 자신의 편견을 되짚어보라. 사실 그런 편견 때문에 원하는 걸 성취하지 못할 때가 너무도 많다.

성취 중심의 삶을 살고 싶다는 갈망은 이해할 만하다. 얼핏 보기엔, 아주 뛰어난 성적을 받아 아이비리그_{Ivy League, 미국 북동부에 있는 8개의 명문 사립대학교. 학교 건물이 담쟁이덩굴인 아이비로 덮여 있다는 데서 생겨난 이름 - 옮긴이}에 들어간다거나 자신이 속한 업계에서 출세하는 등 이런저런 성취를 이루면 삶도 풍요로워진다. 나는 어렸을 때, 국제무대에 서는 발레리나를 꿈꿨고, 나중엔 나라의 운명을 결정짓는 대법관을 꿈꿨다. 성인이 돼서는 대중에게 큰 영향력을 미치는 존경받는 학자가 되는 걸 목표로 삼았다. 미국에서 가장 인기 있는 아이비리그 대학의 하나인 브라운 대학교에서 교수 생활을 시작했을 때, 나는 마침내 성공에 도달했다고 생각했다.

그런데 알고 보니 성취에는 대가가 따르는 법이다. 이제껏 살펴본 것처럼 우리의 몸과 마음에 부정적인 영향을 미치는 스트레스가 그 대가다. 예를 들어 높은 학점과 시험 점수 등은 아주 열심히 노력할 만한 가치가 있는 성취처럼 보이지만, 국제적인 연구에 따르면 학업 성취 관련 스트레스는 삶의 질 저하 및 건강 악화로 이어지는 경우가 많다.[3] 학업과 관련해 큰 압박을 받는 학생은 불안감이나 우울증, 불면증에 시달릴 가능성이 더 크다. 스트레스를 많이 받는 일을 하는 성인도 마찬가지다. 많은 연구에서 성인의 경우 업무 성과와 관련해 스트레스받는 비율이 놀랄 만큼 높으며, 일부 국가에서는 상당수의 노동자가 매일매일 스트레스를 호소하고 있다.[4]

이런 현상은 아이비리그 대학이나 내가 살아왔고 일해온 세계적인 연구 및 개발 허브(프린스턴, 팔로 알토, 맨해튼, 샌프란시스코 등)같이 높은 성과를 요구하는 환경에서 특히 더 뚜렷하다. 그런 곳에서 생활하는 젊은이들은 유난히 큰 불안감을 느낀다고 말하며, 노동자들은 내내 스트레스받는다고 호소한다. 경쟁력 있는 실리콘 밸리 고등학교에서 실시한 조사에 따르면, 무려 80퍼센트의 학생이 경미한 불안감 내지 심한 불안감을, 그리고 50퍼센트 이상의 학생이 심한 우울증을 느끼고 있었다.[5] 실리콘 밸리의 노동자들을 대상으로 한 또 다른 연구에 따르면, 코로나19 팬데믹 초기 몇 년간 70퍼센트 이상의 노동자가 재택근무하면서 탈진 상태를 경험했다.[6] 또한 비슷한 직장 환경에서 행해진 많은 연구에선 스트레스가 심한 직장 환경에선 부정적이고 폭력적인 인간관계가 되풀이돼 노동자들이 외상후스트레스장애를 겪게 될 수도 있다는 사실이 밝혀졌다.

더욱 충격적인 사실은 표준화된 각종 학교 시험에서 높은 점수를 기록 중인 지역에서 십 대 자살률이 특히 높다는 것이다.[7] 그런 지역들은 대체로 부유한 환경이며, 청소년들은 점수로 성공을 판단하는 것에 익숙해져 있다. 이들은 전국 최상위 점수대를 유지해 명문 사립 대학에 진학하는 게 목표다. 학업 성취도가 높은 학교 학생들을 나이 들 때까지 추적·관찰한 '인생 항로' 관련 종단 연구들에 따르면, 그런 학생들은 얼마나 풍요로운 삶을 살고 있는지와 무관하게 학창 시절은 물론 졸업 후에도 정신질환을 앓거나 약물에 손을 댈 가능성이 더 크다. 그런 학생의 경우 대학 시절 동안 또는 대학 졸업 후 직장 생활 중에 알코올 중독 및 약물 남용에 빠져 지내는 비율이 전국 평균보다 두세 배 높다는 연구도 있었다.[8] 어떤 학생들은 더 이른 시기에 고통을 겪는다. 그런 지역의 아이들은 지역사회가 요구하는 각종 목표에 부응하려 너무 심한 스트레스를 받아 모든 걸 포기하고 싶어진다. 학교에서 가장 높은 성적을 올리는 9살쯤 되는 어린아이들이 학업 성과에 대한 압박감에 완전히 무너져내리기도 한다. 실제로 미국 같은 'WEIRD Western, Educated, Industrialized, Rich, and Democratic, 즉 '서구의, 교육받은, 산업화된, 부유한, 민주적인'의 줄임말로, weird는 '기이한'의 뜻을 가진 영어 단어이기도 함 - 옮긴이' 국가에서는 자살이 젊은층의 주요 사망 원인 2위다. 세계적으로 젊은이들의 주요 사망 원인 가운데 자살보다 위에 있는 건 에이즈와 교통사고 부상뿐이다.

학교에 대한 지원이 불충분한 차선의 환경에서 공부하는 학생 역시 표준화된 각종 시험과 점수 위주의 학교 교육으로 심한 스트레스를 받는다. 그리고 지원이 불충분한 학교일수록 지원이 충분한 학교에 비해 학생들이 스스로 가치를 입증하기 위해 1년 내내 각종 시험에 시달려야 하는 경우가 더 많다. 가난한 학생들은 이렇게 지원이 불충분한 환경 속에 제대로 배우지 못해 스트레스를 받기도 하지만 (이에 대해선 8장에서 좀 더 자세히 살펴볼 예정임), 점수 위주로 순위를 매기는 교육 시스템 속에서 학업 성과가 안 좋아서 스트레스를 받기도 한다.

이런 수치를 보면서 성취해야 한다는 스트레스와 그 결과를 개인적 문제라고 치부해선 안 된다. 높은 점수를 받고 높은 순위에 올라야 한다는 압박감은 문화 및 지역사회 차원에서 만연해 있으며, 점점 더 전 세계적인 압박감으로 변해가고 있다. 당신은 주변 환경의 모든 측면을 통제할 수 없지만, 성취에 대한 잘못된 생각에 의문을 제기하고 바로잡을 수는 있다. 그래야 비로소 삶의 가장 기본적인 원칙에 따라 진정한 성공을 향해 나아갈 수 있게 된다.

성장은 점수를 매기지 않는다

우리는 데이터가 모든 걸 좌지우지하는 시대에 살고 있다. 온갖 데이터가 계속 쏟아져 나오고 있고, 우리는 온종일 그 데이터를 바탕으로 자신을 측정하고 또 측정당한다. 일반적인 미국 초등학교 학생들은 유치원 시절부터 12학년(우리의 고등학교 3학년)을 마칠 때까지 100개가 넘는 표준화된 시험을 치른다.[9] 또한 전 세계 여러 산업 분야의 노동자들은 그들의 성과를 실시간으로 추적·관찰하는 이른바 '성과 소프트웨어performance software'로 관리된다. 우리의 말과 행동이 즉각 수량화되는 것이다.

  점수의 문제는 그것이 한낱 짧은 순간의 모습을 잡은 스냅 사진과 다를 바 없다는 데 있다. 관계자들이 IQ 검사나 다른 형태의 표준화된 검사지를 나눠줄 때, 그들은 그 검사 결과를 확고부동한 사실로 본다. 그래서 어떤 사람은 선천적으로 '아주 똑똑하다'라는 식으로 특정 능력이 있다고 여겨지며, 실제 자신이 아주 똑똑하다고 생각하는 경우가 많다. 세월이 흐른 지금까지도 나는 어린 시절 표준화된 시험의 읽기 및 쓰기 부문에서 상위 몇 퍼센트에 들어갔을 때의 자부심이 기억난다. 반대로 같은 시험의 어휘 부문에서 훨씬 낮은 점수를 받았을 때의 수치심도 기억난다. 나는 내가 영어 어휘를 배우고 이해하는 데 약하다고 믿었는데, 그건 내가 영어가 모국어가 아닌 가정에서 자라 영어 어휘에 노출될 기회가 적었기 때문이다. 내가 어떤 분야를 배우는 데는 최고지만, 또 어떤 분야를 배우는 데는 최악이라는 믿음은 일종의 '자기실현적 예언 self-fulfilling prophecy, 미래에 대한 기대와 예측에 부합하기 위해 행동해 실제로 기대와 예측이 현실화되는 현상 - 옮긴이'이 돼, 뭔가 필요한 것을 배우려는 내 열정에 적지 않은 영향을 미쳤다.

게다가 점수나 순위를 매기다 보면 어떤 사람은 승자로 여겨지고, 어떤 사람은 패자로 여겨진다. 점수나 순위에 따라 어떤 사람은 성공한 게 되고, 어떤 사람은 실패한 게 되는 것이다. 실제로 점수나 순위는 제로섬 게임 같아서 각종 시험 정보나 관행, 학습 코치, 상담 등을 활용할 수 있는 사람들, 안전하고 건강한 환경 속에 사는 사람들, 영양가 높은 식사를 하는 사람들이 유리하다.

성장형 사고방식에서는 이처럼 통계 의존적이며 각종 지표 및 기준에 따라 우리 자신을 평가하게 만드는 '회계감사식 문화'를 거부한다. 그 대신 인간을 신경가소성을 가진 생명체, 즉 끊임없이 성장하고 변화하는 뇌를 가진 변화무쌍한 생명체로 본다.[10] 그리고 삶을 배우는 과정으로 본다. 또 우리 모두를 선천적으로 지능이 높은 존재로 보고 끊임없이 다가오는 기회를 잡을 수 있다고 본다. 성장형 사고방식은 우리 모두에게 삶의 여정을 제대로 즐길 권리가 있다고 본다.

이 여정에서 영구적인 것은 없다. 발전만 있을 뿐이다. 현재 우리 자신까지 우리를 이끌어온 진화론적 적응 측면에서 볼 때 인간은 원래 평생 배우는 존재다. 인간의 신경가소성 그리고 뭐든 관심 있는 것을 습득해 나가는 우리의 여정을 생각해보면, 우리는 바람을 등진 채 계속 앞으로 나아가며 더 많은 걸 배우고 더 많은 지혜와 지식을 쌓게 된다.

성장을 보기 그리고 가르치기

'성장형 사고방식'이란 용어는 심리학자 캐럴 드웩 Carol Dweck 이 처음 쓴 용어다. 드웩은 사람들이 자기 자신의 지능에 대해 갖는 생각이 그들의 성과에 어떤 영향을 주는가에 관해 깊이 파고들었다. 그는 2000년대 초에 지능과 관련된 일부 개념이 어떻게 한 사람의 학습 능력을 떨어뜨리는지를 밝히는 과정에서 성장형 사고방식이라는 말을 처음 사용했다. 드웩은 사람들에게 뇌에는 신경가소성이라는 게 있다는 걸 알렸고, 학습의 길은 온갖 함정이 도사리는 머나먼 길로 얼마든지 **헤쳐나갈 수 있고 또 그래야 한다고** 설파했다.[11] 이와 같은 드웩의 견해는 시간이 흘러 여러 형태로 변형되면서 우리에게 도움을 주고 있다.

당신이 아이들의 부모이자 보호자라면, 무엇보다 먼저 뇌에 대해 이해해야 한다. 또 학습으로 인해 뇌 안에서 어떻게 새로운 신경 연결 경로가 생겨나는지 알아야 한다.[12] 그다음 적절한 예시(읽는 법 배우기나 옷 입는 법 배우기 등)를 통해 학습이 어떤 과정인지를 가르쳐야 한다.[13] 또한 당신이 어떤 난관에 봉착하거나 실수를 저질렀을 때 느낀 감정을 털어놓으면서(처음엔 정말 들떴지만…하면서 좌절감을 느꼈다는 식으로) 뭔가를 배울 때의 과정을 공유해야 한다. 나는 우리 애들이 세 살쯤 됐을 때 신경가소성을 다룬 아동용 그림책을 읽어줬다. 뇌의 가변성은 물론 학습을 가로막는 장애물을 극복하는 법도 소개하는 아동용 성장형 사고방식 책은 얼마든지 있다. 아이들에게 그런 책을

보여주면 얘기를 풀어나가는 게 한결 쉬워진다.[14]

가장 효과적인 건 일상생활에서 직접 경험한 일을 공유하는 것이다. 예를 들어, 어떤 실수를 수습하거나 뭔가를 성취하기 위해 고군분투 중일 때 당신의 기분이 어떤지, 또 난관에 어떻게 대처하고 무얼 배우고 있는지를 큰 소리로 말해볼 수 있다. 만일 아이와 요리하다가 음식에 소금 대신 설탕을 넣었다면 이렇게 말할 수 있다. "이런! 맛이 좀 이상해지겠는데! 요리책을 제대로 보지 않아 처음부터 다시 해야 하다니 정말 낭패네. 하지만 잘못된 걸 바로잡을 수 있게 돼 기뻐." 아이가 어떤 새로운 일에 도전하는 경우도 좋은 예가 된다. 당신이 그 일에 능숙해지기까지 얼마나 많은 애를 썼는지를 들려줘라. 나는 우리 아이들이 수영하는 법을 배울 때, 내가 살아오면서 각기 다른 시기에 각기 다른 수영 스승이 있었다는 얘기를 들려줬다. 처음에는 아빠가, 그다음에는 친구 엄마가, 또 그다음에는 여러 여름 캠프 카운슬러가 내 수영 스승이었고, 그들 덕에 나는 네 살 때부터 십 대 시절까지 계속 수영 실력을 기를 수 있었다. 수영에 능숙해지는 건 하루아침에 할 수 있는 일이 아니었다. 그러나 나는 그렇게 하기 힘들 거라고 느껴지는 순간에도 쉬지 않고 수영 연습을 했다. 나는 애들에게 우리 엄마 얘기도 즐겨 했다. 엄마는 어린 시절 인도양에서 수영하다 하마터면 익사할 뻔했다. 이 경험이 트라우마가 돼 60대까지 수영을 피했다. 요즘 우리가 인도네시아에 있는 집안 식구들을 찾아갈 때면, 엄마는 수영 강습회를 열어 우리와 함께하려 한다. 나는 애들에게 엄마가 한 말을 해준다. 물에 처음 발을 담글 때는 늘 두렵다고. 그러나 물에 들어가도 안전하다는 걸 알게 되면서 두려움을 극복할 수 있었고, 계속 학습의 여정을 이어갈 수 있게 됐다고.

당신이 교사나 교육자 또는 트레이너 역할을 하는 사람이라 해도, 무엇보다 먼저 신경가소성을 제대로 이해할 수 있어야 한다(단 보다 자세히). 그런 다음 제대로 된 학습 및 훈련 과정을 거치면서 학습의 본질이 과정이라는 걸 스스로 입증해야 한다.[15] 예를 들어 배우는 사람을 상대로 '시험에 대비해 가르치는 게(다시 말해 조만간 시험을 보게 된다는 걸 알려줌으로써)' 아니라 열린 마음으로 자유롭게 문제를 해결할 시간을 주는 것이다. 이때 배우는 사람에게 극복해야 할 도전과 장애물을 주고, 이후 극복 과정에 대해 또 그때의 기분에 대해 자세히 말하도록 하는 게 중요하다. 수업 시간에 나는 퀴즈나 시험을 보는 대신 고등교육 분야에서 말하는 이른바 '문제 중심 학습'을 한다. 10분간 강의한 뒤 현실적인 문제를 내줌으로써, 학생들이 배운 내용을 토대로 서로 협력해 문제를 해결하게 하는 것이다(이런 형태의 협력 학습에 대해선 7장에서 좀 더 자세히 다룰 예정임). 이로써 학생들 스스로 사회학적 개념을 현실 세계에 적용하게 하고, 그 개념을 렌즈 삼아 유전자-환경 상호작용, 생명공학 분야, 제약 분야, 정부의 규제 구조 등을 들여다보게 하는 등 현실적인 사회학 공부를 하게 한다. 또한 학생들을 유심히 관찰하면서 특정 전략을 사용하거나 복잡한 아이디어를 다루거나 배우려고 애쓰는 모습이 보이면 칭찬을 아끼지 않는다. 이는 누군가를 똑똑하다거나 시험에서 높은 점수를 올렸다고 칭찬하는 것과는 대조적이다. 나는 또 학생들이 사회학에서는 얼마나 많은 연습이 필요한지를 직접 확인할 수 있게 해준다. 다시 말해 나는 학생들에게 내 수업에서 뭔가를 성취하려면 사회학적 상상력을 발휘하고 다른 접근방식을 사용해야 한다는 걸 입증해 보인다. 한마디로 뭔가를 성취하려면 시도하고 실패하고 다시 일어나 연습을 거듭해야 한다.

아이들에게도 그렇지만 뭔가를 배우려는 사람들에게도 당신은 본보기가 돼 뭔가를 습득하는 긴 과정을 보여줘야 한다. 내 경우 가르치는 것과 멘토가 되는 건 떼려야 뗄 수 없는 일이기에 학생 모두를 견습생 대하듯 한다. 나는 거의 모든 강의에서 그간 내가 받아온 교육, 내가 쌓아온 경력 그리고 내가 저지른 많은 실수를 얘기한다. 내 학생 중 99퍼센트는 과학계 및 학계에서 걸어온 내 전철을 그대로 밟지 않을 게 뻔한데도 그렇다. 또한 내가 하는 일이 시험을 보고 순위를 매기고 '재능을 타고난 학생들'을 엘리트라 칭하는 식이 아니기에, 나는 스스로 본보기가 돼 내 분야의 권위자가 될 때까지의 긴 과정을 학생들에게 그대로 보여준다. 내가 하는 일은 학생들로 하여금 새로운 방식으로 생각하게 하고 자기 뇌의 신경가소성을 최대한 잘 활용하게 하고 새로 배우는 것들을 토대로 성장하게 해주는 것이다.

직장 환경에서도 신경가소성에 대해 가르치고 성장형 사고방식을 교육하는 건 아주 중요하다.[16] 이 모든 건 리더십에서 시작된다. 당신이 고용주나 리더 또는 관리자라면 당신 자신이 조직 안팎의 넓은 분야에서 어떤 난관을 극복해왔는지 솔직히 털어놓도록 하라. 직원들로 하여금 당신이 그들의 현재 직책을 일시적인 것으로 보고 있다는 걸 알게 해주고, 자신들이 성장할 여지가 있다는 걸 알게 하라. 또한 당신이 그들 자신은 물론 그들의 성장 가능성도 믿는다는 걸 알게 하라. 직원들에게 조직 안에서 특정 역할을 맡는 건 그 역할에 숙달되고 전문 지식을 쌓을 기회라는 걸 상세히 알려야 한다. 그들이 무얼 배우게 될지 구체적으로 알려주고, 그 학습이 조직을 비롯한 넓은 분야에서 어떻게 새로운 역할과 직책으로 이어지게 될 건지를 자세히 설명하라. 그들의 발전이 조직을 위한 게 아니라 개인을 위한 것으로 여겨라. 나는 분기마다 팀원들과 한자리에 모여서 장기적인 개인 경력 목표를 논의하며 시작한다. 그러고는 현재 상황을 되돌아보며 각자 맡은 일과 책임이 어떻게 장기 목표 달성으로 이어질 수 있는지를 생각한다. 직원들이 배우는 과정에서 앞으로 몇 달간 직면하게 될 난관과 관련해 현재 진행 중인 과제나 새로운 과제에 관한 얘기도 나눈다. 나는 개인적 경험을 예로 들면서, 직원들이 난관들을 극복하기 위해 어떤 전략을 짤 건지에 대해 도움을 준다.

  직장 환경에서는 당신의 실수를 개인적 경험으로 받아들이고 다른 사람과 함께 토론해보는 게 중요하다. 이때 학습과 관련된 감정적 측면과 실패를 기회로 바꾸는 만족감에 대해 자세히 얘기하는 게 좋다.[17] 나는 상당 시간을 집에서 혼자 일하지만, 온라인상에서 팀원들을 만날 때면 내가 겪은 실패들, 내가 느끼는 감정들, 내가 난관을 극복한 과정 등을 자세히 들려준다. 반면에 팀원들을 직접 대면할 때면 내가 곤혹감을 느끼는 순간에 각별한 주의를 기울인다. 그리고 그런 순간을 조금 위험한 순간으로 여겨, 내가 잘못하고 있다고 느껴지는 일을 곰곰이 되짚어보며 내가 저지른 실수와 난관을 극복한 과정을 다른 사람들과 공유한다. 또한 내 동료들과 부하 직원들에게 그렇다고 해서 내가 완벽을 추구하는 건(완벽을 중시하는 것도) 아니라는 걸 주지시킨다. 그보다는 잘못된 걸 바로잡을 수 있다는 걸 알려줌으로써 최대한 솔직해지려 하는 것이다. 나는 직업상 반복되는 과정, 매일매일 하는 연습들 그리고 단합된 노력을 중시하며, 그것들을 통해 꾸준히 개인 경력도 쌓아나간다.

성장형 사고방식에 관해 얘기하고 모범을 보이다 보면 직장 내 성장 문화와 맞닥뜨리게 된다. 예를 들어 어떤 직원이 실수하거나 자신들이 정한 성과 목표를 달성하지 못할 때 경영진은 어떻게 하는가? 그 직원을 공개적으로 비난하는가? 그 직원을 해고하는가? 아니면 실수나 실패는 뭔가를 배울 기회라고 얘기하는가? 내 직장에서 내 동료들과 팀원들은 그야말로 일에 파묻혀 살다시피 해 마감을 지키지 못하는 때가 많다. 부모나 리더 또는 멘토 역할을 맡고 있음에도 불구하고, 나는 종종 다른 사람들에게 실망감과 좌절감을 느낀다. 그러나 그들을 비난하며 수치심을 안겨주는 뻔한 과정을 밟는 대신, 나는 혼자 곰곰이 생각하며 고민한다. 그들의 지금 심정이 어떨지를 먼저 떠올려보고, 어떻게 하면 이번 일을 그들의 궤적에, 그들의 과정에 그리고 그들의 투쟁에 잘 녹아들게 할 수 있을지를 생각해본다. 마지막으로, 이번 일이 함께 논의를 해봐야 할 만큼 큰일인지를 자문自問한다. 만일 그렇다면, 그들과 함께 얘기해볼 기회를 만들어, 이번 실수를 어떻게 극복할 건지 그리고 이번 난관을 어떻게 헤쳐나가 우리 모두의 학습과 숙달에 보탬이 되게 할 건지를 놓고 머리를 맞댄다. 이는 우리 자신의 지능을 더욱 잘 이해하기 위해 꼭 필요한 과정이다. 이런 과정을 통해 우리는 성취와 관련된 개인적 목표를 달성하는 데 한 발 더 다가설 수 있게 된다.

경직되지 않고 유연하게

지능을 경직성 측면에서(그리고 점수 중심의 성과 측면에서) 보는 것에는 많은 단점이 있다. 반대로, 지능을 유연성 측면에서(그리고 뇌 성장, 개인적 성장, 지식의 숙달 측면에서) 보는 것에는 많은 이점이 있다. 지능이 타고나는 것이며 이미 정해져 있다고 믿는 사람들은 미지의 상황을 두려워하고 피하려는 경향이 있다. 그들은 성공을 이분법적 관점에서 보며 자기 자신의 능력을 끝없이 계속되는 능력으로 본다. 또한 자신의 지식에는 한계가 없다고 본다. 그 결과 남들이 자신이 아직 알지 못하는 것에 대한 의견을 주면 그걸 비판으로 여기며 아주 큰 실패감 같은 걸 느낀다. 그들에게 노력은 아무런 의미가 없는 것이며, 그래서 쉽게 포기한다. 그들은 자신이 재능을 타고난 사람임을 증명하고 싶어 하는 욕구에 시달린다. 그들을 움직이는 힘은 상을 받거나 일정 수준의 인정을 받는 등 사람들에게 자신의 능력을 검증받는 것이다. 그들은 남들과의 관계 및 순위 비교 측면에서만 자기 자신을 보며, 순위가 더 높은 사람을 선천적으로 더 가치 있는 사람으로 여긴다. 남들의 성공에 위협을 느끼며 배우는 것에 별 가치를 두지 않는다.

반면에 자신의 지능이 계속 높아지면서 평생 발전되는 것이라고 믿는 사람들은 자신의 삶은 뭔가를 배울 기회로 차고 넘친다고 본다. 이들에게 실수나 좌절은 지식을 늘리기 위한 도전이다. 사람들의 의견은 물론 자신의 실수나 약점에 대한 비판까지 격려로 본다.[18] 다른 사람들의 성공 역시 격려로 보는데, 그건 다른 사람들의 성공을 통해 앞으로 나아갈 더 나은 길을 보게 될 뿐 아니라 진로를 수정할 기회도 가질 수 있기 때문이다. 이런 사고방식의 사람들은 학습을 인간 존재의 가장 중요한 부분으로 보고, 뇌 기능 향상에 도움을 주는 운동 요법으로 받아들인다.

이렇게 상반된 두 사고방식의 결과는 놀랄 만큼 다르다. 심리학, 신경 과학, 지능 등 다양한 분야에서 거의 25년간 이뤄진 연구에 따르면, 성장형 사고방식을 택하면 더 다양한 지식을 습득하고 더 많은 학습 경험을 쌓을 수 있다. 각종 시험에서 더 좋은 성적을 낼 수 있으며, 하는 일에서 더 나은 성과를 올릴 수 있게 된다.[19]

가정에서 성장형 사고방식을 가질 때는 특히 부모 및 아이의 건강과 아이들의 시험 성적 측면에서 더 나은 결과를 얻는다. 부모와 아이들의 사고방식을 비교해보면, 아이들은 부모의 사고방식을 그대로 택한다. 그래서 자신의 삶을 성적과 성공 또는 실패 측면에서 보는 사람들은 그걸 그대로 아이들에게 물려주며, 그 바람에 모든 게 하향 곡선을 그리게 된다.[20] 심지어 아주 어린 아이들도 자기 자신의 지능에 대해 경직된 생각이나 유연한 생각을 갖고 있어, 각종 시험과 정신적인 면에서 더 좋거나 더 안 좋은 결과를 보게 된다. 육아와 관련된 연구 결과에 따르면, 성장형 사고방식에 노출된 아이들은 자신의 세계를 희망과 감사의 관점에서 바라본다. 그 결과 처음부터 학습을 잘 받아들이고 자기 자신의 신경가소성을 더 잘 발휘한다.[21] 또한 이 아이들은 배움을 위한 학습을 좋아하고 배우는 과정의 즐거움을 경험하면서 건강한 지식 습득 패턴들을 익히고 스트레스도 피하게 된다.

내가 몸담아온 교육계는 점수 중심 사고방식이 지배하는 곳이지만, 성장형 사고방식이 큰 도움이 될 것이다. 많은 연구에 따르면, 시험을 통해 점수를 매기는 건 학습을 촉진하는 데 전혀 도움이 되지 않을 뿐더러, 사람들이 얼마나 배웠는지를 평가하는 데도 좋지 않은 방법이다.[22] 게다가 모든 걸 점수화함으로써 학생들은 학창 시절 내내 뭔가를 배울 수 있는 많은 순간을 날리고 순전히 시험을 위해 배우는 스트레스 쌓이는 순간(일부 교사들은 이런 순간을 '피도 눈물도 없는 순간'이라 함)을 맞게 된다. 아이러니하게도, 경험 중심의 학습을 끝낸 뒤 점수를 매기지 않고 치르는 부담 없는 비공식적 시험이라면 큰 효과를 거둘 수 있다. 이때는 뭔가를 배울 수 있는 순간이 더 잘 조성돼, 학생들은 실제 자신이 배우고 있는 주제에 더 몰두하며, 이후 성적을 매기지 않는 시험을 통해 배운 걸 더 잘 복습할 수 있게 된다.

교육 관련 연구에 따르면, 학습을 통해 자신의 지능을 끌어올릴 수 있다거나 학습을 통해 어떤 주제를 더 잘 마스터할 수 있다고 믿는 학생들은 성적 중심의 사고를 가진 친구들보다 더 잘 배우게 되고 시험도(심지어 IQ 검사도) 더 잘 보게 되며 배우는 과정을 끝까지 마칠 가능성도 더 커진다.[23] 또한 당장 더 높은 점수를 올리겠다는 목표를 갖고 학습에 임하는 학생들과는 달리, 평생 무언가를 마스터하겠다는 목표로 학습에 임하는 학생들은 나중에 더 높은 수준의 교육을 받거나 사회생활을 할 때 더 나은 결과를 낸다.[24] 게다가 많은 연구에서 사람들은 스스로 우선순위와 목표를 정하고 스스로 자기평가를 하는 등 개인적인 관심사를 갖고 학습에 임할 때 가장 잘 배우는 것으로 나타났다.[25] 다시 말해, 진정한 성공을 거둔 사람이란 뭔가를 배울 때 주변을 둘러보면서 어떤 관점에서 새로운 지식을 받아들일 건지 결정하는 사람, 그리고 자신의 개인적 성장을 위해 배우는 사람이다.

교육자들은 학생들이 단 한 시간의 성장형 사고방식 교육을 받고도 수학처럼 어려운 과목에서 점수를 올릴 수 있음을 발견했다.[26] 이런 원칙은 중학교나 고등학교로 올라갈 때처럼 살아가면서 도전 정신이 필요한 순간에 힘을 발휘한다. 성장형 사고방식을 기르는 법을 배운 학생들은 새로운 교육 환경에 맞닥뜨렸을 때 더 잘 헤쳐나가는 것이다.[27] 특히 학업 성취도가 낮아 위기에 처한 학생들은 성장형 사고방식을 택할 때 큰 도움을 받는다. 그래서 많은 교육 시스템이 캐럴 드웩의 성장형 사고방식과 다른 연구원들의 교사-학생 훈련 프로그램들을 채택하게 됐다.[28, 29]

마찬가지로 기업 분야에서 이뤄진 많은 인적 자원HR, Human Resources 연구에서도 리더들에게 성장형 사고방식을 교육하면 리더십 의식이 높아질 뿐 아니라, 더욱 효과적인 리더십 전략이 수립되고 보다 생산적인 리더십 조치도 나오는 등 리더십이 더 향상된다는 게 입증됐다.[30] 직원들의 효율성 및 참여도에 관한 연구에서도 성장형 사고방식 교육의 결과로 직원들의 헌신도 및 만족도가 높아질 뿐 아니라 개인 경력 또한 향상된다는 게 밝혀졌다. 기업 분야에서는 현재 성장형 사고방식 교육 프로그램이나 조직 시민 행동organizational citizenship, 조직 구성원들이 조직의 발전을 위해 자발적으로 행동하는 것 - 옮긴이 프로그램 또는 업무 몰입 프로그램 등 다양한 프로그램이 행해지고 있다. 마이크로소프트 같은 대기업은 10년 가까이 성장형 사고방식을 이용해 고용주와 관리자, 직원들을 교육하고 있다. 이로써 성장형 사고방식을 받아들일 때 기업 문화 전체가 어떻게 바뀔 수 있는지, 성장형 사고방식에 뿌리를 둔 기업 문화가 어떻게 시장에서의 전반적인 성공으로 이어질 수 있는지를 잘 보여주고 있다.[31]

성장 중인 당신의 뇌

점수 중심 사고방식과 성장 중심 사고방식이라는 상반된 두 사고방식에 관한 신경학적 연구에서는 지능에 대해 유연한 사고방식을 가지면 뇌가 새로운 방식으로 생각하게 되는 데다 스트레스도 줄어 뇌의 신경가소성 향상에 도움이 된다는 게 밝혀졌다. 또한 MRI와 뇌파도 같은 뇌 영상을 활용한 신경과학자들의 연구에 따르면, 자신의 신경가소성과 학습 잠재력, 지식 습득력을 믿는 사람들의 뇌는 어떤 도전에 직면할 때 전기화학적 신경 연결 경로가 대거 생성되면서 뇌의 여러 부위가 활성화되며 환경 자극에 대한 관심도 높아진다.[32] 이때 그들의 뇌가 더 활발히 움직이는 것을 볼 수 있는데, 자신의 환경을 최대한 활용하면서 적극적으로 뭔가 배울 기회를 잡고 실패를 교훈으로 삼으려 하기 때문이다.

각종 실수에 대한 뇌의 반응은 사고방식을 연구하는 신경과학자들에겐 특히 유익한 연구 분야다. 연구 결과에 따르면 자신의 지능이 환경에 대응해 계속 성장한다고 믿는 사람들은 뭔가 실수할 때 뇌 활동이 훨씬 더 활발해진다.[33] 게다가 성장 중인 뇌는 단순히 어떤 갈등에 주목하는 게 아니라 그 갈등을 실수로 보며(즉 실수가 있었다는 걸 알며), 그 실수를 바로잡는 과정을 시작하기 위해 실수에 의식적인 관심을 기울인다.

놀랍게도 많은 연구 결과가 성장형 사고방식을 가진 사람들은 자기 실수를 바로잡기 위해 뇌를 재프로그래밍하는 동시에 감정적인 메커니즘을 만들어 실수를 쉽게 바로잡는 것을 보여준다.[34] 그들은 실수를 알고 바로잡을 뿐 아니라, 실수하고서도 쉽게 다시 일어선다. 다시 시도할 동기가 있으며, 그만큼 낙관적이기도 한 것이다. 스트레스와 그 결과에 관한 연구에서 알 수 있듯, 성장형 사고방식을 가진 사람들은 앞길에 놓인 장애물을 제거해 시험도 더 잘 보고 점수도 더 잘 받는다.

성장형 사고방식을 가진 사람들은 매 순간의 자극에 대응해 발달된 이 같은 감정적 기질이 자신의 능력에 대한 노골적인 비판과 위협 앞에서도 여지없이 나타난다. 지능검사와 관련된 한 연구에서 연구진은 연구 참여자들에게 조작된 낮은 점수를 주고, 이에 대해 다양한 수준의 피드백을 제공했다.[35] 이때 지능에 대해 유연한 생각을 하는 사람들은 낮은 점수가 나왔다는 소식을 듣고도 곧바로 평정심을 되찾았다. 게다가 자신의 낮은 점수가 다른 사람들과 비교해 능력이 떨어짐을 뜻한다는 말을 듣고도 평정심을 되찾을 수 있었다.[36] 반면에 지능에 대해 경직된 생각을 하는 사람들의 뇌는 낮은 점수는 실패로, 구체적인 피드백은 혹평으로 받아들였다. 심지어 뇌가 처벌을 경험할 때 보이는 스트레스 사이클을 그대로 보이기도 했다. 다시 말해, 부정적인 의견이나 혹평을 격려로 받아들이지 않고 스스로를 벌하는 방식으로 반응한 것이다.

아이들을 상대로 한 이런 연구 결과는 어른들에게도 그대로 나타났다. 이는 점수 중심의 사고방식이나 지능에 대해 경직된 생각을 가진(그리고 그걸 아이들에게 본보기로 보여주는) 부모나 보호자에게 위험 신호를 보내고 있다.[37] 아이들의 신경망은 평생 도움이 될 연결 경로들을 만들어낸다. 자신을 벌하고 학습을 두려워하게 될 것인가? 아니면 실수를 잘 활용해 통찰력을 높이고 평생 학습을 사랑하게 될 것인가?

생물학적 측면에서 볼 때 스스로 의문을 제기하며 자신의 지능 및 인생 여정을 다시 생각해보면 또 다른 이점이 있다. 스트레스 수치가 떨어지는 것이다. 당신의 뇌를 삶의 반복적이며 생성적인 본질에 맞추고, 늘 존재하는 학습과 지식 숙달의 잠재력에 맞춘다면 당신의 뇌는 보다 긍정적이며 희망적인 방식으로 환경에 반응하게 된다. 스트레스가 심한 순간에는 죽기 아니면 살기식 사고방식에 빠지고 자칫 실수할 때의 결과를 두려워하게 되기 쉽다. 그러나 타고난 우리의 신경가소성은 우리에게 말한다. 삶은 단 한 방으로 끝나는 게임이 아니라고. 지능에 대해 유연한 사고방식을 갖는다면 결과의 압박감에서 벗어나 학습의 긴 여정에 잘 적응할 수 있다.

스트레스 연구 결과에 따르면, 지능을 타고난 것으로 보는 학생들은 점수가 떨어질 때 코르티솔 수치가 더 높아졌으며, 매일 반복되는 학업 관련 스트레스 요인 앞에서 계속 높은 코르티솔 수치가 유지됐다.[38] 반면에 자신의 지능을 유연한 것으로 보는 학생들은 학업 스트레스에 더 잘 대처했을 뿐 아니라, 스트레스 요인에서 즉시 벗어나 코르티솔 수치가 줄어들고 HPA 축 기능도 정상화됐다.[39] 또 다른 연구에서는 성장형 사고방식을 갖고 있을 때 심리적 행복감은 물론 학교생활 및 직장생활 몰입도도 더 높게 나타났다.[40] 좌절 문제를 주로 다룬 연구에 따르면, 성장형 사고방식을 가진 사람들은 좌절할 만한 상황에서 대처를 더 잘할 뿐 아니라 동기부여가 잘 돼 원하는 걸 성취할 가능성이 더 컸다.[41] 또한 직장 환경에서의 스트레스 연구에 따르면, 조직에 성장형 사고방식이 자리 잡고 있을 때 업무 스트레스가 감소할 뿐 아니라 조직 내 공격성이나 집단 괴롭힘 또는 잦은 결근처럼 '비생산적인 행동'도 줄었다.[42]

성장형 사고방식이 스트레스를 줄인다는 걸 입증해 보인 연구의 대부분은 비교적 정상적인 상황 속에 있는 사람들을 면밀히 관찰했다. 그러나 2019년 코로나19 팬데믹이 발생한 이후, 연구원들은 성장형 사고방식이 유난히 스트레스가 심한 시기에 어떤 도움이 되는지도 연구했다. 연구 결과, 자신의 뇌는 유연하며 자신의 지능과 창의성, 독창성은 무궁무진하다고 믿는 사람들은 힘겨운 업무에서 오는 심리적 고통과 외상후스트레스, 상실감, 슬픔은 물론 외로움에서도 자유로울 수 있었다.[43] 의료인과 생체의학자들은 이런 방식의 사고를 택할 때 우울증, 약물 남용, 자해 행위 등이 줄어들고 양질의 수면, 올바른 식습관, 운동 등 건강에 좋은 습관이 늘어난다는 사실을 알아냈다. 심지어 코로나19 팬데믹 기간에 시작된 약물 남용 치유 프로그램의 경우에서도 회복 중인 환자들이 자신의 지능에 대해 유연한 사고방식을 갖고 회복을 평생 계속해야 할 일로 볼 때 더 나은 결과를 볼 수 있다는 게 밝혀졌다.[44]

이 같은 연구 결과들은 성장형 사고방식을 갖게 되면 의심할 여지 없이 우리 뇌의 움직임이 더 활발해지고 동시에 스트레스 수치가 떨어짐을 보여준다. 앞서 살펴봤듯, 스트레스를 줄이는 건 건강한 후성유전체 유지의 열쇠다. 당신의 뇌와 지능과 관련해 실제 어떤 일이 일어나고 있는지 더욱 현실적인 그림을 본 뒤 당신의 성장 잠재력까지 보게 된다면, 당신의 몸은 당신에게 유익한 유전자를 활성화할 것이다. 캐럴 드웩이 말한 것처럼, 당신이 당신 자신에게 도전하는 순간마다 당신의 뇌는 그 안에서 더 튼튼한 신경 연결 경로들을 만들어낸다. 그리고 뭔가 배우는 순간을 잘 잡는다면 이러한 성장은 당신의 뇌를 뛰어넘어 보다 광범위한 생리학 시스템으로 확대될 것이며, 그 결과 당신은 자신의 잠재력을 100퍼센트 발휘하게 될 것이다.

6장

마음에서 마음챙김까지

>당신을 깨우기 위해 당신의 삶을 이용하라.
>- 페마 초드론Pema Chödrön

지금까지 우리가 살펴본 것은 주로 '지능' 또는 '똑똑함'의 전통적 특징으로 여겨지는 뇌의 기능 및 유연성과 관련된 것이었다. 그러나 새롭고 더욱 광범위한 지능의 틀에서는 정신 건강의 전반을 고려해야 한다. 이제부터 집중력과 행복감처럼 뇌가 활발히 기능하는 데 도움을 주는 다른 요인에 대해 알아보자.

뇌 기능의 가장 중요한 요소 중 하나는 매 순간 주변에서 일어나는 일에 제대로 반응하는 능력이다. 이는 마음챙김mindfulness, 요가의 명상 수행이나 불교의 참선 같은 명상 방법 - 옮긴이 수련을 통해 기를 수 있는 능력이기도 하다. 마음챙김은 대개 '주변에서 매 순간 일어나는 일에 어떤 판단 없이 가만히 주의를 기울이는 것'으로 정의된다.[1] 당신의 마음이 과거에 머물지 않으면서 아직 오지 않은 미래에 가 있지도 않고, 온전히 현재에만 집중하는 것이다. 어떤 사람들은 명상이나 요가를 통해 마음챙김 수행을 한다. 물론 명상이나 요가는 아주 유용한 수행 방법이 될 수 있지만, 당신의 관심을 현재 순간에만 집중하기 위해 굳이 동양 철학에 입문한다거나 세상과 동떨어져 혼자 조용히 앉아 있을 필요는 없다.[2] 지능 확장의 맥락에서 마음챙김은 하루를 보내며 현재 순간에 집중하고, 주변 환경과 주어진 자원을 적극 활용하는 일상적인 상호작용을 말한다. 다시 말해 마음챙김이란 무슨 일을 하든 관계없이 당신의 의식을 연마하는 과정이다.

우리가 주변 환경에 완전히 몰입하려 할 때 겪는 어려움 중 하나는 뇌가 쉽게 산만해진다는 것이다. 길고 지루한 강의를 들으며 앉아 있다거나 어려운 책을 끝까지 읽는다거나 따분한 영화를 끝까지 본 경험이 있는 사람은 잘 알 것이다. 우리의 뇌를 집중하기 힘든 일에 억지로 집중하게 만드는 건 종종 불가능한 도전처럼 느껴질 수 있다. 예를 들어 주변 어디선가 계속 소음(종이 부스럭거리는 소리, 누군가 기침하는 소리, 집중력을 떨어뜨리는 소리 등)이 난다거나 갑자기 등이 쑤시거나 눈이 너무 피곤해 주의가 산만해질 수도 있다.

집중력을 방해하는 또 다른 도전은 스트레스로 생겨나는 감정적 소음이다. 앞서 살펴봤듯, 스트레스는 육체 건강과 정신적 행복은 물론 뇌 기능과 학습에 이르는 모든 면에서 악영향을 끼친다. 스트레스가 쌓이면 명확한 사고를 할 수가 없고 정신적인 일들의 성과가 떨어진다. 우리 모두 그럴 때 기분이 어떤지 잘 안다. 가끔은 상황이 너무 위험해 스트레스를 심하게 받을 때가 있는데, 그럴 땐 현재 순간에 집중하는 게 불가능하다고 느껴질 수도 있다. 대신 우리는 최근에 한 실수를 곱씹거나 보다 나은 미래를 상상해보기도 한다. 결국 당면한 일에 집중할 수 없다는 좌절감에 스트레스가 쌓이게 되고, 그 결과 또 다시 집중력을 잃게 된다. 스트레스로 불안감에 짓눌리고 집중력을 잃는 악순환에 빠진 느낌을 받을 수도 있다. 그럴 때 우리를 구해줄 수 있는 게 마음챙김이다.

마음챙김은 자동유도장치 같은 역할을 해 우리의 관심을 주변 환경의 가장 중요한 요소로 향하게 해줄 뿐 아니라 외적인 측면과 내적인 측면에서 집중력 분산을 완화한다. 또한 스트레스 수치를 눈에 띄게 떨어뜨리는 데도 도움이 된다.[3] 장기간 마음챙김 수행을 하면 마음 상태가 점점 안정돼 충동적인 반응을 보이기보다는 사려 깊은 생각을 할 수 있게 되며 감정 통제가 잘 돼 인지 능력도 상승한다.[4]

마음챙김 수행 덕에 우리는 관심을 쏟고자 하는 것에 집중할 수 있게 되고, 그 결과 새로운 지식을 습득하기가 쉬워지며 세상을 인지하는 더 나은 방식도 배울 수 있게 된다. 또한 마음이 고요해지면, 감정과 생각을 잘 조화시키면서 동시에 뭔가를 배우려 하는 우리 뇌를 외부 환경과 잘 조화시킬 수 있게 된다. 선불교 대가 페마 초드론이 말한 것처럼, 마음챙김은 진정 우리를 깨어나게 해준다.

마음챙김과 당신의 뇌

성장형 사고방식과 마찬가지로, 당신의 지적 능력은 마음챙김 사고를 통해 향상된다. 뇌 영상 연구에 따르면, 마음챙김 수행을 하면 집중력과 학습을 관장하는 뇌 부위가 활성화된다.[5] 일반적으로 우리의 정신은 여기저기 배회하게 돼 있다. 꿀벌이 수분pollination, 종자식물에서 수술의 화분이 암술머리에 옮겨지는 일 - 옮긴이 과정에서 이 꽃에서 저 꽃으로 옮겨 다니듯, 우리는 주변 환경을 훑어보며 이 정보에서 저 정보로 옮겨 다닌다. 마음챙김 수행에 들어가면 당신의 뇌는 원래 설정값인 '정신 배회' 상태(뇌 뒤쪽 대상엽 부위가 활성화된 상태)에서 벗어나 정신 산만에 관여하는 뇌 앞쪽 부위로 신호를 보내게 된다.[6] 그러면 뇌 앞쪽 부위는 다시 전두엽 피질(전두엽 피질은 당신의 편도체가 "스트레스 요인 출현!"이라고 외칠 때 당신을 진정시키는 뇌 부위라는 걸 떠올릴 것)로 신호를 보낸다. 전두엽 피질은 뇌의 다른 부위와 함께 당신의 관심을 더욱 중요한 정보 쪽으로 돌리게 된다.[7] 뇌는 계속해서 이렇게 소음을 제거하고 관심을 돌리는 일을 하며, 그 결과 마음챙김 사고를 통해 집중을 잘하게 된다.

실제로, 점점 더 늘어나는 많은 신경과학적 연구에 따르면, 마음챙김 수행을 하면 주변 환경의 이런저런 자극에 신속히 반응하고,[8] 각종 이미지와 소리 같은 시청각 정보에 계속 주의를 기울일 수 있으며, 그 정보를 해석할 수 있고, 신경과학자들이 말하는 이른바 '주의 깜박임attentional blink, 특정 자극이 뇌의 주의를 끌면 순간적으로 인지 오류가 생기는 현상 - 옮긴이'[9]을 줄일 수 있다. 뇌 영상 연구에서는 마음챙김 수행이 뇌의 특정 부위를 자극함으로써 시공간 처리 기억 및 작업 기억은 물론 다음 움직임을 계획하는 데 도움이 될 일련의 뇌 기능(연구원들은 '집행 기능'이라고 함)에도 적절한 주의를 기울이게 된다는 사실이 밝혀지기도 했다.[10]

신경과학 연구에서는 마음챙김과 신경 생성(새로운 뇌세포 성장), 지적 성과 간에는 긍정적인 상관관계가 있다는 게 밝혀졌다.[11] 마음챙김 수행을 하는 사람들의 뇌 영상을 보면 해마와 전두엽 피질 같은 복잡한 사고 및 문제 해결에 관여하는 뇌 부위에 뇌 물질이 상당히 성장해 있는 게 눈에 띈다.[12]

마음챙김이 뇌에 미치는 영향은 인지 작업을 해내는 속도와 질을 보면 알 수 있다. 연구원들은 그간 많은 무작위 대조군 연구를 수행했다. 무작위 참가자 집단을 마음챙김 수행 팀과 미수행 팀으로 나눈 뒤, 다양한 인지 테스트를 통해 비교 실험을 진행한 것이다.[13] 사실 이런 연구는 워낙 많이 행해지고 있어, 이제 그 연구 결과를 놓고 과학자들이 말하는 이른바 '메타분석 meta-analysis, 특정 주제의 여러 연구 결과를 하나로 통합하고 요약할 목적으로 개별 연구 결과를 수집해 재분석하는 것 - 옮긴이'을 통해 최종 연구 결과를 도출할 수 있다.[14] 그 같은 신경과학적 분석을 통해 우리는 집중력, 기억력, 집행 기능, 언어 처리 및 추상적 사고 같은 고차원적 기능 면에서 마음챙김 수행을 한 뇌가 그렇지 않은 뇌와 비교해 한결같이 더 나은 결과를 보인다는 걸(한 달도 채 안 되는 짧은 기간에 하루 몇 분씩만 마음챙김을 수행해도 이와 똑같은 결과가 나온다!) 알게 됐다.[15] 게다가 마음챙김 수행을 꾸준히 해온 연로한 연구 참가자들은 일부 치매 치료약을 복용한 것과 맞먹는 뇌 인지기능 향상을 보여, 마음챙김 수행을 하면 신경도 보호할 수 있고 노화 관련 인지기능 저하 현상도 완화할 수 있다는 게 밝혀졌다.[16] 여러 메타분석에 따르면, 약 부작용이 심한 아이나 노인의 경우 마음챙김 수행은 부작용 없는 안전한 약 보완제 혹은 약 대체재가 돼줄 수도 있다.[17]

유전적 요인도 지능에 영향을 미치는데, 우리는 그런 유전적 요인을 다루는 유전학을 통해서도 마음챙김 수행과 신경가소성, 후성유전학 사이에 중요한 관계가 있다는 걸 알 수 있다. 유전학 연구원들은 마음챙김 수행을 하면 뇌가 '좋은' 유전자를 활성화해 새로운 세포들을 만들면서 신경 생성이 시작된다는 걸 밝혀냈다. 사실 여러 연구 결과에 따르면, 마음챙김 수행을 하면 뇌세포 생성을 가로막는 유해한 유전자의 발현은 줄고 뇌세포 생성에 도움을 주는 유전자의 발현은 늘게 된다.[18] 다시 말해, 마음챙김 수행을 하면 뇌가 신경가소성을 높이는 방식으로 유전자를 발현하는 것이다. 실제로 그간 이뤄진 여러 연구에서 알츠하이머병과 주요 우울장애, 외상후스트레스장애 같은 진행성 신경 질환을 앓고 있는 환자는 물론 그런 질환에 걸릴 위험성이 높은 건강한 사람에게서도 이 같은 후성유전학적 기능 향상 및 뇌세포 기능 향상이 목격됐다.[19] 이런 후성유전학적 연구 결과는 앞서 살펴본 뇌 영상 연구 결과와도 일치해 누구나 마음챙김 수행을 하면 질병 예방 및 신경 보호 효과를 볼 수 있다는 걸 유추할 수 있다.[20]

이런 연구를 통해 마음챙김 수행이 뇌의 노화를 늦추고 인지 능력 및 후성유전학적 건강을 증진하며, 뇌가 재프로그래밍되면서 새로운 뇌세포의 생성이 촉진되고 뇌 기능이 향상된다는 걸 알 수 있다. 또한 이와 유사한 많은 연구를 통해 향상된 신경학적 요소가 후성유전학적 DNA 염기 서열을 통해 후손에게 대물림되는 과정을 추적·관찰했다. 놀랍게도 이는 곧 마음챙김 수행이 당신의 현재 인지 능력뿐 아니라 당신의 미래의 인지 능력과 이후 세대의 미래 인지 능력에도 영향을 미친다는 의미다.

삶에서 스트레스 없애기

마음챙김 수행의 가장 큰 이점은 스트레스를 줄여준다는 것이다. 이미 잘 알고 있듯, 스트레스는 인지(그리고 전반적인) 건강에 가장 큰 위협이 되는 요인의 하나다.[21] 앞서 스트레스 악순환에 관해 얘기하면서 스트레스 요인에 대처하기 위해 뇌가 어떤 식으로 다양한 자원을 동원하고 관련 뇌 부위를 활성화하는지 살펴봤다. 뇌는 우리 몸에 신호를 보내 코르티솔을 대량 분비케 함으로써 환경에 대처하고 문제를 해결하려 한다. 건강한 상태에서는 스트레스 요인에 대처할 수 있을 정도의 기간만 코르티솔 수치를 높게 유지하며 문제가 해결되면 코르티솔 수치는 원래 상태로 되돌아간다. 뇌가 스트레스 요인을 차분히 이성적으로 파악해 합리적인 해결 방안을 세우기 시작하면 코르티솔 수치 또한 자연스레 떨어져야 한다.

뇌 영상 연구에 따르면, 몸속에 스트레스 호르몬이 차고 넘치는 순간에도 마음챙김 수행을 하면 같은 뇌 부위가 활성화되면서 차분하면서도 이성적인 마음 상태를 유지할 수 있게 된다.[22] 실제로 마음챙김 수행은 뇌의 해마가 관장하는 시상하부-뇌하수체-부신 축에서 더 많은 뉴런을 생산하게 한다고 알려져 있다.[23] 마음챙김은 문자 그대로 시상하부-뇌하수체-부신 축 부위가 활성화되면서 몸과 정신을 향해 지금 당신이 치명적인 위협이 아닌 지적인 도전을 인지하고 있다는 사실을 알려주는 것이다. 또한 뇌 영상 연구에 따르면, 마음챙김 수행을 하면 시토카인 수치도 줄어든다. 시토카인은 몸의 면역 체게에서 외부 침입자를 퇴치하기 위해 분비되는 작은 단백질들로, 그 과정에서 광범위한 염증을 일으키기도 한다(특히 자가면역 질환에 걸려 몸이 위협을 잘못 인식할 때).[24] 이 같은 연구는 마음챙김 수행이 우리 몸 전체의 스트레스 반응을 다시 조율해준다는 것을 보여준다. 그 덕분에 '싸움 또는 도피' 모드로 들어가지 않고 오히려 상황을 잘 통제해 뭔가를 배우며 성장할 수 있게 된다.

실제로 '마음챙김 기반 스트레스 완화 MBSR, Mindfulness-Based Stress Reduction'라고 불리는 과학적 근거를 갖춘 프로그램이 있다. 이 프로그램은 마음챙김 수행을 통해 스트레스 경험을 줄이고 파급 효과를 최소화하는 것이 유일한 목표다.[25] 이런 종류의 프로그램은 인간 유전학, 질병학, 면역학 등을 분석하는 과학자이자 분자 생물학자로 유전학과 신경과학에 대한 통찰력을 토대로 최초의 스트레스 완화 클리닉을 설립한 존 카밧진 Jon Kabat-Zinn의 연구 과정에서 나왔다.[26] 매사추세츠대학교에 있는 그의 연구소는 순간순간의 자각에 집중하는 명상과 요가를 하면 환자와 의료진이 의료 현장에서 느끼는 스트레스를 줄이는 데 도움이 된다는 사실을 처음으로 입증했다.[27] 그러나 카밧진을 비롯한 과학자들은 오래지 않아 마음챙김 수행의 영향력이 의료 분야 이외의 분야에까지 미친다는 걸 깨달았다.[28] 1980년대 이후 전 세계 연구원들은 자기 자신의 MBSR 연구소를 설립했으며, 마음챙김 수행법을 손봐 단순한 명상과 요가 수준을 뛰어넘게 그리고 또 자신들의 다양한 고객층과 지역사회의 요구에 맞게 개선했다.

연구 결과 MBSR 프로그램들은 불안장애나 기분장애가 있는 사람은 물론 공황발작 같은 간헐적 스트레스 장애가 있는 사람의 스트레스를 줄여주는 데 도움이 된다고 확인됐다.[29] 그리고 마음챙김 수행을 단기간만 실시해도 지속적인 효과를 볼 수 있다고 한다.[30] 2주 일정의 일회성 명상 프로그램이나 4일 일정의 호흡 워크숍같이 제한된 일정의 마음챙김 수행만 해도 정신 건강이 좋아지고 앓고 있던 병이 호전되는 등 효과는 수개월에서 길게는 수년간 지속된다.[31] 실제로 마음챙김 수행을 통해 중증 우울증이나 범불안장애 같은 질환이 치유됐다고 느끼게 한 사례들도 있다.[32]

MBSR 연구에 따르면, 마음챙김 수행을 하면 정신 건강에 좋을 뿐 아니라 암이나 심혈관 질환 같은 질환을 앓는 환자가 환경에 대한 불안감을 덜 느끼고 삶에 대한 통제력이 더 강해지는 느낌을 받는다.[33] 말기 진단을 받았거나 예후가 좋지 않은 환자들을 대상으로 한 연구에서는 마음챙김 수행이 뇌 건강 증진뿐 아니라 정신의학 및 생리학적 측면에서 질병의 경과에 긍정적 영향을 줄 수 있다는 결과가 나왔다.[34] 마음챙김 수행을 하면 근 긴장도가 줄고,[35] 뇌로 더 많은 산소가 흘러가며[36] 신경학적 기능도 강해지는 것으로 나타났다.[37] 결국 환자들은 이런 과정을 거치면서 건강이 전반적으로 좋아질 뿐 아니라 앓고 있던 질환도 호전된다고 한다.[38] 마음챙김 수행을 통해 환자들의 몸과 마음이 더 건강해지면, 그 영향은 환자를 돌보는 건강한 사람에게도 미친다. 결론적으로, 마음챙김 수행 덕에 환자의 인간관계는 물론 비임상적 측면까지 개선되는 것이다.[39] 시한부 판정을 받은 환자의 몸과 마음, 정신과 감정을 집중적으로 파고든 이 모든 연구는 세상에서 가장 심한 스트레스를 받는 사람들, 그러니까 문자 그대로 생과 사의 경계에 있는 사람조차 마음챙김 수행으로 아주 큰 도움을 받을 수 있다는 걸 잘 보여준다.

당신의 마음 잘 활용하기

마음챙김을 잘 활용하면 집중력을 높이고, 주변 환경 안에서 뭔가 배울 기회를 잘 포착하며, 스트레스를 줄이고, 더욱 합리적이고 나은 결정을 내릴 수 있음을 알았다. 그러나 마음챙김에는 '더 부드러운' 이점, 즉 정서적 성장과 관련된 이점도 있다. 스트레스를 낮추면 마음을 진정시키고 명료한 사고를 할 수 있게 될 뿐 아니라, 더 행복하고 건강하다는 느낌을 가질 수도 있는 것이다.[40] 이 같은 정신적 각성을 통해 명료하면서도 설득력 있는 사고를 할 수 있게 되며, 그 결과 정신적인 일들을 잘 해낼 수 있는 능력 또한 커지게 된다. 그야말로 다양한 이점을 가진 선순환에 접어드는 것이다.

인지 심리학자들은 사람들이 마음챙김 수행을 통해 자기 인식과 회복력을 높일 수 있다는 걸 밝혀냈다.[41] 그들의 연구에 따르면, 마음챙김 수행을 꾸준히 실천한 사람들은 자기 생각과 감정에 대해 균형 잡힌 관점을 갖게 되며, 인생의 흥망성쇠를 일시적인 도전으로 보고 더 잘 받아들인다. 또한 자의적 판단을 줄임으로써 긍정적인 감정을 갖게 되고 부정적인 감정을 더 잘 수용하며 부정적인 반응에서 좀 더 빨리 회복하게 된다. 또 집중력을 높여 목표를 달성하게 됨으로써 스트레스는 감소하고 적극성과 호기심은 커진다.

교육 분야에서의 연구 또한 마음챙김 수행을 하면 감정적인 측면은 물론 교육 환경에서의 성과 측면에서도 긍정적인 효과가 있다는 사실이 확인됐다. 각 학교에서는 학생들이 마음챙김 프로그램을 통해 감정을 조절하고[42] 자존감을 높이는 데 도움을 받고 있다. 또 스트레스 완화 사고를 통해 스트레스에서 벗어나면서 학업 성과도 올라가고 있다.[43] 한 학급이나 학교의 학생들에게는 마음챙김 프로그램을 도입하고 또 다른 학급이나 학교 학생들에게는 프로그램을 적용하지 않은 사례 대조군 연구에 따르면, 전자의 학생들은 후자의 학생들에 비해 눈에 띄게 스트레스가 줄었고 집중력이 높아졌으며 감정 통제도 잘됐다.[44] 또한 마음챙김 프로그램에 참여한 학생들은 새로운 것을 더 잘 배우고 자기통제도 더 잘했다. 예를 들어 하버드대학교와 매사추세츠공과대학이 보스턴에서 초등학교 6학년생들을 대상으로 한 공동 연구에서는 컴퓨터 코딩 교육 대신 마음챙김 훈련을 받은 학생이 자기감정을 더 잘 통제할 수 있었다.[45] 그 학생들에 대한 추가 뇌 영상 연구에 따르면, 두려움에 관여하는 뇌 부위인 편도체가 부정적인 시각적 자극에 덜 예민하게 반응했다. 간단히 말해, 그 아이들의 뇌는 마음챙김을 토대로 긍정적인 움직임을 보였다. 스트레스는 덜 받으며 집중력은 높아지고 감정적 반응은 줄었는데, 이는 모두 학습을 촉진하는 특성이다.

교육 현장에서 진행된 마음챙김 연구에 따르면, 마음챙김 수행 훈련을 받은 학생은 더욱 협력적인 사회적 행동을 보이고[46] 더욱 높은 회복력을 보였으며[47] 다른 사람들에 대한 적대심과 폭력적인 행동은 줄었다.[48] 이런 연구 결과들을 통해, 경제적으로 열악한 학교에 다니거나 폭력적인 동네에 살거나 사랑하는 사람을 잃는 등 불안정한 환경에 노출된 학생에게 마음챙김 수행은 특히 유용하다는 게 입증됐다. 일례로, 학생들의 90퍼센트가 빈곤선 poverty line, 해당 국가에서 적절한 생활수준을 유지하는 데 필요한 최소 소득 수준 - 옮긴이 이하의 삶을 사는 테네시주 내슈빌의 자원이 부족한 한 초등학교에서는 한 차례의 마음챙김 프로그램 시행 이후 학생들이 문제 행동으로 교장실로 불려가는 일이 80퍼센트나 줄었다.[49] 이처럼 소외된 환경에 있는 학생들은 마음챙김 수행 이후 판단 및 스트레스 반응에 관여하는 '집행 기능'뿐 아니라, 학업 및 사회적 학습에 꼭 필요한 주의력과 집중력이 향상됐고, 자기 인식과 자기통제 및 인간관계 능력도 향상됐다. 그리고 더없이 열악한 환경에서 외상후스트레스장애를 앓고 있는 학생 역시 증상이 눈에 띌 만큼 호전됐다. 한 초등학교 교장은 이런 말을 했다. "우리는 아이들에게 마음챙김 수행을 통해 마음을 차분히 가라앉히고 그야말로 아이들답게 지낼 수 있는 환경을 조성해줬습니다." 한편 마음챙김 수행 기반의 교육을 받은 아이들은 시험 점수는 물론 학업 성취도나 출석률도 좋아진 걸로 밝혀졌다.

직장 환경에서 이뤄진 인지 연구 결과는 교육 환경에서의 개선 효과와 비슷한 성과를 확인할 수 있었으며, 사업 경영 및 경제학 측면에서 볼 때 조직의 건강은 결국 직원들의 건강에 달려 있다는 사실도 확인할 수 있었다. 교육 환경에서와 마찬가지로, 마음챙김 프로그램을 시행하면서 직장에서도 생산성이 늘고 스트레스는 줄었으며 조직 전체가 건강해지고 더욱 합리적인 사고를 할 수 있게 됐다.[50] 마음챙김 수행을 통해 업무 몰입도와 생산성, 직업 만족도가 높아졌으며 업무 성과도 좋아졌다.[51] 직장 내 직원 간 신뢰도와 공감대도 커졌고 목표 성취와 개인 성장에 대한 자긍심도 커졌다.[52] 일부 연구에 따르면, 마음챙김 프로그램을 시행하면 직원의 업무 몰입도가 커지고 일과 개인적 삶 간 균형 감각도 더 좋아졌다.[53] 다시 말해, 마음챙김은 직장과 가정 모두에 긍정적 파급 효과를 주며, 두 영역에서의 생산성과 만족도, 이 외 전반적인 삶의 질을 높이는 데 기여한다.

이처럼 긍정적인 변화들은 노동자들이 온종일 단조로운 일을 반복해야 하는 공장처럼 뭔가가 부족한 작업 환경에서 더욱 두드러지게 나타난다. 멕시코의 한 제조 공장에서 일하는 육체노동자들에 관한 연구에서 연구원들은 마음챙김 훈련을 받은 노동자가 덜 따분해하고 업무 몰입도와 직업 만족도가 더 높다는 걸 밝혀냈다.[54] 이러한 만족감의 증가는 곧 업무 성과 향상으로 이어졌고, 노동자들의 퇴사 의향이 줄어들어 문제로 여겨졌던 이직률 감소에도 도움이 됐다.

사실, 조직 문화의 변화(전 직원은 아니더라도 대부분이 마음챙김을 중시하는 쪽으로의 변화)가 개인의 정서적 성장과 조직의 발전에 더없이 중요하다는 건 이미 입증된 바 있다. 2015년에 이르러 의과대학의 80퍼센트 이상이 자체적인 마음챙김 프로그램을 운영하고 있었다.[55] 2018년 미국에서 실시된 전국적인 대표 조사에서는 중견 기업과 대기업의 약 60퍼센트가 사내 마음챙김 프로그램을 시행한 걸로 나타났다.[56] 이 외 가구 소매업과 의류 제조업부터 금융업과 식품업에 이르는 거의 모든 업계에서도 나름의 마음챙김 프로그램을 개발했다. 그러나 마음챙김 전용 애플리케이션, 온라인 및 대면 훈련 프로그램, 전 직원이 공짜로 사용할 수 있는 자사 소프트웨어 패키지를 선보이면서 전반적인 흐름을 주도한 건 대형 정보기술 기업과 의료 기업이었다. 현재 마음챙김 기반의 기업 문화 구축은 많은 경영인의 목표이며 그런 기업은 계속 늘어나는 추세다. 독일 다국적 소프트웨어 기업 에스에이피 SAP 의 마음챙김 프로그램 책임자 피터 보스텔만 Peter Bostelmann은 사업에도 도움이 된다는 의미에서 마음챙김 기반의 기업 문화를 '뉴 노멀 new normal, 과거에는 비정상으로 치부됐으나 이젠 정상으로 간주되는 것 - 옮긴이'이라 부른다. 보스텔만에 따르면 6000명 이상의 에스에이피 직원이 마음챙김 과정에 참여한 결과 업무 몰입도와 경영진에 대한 신뢰가 눈에 띄게 높아졌다.[57] 5만 명에 이르는 전 직원에게 요가 및 명상 훈련을 시키고 최소 1만 3000명 직원에게 자신들이 직접 만든 마음챙김 프로그램을 교육한 건강 보험 기업 애트나 Aetna는 직원들의 건강이 좋아진 덕에 직원 1인당 3000달러를 벌었다고 추산한다.[58] 애트나의 사내 마음챙김 프로그램을 앞장서 이끌고 경영진 미팅에 명상을 도입한 애트나의 최고경영자 마크 베르톨리니 Mark Bertolini는 마음챙김 훈련 이후 직원들의 스트레스 수준이 약 28퍼센트 감소했다고 밝혔다.[59]

　마음챙김 수행이 몸과 마음에 미치는 긍정적 영향과 성과 개선에 관한 연구는 주로 교육 및 기업 분야에 집중돼 있지만, 무료 커뮤니티 버전의 마음챙김 프로그램이 워낙 많다 보니 그런 영향과 성과 개선은 다른 분야에서도 흔히 목격된다. 많은 지역사회가 의료 기관과 정부 기관 그리고 학교 기관을 통해 대중에게 각종 마음챙김 프로그램을 제공하고 있다. 이들 기관은 인지 및 정서 능력 개선은 물론 다른 사람에 대한 배려 및 공감대 증대 교육도 중시하고 있다. 예를 들어, 내 고향인 미국 뉴저지주 프린스턴에서는 지역 내 다양한 공원과

여가 시설에서 어린이, 청소년, 성인을 위한 6주 일정의 무료 마음챙김 프로그램을 제공하고, 대학에서는 가이드 딸린 공공 명상 기록과 온라인 스트레스 완화 프로그램을 제공한다. 플로리다주 세인트피터즈버그의 존스홉킨스 어린이병원과 필라델피아 어린이병원의 마음챙김 프로그램은 입원 아동을 상대로 집중력을 기르는 법은 물론 병원 공동체를 이루는 많은 타인과 평화롭고 따뜻한 관계를 유지하는 법도 가르친다. 웨스트버지니아대학교 장애 우수성 센터의 '마음챙김 시간Mindfulness Minutes' 같은 다른 시설 기반 프로그램에서도 지적장애나 발달장애가 있는 아이들에게 마음챙김을 가르쳐 집중력을 높이고 긴장을 완화하고 사회적이며 정서적인 학습을 촉진해 아이들이 건강한 사회적 교감을 할 수 있게 돕고 있다.

그 외에도 퓨처런FutureLearn, 칸아카데미Khan Academy, 유니버시티 오브더피플University of the People 같은 열린 교육 플랫폼을 활용해 다양한 집단의 사람들이 함께 훈련하고 성장할 수 있게 해주는 국제적인 온라인 마음챙김 커뮤니티도 많다. 전 세계 의사 및 학자에게서 전문 지식을 끌어모아 공개하는 마음챙김 커뮤니티를 통해 사람들은 언제 어디서든 무료로 마음챙김 교육을 받을 수 있다. 일부 커뮤니티는 무료 명상 및 소리 요법 애플리케이션으로 링크가 걸려 있어, 그 애플리케이션을 다운로드해 온라인 모임은 물론 다른 커뮤니티 상황에도 적용할 수 있다.

마지막으로, 공동체 정신을 함양하고 사회적 평등을 도모함으로써 정서적 성장에 주력하는 집단이 개발한 마음챙김 커뮤니티도 많다. 여성들의 명상 네트워크Women's Meditation Network나 성소수자 튠드인! LGBTQ Tuned In! 같은 단체가 제공하는 마음챙김 프로그램 역시 사람들이 독자적으로 마음챙김 수행을 하면서 공동체 공감대 형성이라는 원대한 목표도 달성하도록 해주고 있다. 미국인들이 말하는 이른바 'BIPOC, 즉 '흑인, 토착민, 유색 인종 Black, Indigenous, and People of Color'을 위해 개발된 소수 인종 및 민족용 마음챙김 프로그램도 있다. BIPOC를 위한 '마음챙김 자기공감 Mindfulness Self-Compassion' 프로그램은 공동체 내부를 강화하는 동시에 외부 세계도 풍요롭게 해주는 일에 초점을 맞추고 있다. 이 프로그램은 공동체 구성원 간 공감대 형성에 대한 논의를 촉진할 뿐 아니라 마음챙김 훈련을 하는 구성원들이 자기 자신과 사회에 대한 인식을 더 높일 수 있게 해준다.

마음챙김 상태 되기

마음챙김 수행은 인지 건강과 정서적 성장 그리고 성과에 긍정적인 영향을 주는 데다 누구나 비교적 쉽게 이용할 수 있다. 그래서 나는 마음챙김 수행을 내 지능 패러다임의 중심축 중 하나로 삼았다. 나는 모든 사람이 살아가면서 마음챙김을 일상화해 정신적 성과를 개선하는 데 관심 갖길 권장하고 싶다.

문제는 어떻게 하면 그런 특별한 마음 상태에 이르게 되는가다. 핵심은 모든 상호작용을 당신의 환경에 더 집중하고 더 잘 적응할 기회로 삼는 데 있다. 즉 모든 걸 집에서 시작하라는 것이다. 서둘러 뭔가를 해야 하거나 남들을 보살펴야 하는 상황에서 어떻게 하면 느긋

해질 수 있을까? 어떻게 하면 자신의 보금자리 안에서 매 순간 고요함과 각성 상태 그리고 열린 마음으로 되돌아가는 법을 배울 수 있을까?

나는 집에서 집중과 호흡, 명상이라는 세 가지 전략을 사용한다. 현재의 장소와 순간에 집중하는 건 마음챙김 근육을 쓰는 것과 같다. 마음챙김 근육을 더 많이 쓸수록 집중력을 더 극대화할 수 있다. 나는 집에서 설거지하거나 세탁기에 빨랫감을 넣을 때 매 순간에 집중하는 연습을 한다. 시각과 청각, 촉각을 총동원해 현재 하는 일에 대해 더 잘 생각하게 되고, 현재의 경험으로부터 더 잘 배우게 된다. 아무 생각 없이 했을 수도 있었던 일을 하면서 마음챙김 훈련 기회로 삼는다. 그러다보면 일상생활에서 집중할 만한 다른 기회도 찾게 되며, 그 결과 전반적인 능력이 향상돼서 하는 일에 더 잘 집중할 수 있게 된다.

집중은 내게 아주 중요하다. 호흡과 명상은 따로 시간을 내야 하지만 집중은 그럴 필요가 없다. 물론 호흡과 명상 역시 내게 중요하다. 호흡과 명상을 통해 차분한 마음챙김 상태가 가능해지는 데다, 그런 상태에서 집중을 더 잘할 수 있기 때문이다. 다행히 당신은 쓸데없는 시간 낭비를 할 필요가 없다. '박스 호흡 box breathing, 4초간 숨을 들이쉬고 4초간 숨을 참은 뒤 4초간 숨을 내쉬는 것 - 옮긴이'이나 '선 명상 Zen meditation, 1부터 10까지 세면서 숨 쉬는 걸 되풀이하는 것, '참선' 또는 '좌선'이라고도 함 - 옮긴이'과 같이 이미 검증된 호흡 및 명상 방법이 많아 잘 골라 쓰면 된다. 나는 긴장을 푼 채 몸의 여러 부위에 주의력을 모으며 보다 집중적인 사고 모드로 들어가는 가이드 딸린 '오디오 보디 스캔 명상 audio body scan meditation'을 선호

한다. 요즘은 다운로드해 언제든 시간 날 때 이용할 수 있는 호흡 및 명상 애플리케이션과 온라인 오디오 파일이 얼마든지 있다. 앞서 살펴봤듯 미국을 비롯한 전 세계에 비영리 마음챙김 센터가 많아, 마음챙김 워크숍과 마음챙김 과정을 무료로 제공하고 있다. 각 센터에서는 다양한 집단의 사람들이 한데 모여 호흡과 명상을 할 수 있을 뿐 아니라 호흡과 명상에 관한 얘기도 나눌 수 있다.

직장에서 마음챙김을 실천하고자 한다면, 조직 문화를 바꾸기 위해 많은 걸 투자해온 대형 정보기술 기업의 선례를 따를 수 있다. 가장 처음 생겨나 가장 큰 영향을 미친 예시 중 하나는 2007년에 한 구글러에 의해 시작된 구글Google의 프로그램 '너의 내면을 검색하라Search Inside Yourself'이다.[60] 당초 명상 및 공감에 대한 일련의 사내 과정 및 강의 형태로 시작됐던 구글의 내면 검색 프로그램은 독립된 사외 마음챙김 프로그램으로 바뀌었고, 전 세계 50개 이상의 국가에서 활용 중이다. 핵심 프로그램은 체험 및 집필 연습, 집단 활동, 집중력 훈련 등이 포함된 한 달짜리 대화형 온라인 과정이다. 프로그램에서는 공감 훈련 외에 회복력 강화 훈련을 비롯해 여러 형태의 정서 및 정신 강화 훈련이 혼합된 파생 프로그램이 생겨나, 노동자라면 거주지나 직업군과 관계없이 마음만 먹으면 얼마든지 자신의 집중력을 높일 수 있다. '너의 내면을 검색하라' 프로그램의 세부 사항을 다 따르는 대신 참고만 하고, 매일 휴식 시간 몇 분을 할애해 세부 사항 중 한두 가지만 따를 수도 있다.

직장에서 활용할 수 있는 또 다른 형태의 프로그램은 애플Apple의 '마음챙김 챌린지Mindfulness Challenge'로 구체화된 '직원 마음챙김 챌린지'다. 2018년 애플은 '10퍼센트 더 행복한 Ten Percent Happier' 프로그램을 만든 저널리스트 댄 해리스 Dan Harris와 손잡고 직원들에게 25일간 매일 일정 시간 명상하게 하는 애플리케이션 기반의 과정을 제공했다.[61] 링크드인 LinkedIn 같은 소셜 미디어 기업 역시 챌린지 프로그램을 도입했으며, 직원들에게 인센티브를 주면서 직장에서 매일 명상하게 하는 등 명상이 자연스레 일상 속에 녹아들게 했다.[62] 당신도 매일 5분씩 시간을 내 명상을 하는 등 나름의 '직장 내 마음챙김' 챌린지를 수행할 수 있다. 일단 마음챙김 습관이 생기고 나면 명상 시간이나 빈도를 늘려나갈 수 있다.

그간 많은 기업은 직원들이 일상적인 마음챙김 수행을 할 수 있도록 사내에 마음챙김 공간을 마련했다. 스티브 잡스 Steve Jobs는 캘리포니아주 쿠퍼티노에 있는 애플 본사에 '젠 룸 Zen Room, '참선 방' 또는 '좌선 방'의 뜻 - 옮긴이'을 만든 뒤 직원들이 하루 30분씩 명상 시간을 갖게 한 거로 유명하다. 현재 HBO, 피어슨 Pearson, 나이키 Nike, 야후 Yahoo 같은 기업은 모두 나름의 마음챙김 공간을 운영하고 있다. 세일즈포스 Salesforce사의 최고경영자 마크 베니오프 Marc Benioff는 워낙 열렬한 마음챙김 팬이어서, 자기 회사의 마음챙김 공간을 '마음챙김 구역 mindfulness zones'이라 부르고 있으며, 그 회사 직원들은 하루 중 언제라도 그 공간에 들어가 조용한 시간을 보낼 수 있다.[63] 베니오프는 직원들이 기업 문화를 마음챙김 문화와 동일시하길 바라는 마음으로 세일즈포스 본사의 절반이 넘는 층 곳곳에 마음챙김 구역을 설치했다. 모든 직장에서 마음챙김 구역을 제공하기는 쉽지 않겠지만, 근무 공간 한 곳을 마음챙김 공간으로 정해두는 것만으로도 도움이 된다. 나는 그간 주유소

주유원이나 피자 배달원, 교사, 작가 등으로 일해왔기에 스퀴지 스탠드_{squeegee stand, 자동차 유리 닦는 롤러를 세워놓는 곳 - 옮긴이}나 내 자동차 앞 좌석, 교탁 또는 내 사무실 의자 등 여러 곳을 마음챙김 구역으로 쓸 수 있었다. 오늘날에는 원격 근무하는 일이 많아지고 컴퓨터를 이용해 포스팅할 수 있는 곳이라면 어디서나 일할 수 있어, 나는 본격적으로 일을 시작하기에 앞서 5분간 가만히 앉아 정신을 집중하곤 한다.

내 경험상, 환경을 최대한 잘 활용할 방법과 주어진 환경을 뇌 기능 향상의 기회로 바꿀 방법은 정말 많다. 마음챙김 수행을 하면 언제 어디서든 집중력을 높일 수 있어 당면 목표를 달성하는 데 도움이 될 뿐 아니라 매 순간 마음을 최대한 잘 활용할 수 있어 최종 목표를 달성하는 데 도움이 되는 것이다.

7장

연결되는 법 배우기

**따로 떨어져 있을 때 우리는 물 한 방울에 지나지 않는다.
그러나 함께하면 거대한 대양이 된다.**

- 아쿠타가와 류노스케 Akutagawa Ryūnosuke

지금까지 성장형 사고방식을 택하고 마음챙김 수행을 하면 우리 지능에 어떤 도움이 되는지를 살펴봤다. 그런 전략을 통해 지능에 대한 우리의 생각은 양적인 것(높은 점수나 순위)에서 질적인 것(지능의 잠재력을 보고, 학습의 경험을 즐김)으로 변화된다. 또한 그런 전략을 통해 우리의 타고난 신경가소성이 강화될 뿐 아니라 우리의 정신 건강 및 정서 건강도 좋아진다. 지능 패러다임의 마지막 중심축은 성장형 사고방식을 택하고 마음챙김 수행을 하면서 학습 경험의 질을 개선하는 데 있다. 높은 점수를 위해 배우는 게 아니라 사람들과 연결되기 위해 배우도록 돕는 것이다.

나는 평생 지능 관련 연구를 해오면서 모든 연구가 되풀이해서 보여주는 사실, 즉 각종 아이디어가 전후 맥락과 행동 그리고 다른 사람들에게 연결될 때 더 잘 배울 수 있음을 체험했다. 이는 우리가 새로운 기술이나 개념을 배우는 것에 대해 얘기하든 문제 해결이나 의사결정에 관해 얘기하든 마찬가지다. 다른 사람들과 함께 배울 때, 뇌는 동기 유발이 가장 잘되며 그 결과 우리의 잠재력을 가장 잘 발휘할 수 있게 된다.

따라서 학습의 순간을 앞두고 있다면, 사람들과 연결될 방법을 찾아내고 공감대를 형성하는 게 중요하다. 모든 걸 혼자 해낼 필요는 없다. 곧 살펴보겠지만, 연구 결과에 따르면 모든 걸 혼자 하려 한다는 건 형편없는 전략이다. 그러니 당신 자신을 용감무쌍한 탐험가로 여기고, 사랑하는 사람들과 동료들을 동료 선원으로 생각하라. 당신은 지금 다른 사람들과 함께 삶의 여정에 오르고 있으며, 가장 생산적인 여행 방법은 다른 사람들과 협력해 함께 배우는 것이다.

확실한 학습

인간의 정신은 끊임없이 뭔가를 배우도록 프로그래밍돼 있다. "삶은 학습이다"라는 말이 추상적으로 들릴 수 있지만, 생물학적 관점에서는 명백한 사실이다. 우리는 거의 평생을 신경과학자들이 말하는 이른바 '초깃값' 또는 '기본 설정값' 상태의 정신으로 살아간다. 끊임없이 주변 환경을 살피며 세계에 대한 새로운 정보를 찾으려 하고, 그 정보를 기존의 정보와 비교하면서 앞으로 어떻게 할 건지를 결정한다. 간단히 말하자면, 그게 바로 우리가 지능을 활용하는 방식이다.

그러나 얼마만큼 확실할까? 얼마만큼 자기 인식이 될까? 우리는 학습 자체에 대해 얼마만큼 알고 있을까?

솔직히, 나 같은 학자들조차 보통은 '학습' 자체에 대해 깊이 생각하지 않는다. 학습에는 어떤 형태가 있을까? 대다수에게 가장 효과적인 학습은 무엇일까? 어떤 학습이 서로 다른 능력과 자원을 가진 사람들에게 가장 도움이 될까? 다행히 우리에게는 학습과 관련된 과학이 있다. 과학으로 이 의문들에 답할 수 있을 뿐 아니라 여러 형태의 학습을 비교해 어떤 학습 방식이 우리 인간의 마음과 몸에 가장 잘 맞는지를 알아낼 수 있다.

교육 분야의 연구에 따르면, 학습에 접근하는 방식은 크게 두 종류다. 먼저, 사람들이 '교사 중심의teacher-centered' 접근방식이라 말하는 전통적인 방식의 학습과 가르침이 있다. 이 접근방식에서 학습은 교사와 그들의 책에 모든 답이 있는 교육 환경에서 이뤄진다고 추정된다.[1] 이런 접근방식에서는 순간순간의 경험이 학습에 도움이 되지 않거나 심지어 방해가 된다고 본다. 그 같은 패러다임에서는 학생들이 서로 합심해 빛의 프리즘을 만들게 하는 것보다는 교사가 교과서를 이용해 학생들에게 직접 색 스펙트럼을 가르치는 게 낫다고 본다.

교사 중심의 이런 접근방식은 지식이 한 개인에서 다른 개인에게 이전되며 학습은 수직적이라는 추정에 토대를 두고 있다. 지식을 소유한 사람(대개 나이가 더 많은 공인된 전문가)이 그렇지 못한 사람(학생)에게 지식을 전해준다는 것이다. 즉, 가르치는 사람은 뭔가를 행하거나 강의하거나 큰 소리로 읽고, 배우는 사람은 자신에게 주어지는 정보를 수동적으로 받아들인다는 것(통합하고 간직한다는 뜻)이다.

협력적 행동과 사회적 교감 그리고 정서적·사회적 학습을 중시하는 학습은 우리가 걸음마를 배우는 어린아이들에게 제공하려 애쓰는 교육의 핵심이다. 그러나 아이들이 초등학교에 들어가 시험과 점수를 중요시하면서 곧 교사 중심의 학습이 이런 접근방식을 대신하게 된다.[2] 그런 다음 아이들이 교실에서 앞을 보고 앉아 다른 건 다 무시하고 교사에게만 집중하게 되면서 지식의 수직적 이전이 시작된다. 그런 장면을 생각하면 아마 초등학교 시절이든 중학교 시절이든 당신 자신의 학창 시절이 떠오를 것이다. 대부분의 정규 교육 시스템에서는 수 세기 동안 이렇게 전통적인 방식의 학습을 받아들였으며 철저히 그런 방식의 학습에서 영향을 받았다.

또 다른 방식의 학습은 연구원들이 '진보적인' 형태라 말하는 학습 방식이다. 여기선 가르치는 사람이 아니라 배우는 사람 자신과 그들의 협력적인 실제 체험을 학습의 근간으로 삼는다. 이 같은 '학습자 중심의 learner-centered' 접근방식에서는 팀워크가 아주 중요하다. 학습이 협력적이고 탐구적이며 문제 해결 중심이고 시너지 효과를 낼 수 있도록 구성된다. 매 순간 학습을 경험하게 되면서 삶 자체가 학습이 된다.[3]

정규 교육 환경에서 진보적인 형태의 학습을 받아들이는 교사들은 지식획득 촉진자 역할을 한다. 그들은 학생들에게 특정 주제와 관련해 중요한 의문을 제기하라고 권한다.[4] 또는 학생들에게 특정 논문이나 동영상을 보라고 권하기도 한다. 아니면 학생들에게 각자의 집과 지역사회에서 독립적으로 조사하고 증거를 수집해 새로 알게 된 것들을 반에서 다른 학생들과 공유하게 한다.[5] 이런 관점에서 학습은 각 개인의 타고난 호기심을 통해 스스로 동기부여가 되는 걸로 보인다. 또한 학습은 지식을 공유하고 모두를 위해 주변 환경을 개선하고자 하는 우리의 기본 욕구에서 비롯돼 원래부터 공동체적인 특성을 띠고 있는 걸로 보인다.

따라서 이런 학습 방식에서는 모두가 함께 생각하고 머리를 맞대기 때문에 책상도 교탁도 필요가 없다. 학습은 교탁과 책걸상이 가득한 공간에서 시작되고 끝나는 단순한 대상이 아니다. 삶 자체가 학습이라는 사실에 걸맞게, 학습이 보다 광범위한 삶 속에서 끝없이 계속되는 것이다.

연결된 학습

배우는 사람 중심 학습의 좋은 예시가 되는 협력적 학습 방식 중 하나가 전문가들이 말하는 이른바 '연결된 학습connected learning'이다. 이 방식은 학생에게 다른 학생들과 함께 어떤 프로젝트를 만들게 함으로써 새로운 개념과 기술을 배우게 한다.[6] 그렇게 되면 학생이 현실 세계에서 새로운 개념을 배우고 공동의 미래를 위해 중요한 결정을 하려고 자신의 개인적 관심사와 경험을 활용하면서 자연스레 사회적 연결이 생겨난다.[7]

연결된 학습에서는 교육 환경 밖에서의 실제 지식획득 및 의사결정과 비슷한 상호작용의 측면이 내포돼 있다. 배우는 사람들은 서로 합심해 특정 문제와 관련한 지적인 의문을 제기하고, 그 문제에 대한 지적 해결책도 찾아낸다. 함께 배우고 함께 성취하는 것이다. 서로를 기준으로 평가받거나 경쟁하지 않는다. 또한 보다 큰 프로젝트를 위해 책임을 분담하지만, 전체적으로는 좋은 성과를 내기 위해 서로 의존한다.

연결된 학습 프로젝트에는 대개 공동 참여 목표가 있다. 학생들의 성취는 급우들의 발전은 물론 실제 사회 발전과도 관련이 있다.[8] 또한 많은 연결된 학습 프로젝트는 온라인에서도 활용할 수 있어, 학생들은 프로젝트의 단계마다 교실 너머 바깥세상에서 이용할 수 있는 모든 자원을 이용하도록 권장되며,[9] 설사 직접 문제를 해결하는 중이라 해도 웹과 원격통신을 통해 세계와 연결될 것이 권장된다. 이 학습 방식에서 첨단 기술은 배우는 사람의 친구로 여겨지며, 사회적·세계적으로 다른 사람과 연결되는 수단으로 여겨지기도 한다.

예를 들어 내가 집에서 걸음마를 배우는 우리 세 아이에게 그렇게 하듯, 당신도 아이들에게 숫자를 세고 뺄셈을 하는 등 수학의 기본을 가르치려 한다고 해보자. 전통적인 접근방식에 따라 숫자가 뭔지를 설명하고 종이 위에 숫자들을 적은 뒤 '2-1=?'과 같은 문제를 적어 아이들에게 건네면서 의미를 알아내 풀어보라고 할 수 있다. 또는 숫자들을 선들로 대체해 'II-I'과 같이 적고 아이들에게 직접 가리키면서 세어보라고 할 수도 있다.

그런데 당신이 전통적인 접근방식 대신 진보적인 접근방식을 택해 다른 사람들과 협조도 하고 연결되려 할 때 어떻게 되는지 보자.

아이들에게 2달러씩 들고 1달러 숍모든 걸 천 원에 파는 천 원 숍과 비슷한 가게 - 옮긴이에서 다른 아이에게 줄 선물을 사게 해보라. 토니Toni가 2달러 중 1달러를 사용해 아미르Amir에게 줄 크레용을 '구매'한다면 뭔가 다른 일이 일어난다. 아이들은 자신이 원해서 참여한 현실 세계에서의 경험을 통해 뭔가를 배울 뿐 아니라, 자신들의 뇌를 사용해 서로의 개인적 연결 속 단편적 사실에서 어떤 결론을 도출하게 된다. 듬직한 형제나 친구가 되는 법을 배우는 동시에 새로운 정보와 지식에 연결되는 법을 배우는 셈이다.

성인 교육 분야에서 연결된 학습은 한 집단의 배우는 사람들에게 특정 문제에 관한 이야기를 공유해달라고 요청함으로써 시작된다. 그때 그들은 온라인상에서 서로 연결되거나 배우는 장소에 함께 있게 된다. 배우는 집단은 함께 의문을 제기하고 함께 해결할 문제를 제시하며, 그 문제를 함께 해결할 방법을 찾아낸다.

예를 들어, 현재 나는 대학 및 대학원 과정에서 '건강 불균형' 개념을 가르치고 있다. 교재와 화이트보드를 이용하는 대신, 나는 학생들에게 서로 머리를 맞대고 미국 전역에서 특히 한 인종 집단에서 더 많이 생겨난다는 얘기를 들은 가장 치명적인 질병 목록을 작성해보라고 한다. 그러면 학생들은 먼저 흑인과 관련이 깊은 겸상적혈구빈혈증과 백인과 관련이 깊은 낭포성섬유증 같은 희귀한 치명적 질병 목록을 내놓는다. 그런 다음 흑인과 관련이 깊은 고혈압과 신부전, 백인과 관련이 깊은 알츠하이머병과 뇌졸중 같은 일반적인 질병의 목록을 내놓는다. 그러면 우리는 특정 질병은 특정 인종 사이에 더 많이 발생한다는 학생들의 추정을 가설로 세워놓고, 그들이 알아본

질병에 대한 실제 역학 통계를 살펴본다. 그러면서 나는 질병에 대한 내 유전학 지식으로 학생들에게 특정 인종 사이에 특정 질병이 유전되는 일이 많다는 걸 보여준다. 그다음 나는 학생들에게 인종이 다른 사람들이 현실 세계에서 겪고 있는 의료 불평등에 관해 연구하게 한다. 이런 과정을 통해 우리는 뇌졸중이나 고혈압(유전적인 질병 같아 보일 수도 있지만 실은 사회적으로 바로잡을 수도 있는) 같은 일반 질병과 관련해 생겨나는 불평등의 사회적 원인을 함께 배운다.

연결된 학습의 한 가지 중요한 요소는 배우는 사람들이 개인적 자료를 공유하도록 하는 것이다. 공유하는 훈련을 위해 우리는 팀을 이뤄 서너 개 사례에서 발견할 수 있는 모든 걸 조사하고, CDC.gov 같은 공중보건 웹사이트를 방문해 공중보건 행정이 각 질병의 특징을 어떻게 보고, 각 질병을 퇴치하기 위해 어떻게 하고 있는지를 배우며, PubMed 같은 학술적인 데이터베이스들을 방문해 사회적 유행병 추세에 관한 개요를 읽는다.

전통적인 교육 기관 밖에서 서로 협력하는 것은 연결된 학습의 또 다른 핵심 요소다.[10] 만일 우리가 의대 캠퍼스 안에 있다면 조사 중인 질병을 앓고 있는 환자들을 상대하는 의료진이나 연구원과 얘기를 나눠볼 수 있을 것이다. 내 학생들은 질병과 관련해 담당 교수의 강의를 듣거나 교재를 보는 대신, 다른 학생들과의 교감 속에 상황을 차분히 돌아보며 조사를 계속한다. 강의실 안에 있는 사람들은 질병과 실제 연결될 때가 많고, 강의실 밖에서 이런 문제를 조사하는 사람들은 몇 발자국 떨어져 있는 경우가 많아서다. 설사 당신이 질병과 아무런 관계가 없다고 해도 질병과 관계있는 사람들과 함께 문제를 해결해왔으므로 주제에 대한 보다 확실한 이해에서 어느 정도 거리가 있을 수도 있다.

직장에서는 생산성과 창의성을 높이기 위해 각 팀에 연결된 학습을 도입할 수 있다. 개인적으로 나는 직장에서 업무를 지적으로 협력하는 것은 그 결과에서 사회적 효과를 맛볼 그야말로 좋은 기회라고 본다. 가상의 내 연구실에서 다른 팀 리더들과 함께 관리하고 업무를 분담하고 협력할 때 공동으로 문제를 해결하고 공정하게 의사결정하는 방법을 찾고 있다.

또한 나는 직급을 줄였으며, 다른 사람들에게서 나를 멀어지게 만드는 공간을 좁히기 위해 오랜 기간 존재해온 직장 내 보이지 않는 벽을 허물었다. 예를 들어 코로나19 팬데믹 때문에 2년간 원격 근무할 때 나는 내 개인 줌 Zoom, 온라인 화상회의 플랫폼 - 옮긴이 룸을 오픈 플랜 open-plan, 구획을 나누지 않은 탁 트인 사무 공간 - 옮긴이 식 연구실로 활용했다. 이전에는 사람들과 직접 식사를 함께하며 팀 미팅을 가졌다. 온라인상에서 연구 경험을 실시간으로 공유하면서 우리 팀원들은 더 친밀해졌고 업무 성과도 향상됐다. 우리는 서로 합심해 대규모 연구 자금 조달에 나섰고, 전국적인 연구 및 국제적인 연구를 완수했으며 원고를 모아 출판 준비를 했고 많은 책과 논문을 발표했다.

따라서 물리적인 거리가 얼마나 가깝든 간에, 당신은 직장에서 친밀감과 공동체 의식을 만들어내려 노력할 수 있으며, 그 결과 모든 사람이 자신이 하는 일로부터 어떤 도움을 받는지를 알 수 있게 된다. 또한 이런저런 업무 과제를 최대한 팀을 이뤄 성취하려 할 수도 있다. 그렇게 되면 함께 일하는 사람들에게 인정받고 소속감도 느낄 수 있는데, 소속감은 스트레스 없이 행복하고 생산적인 직장 환경의 핵심 요소 중 하나다.

연결된 당신의 뇌

성장 지향적인 마음챙김 사고와 마찬가지로, 진보적이고 상호의존적인 학습 역시 뇌에 긍정적 영향을 준다. 신경 과학에 따르면, 더 많은 입력은 더 많은 출력으로, 더 나은 입력은 더 나은 출력으로 이어진다. 더 많은 뇌 자극으로 더 폭넓은 지능을 이용하게 되면 뇌 활동은 물론 뇌 부위 간의 신경 교감도 더 활발해지고 장기적인 기억력과 이해력도 더 좋아진다.[11] 또한 배우는 과정에서 자기 능력에 더 큰 자신감을 얻어 만족도가 커짐으로써 배우는 일에 더욱 매진할 수 있게 된다.

전통적이며 '수동적인' 학습에 몰입한 사람과 진보적이며 '적극적인' 학습에 몰입한 사람의 뇌 영상을 비교해보면, 적극적이며 특히 상호교감을 중시하는 학습을 선택할 때 뇌가 자극되면서 보다 광범위한 뇌 부위에서 더 많은 신경 연결 경로가 생겨나게 된다.[12] 또한 '보다 고차원적 사고'에 관여하는 신피질 내 뇌 부위도 자극돼, 단순한 기억의 저장뿐 아니라 기억에 대한 분석과 평가, 생성까지 할 수 있게 된다. 정보를 기억하는 능력도 개선된다. 한 MRI 연구 결과에 따르면, 진보적이며 적극적인 학습 이후 단 며칠 만에 뇌 활동 증가로 인한 기억력 개선 효과가 나타나기도 한다.[13] 그 연구에 참여한 과학자들은 적극적으로 배우는 사람은 더 나은 성과를 올릴 뿐 아니라 뇌 안에 새로운 패턴의 신경 연결 경로가 생겨나 더 활발한 움직임을 보인다는 사실을 알아냈다.

뇌 영상을 봐도 각종 의문을 제기하며 적극적으로 학습 방식에서에 임하는 학생의 뇌는 더 기민해지고 처리 속도가 빨라지며 잘못을 바로잡는 능력도 향상된다.[14] 일련의 테스트에서도 배우는 사람 중심의 탐구적인 학습 방식을 택하면 판단 및 의사결정, 충동 억제, 공감 등에 관여하는 뇌 부위의 인지기능이 향상됐다.

진보적인 학습에 대한 새로운 한 연구에서도 협력 중심의 진보적인 학습 방식을 택할 때 커다란 효과를 볼 수 있다는 게 밝혀졌다. 학습에 참여한 모든 사람의 뇌가 상호교감에 의해 더 큰 자극을 받으면서 학습에 도움을 주는 뇌 호르몬이 분비되기 때문이다. 같은 환경에 있는 여러 사람의 뇌를 동시에 분석하는 이른바 '하이퍼스캐닝hyperscanning'을 통해 신경과학자들은 협력적인 학습 방식을 택하는 사람은 모두 행복감과 만족감을 느끼며 때론 흥분 상태에 빠지기도 한다는 걸 알아냈다.[15] 시너지 효과를 내는 화학 반응으로 뇌 호르몬이 대거 분비되면서 동기부여가 되고 만족감이 커지며 집중력도 높아지는 것이다. 또한 뇌 호르몬이 대거 분비되면 배우는 과정에 대해 긍정적인 감정을 갖게 돼 배우는 걸 더 좋아하며 즐거운 마음으로 학습에 임하게 되는 것이다.

이 모든 연결은 뇌 건강에 더없이 중요한데, 그건 '뇌는 유연하며, 그래서 어떻게 쓰느냐에 따라 그 기능이 향상될 수도 있다'라는 신경 가소성의 한 가지 중요한 원칙 때문이다. 특히 여러 사람이 서로 교감하면서 시너지 효과가 나는 연결된 학습 방식을 택할 때 뇌에 자극이 주어져 여러 부위가 동시에 활발한 움직임을 보인다. 여러 감각 기능이 동시에 활성화되면서 좌뇌와 우뇌 사이에 새로운 신경망이 형성되고, 뇌의 여러 부위에 새로운 정보가 저장되면서 그 부위의 신경망 움직임도 더 활발해진다. 그 결과 중요한 뇌 부위에서 세포가 자라나면서 뇌 기능도 더 향상된다.

연결이 가장 중요하다

연결된 학습으로 뇌 기능만 향상되는 게 아니다. 성장 중심의 마음챙김 사고와 마찬가지로, 연결된 학습을 통해 정신적·정서적 건강도 개선된다. 연구 결과에 따르면, 근본적으로 다른 사람과의 상호의존성이 아주 중시되는 마음챙김 수행과 아주 흡사하게 진보적이며 상호의존적인 학습 방식을 택하면 스트레스와 불안감은 줄고 행복감은 늘어난다.[16] 연구자들은 진보적이며 상호의존적인 학습 방식을 택하면 고립이 줄어들고 다른 사람들의 지지는 늘어난다는 사실을 발견했다.[17] 일부 연구는 스트레스가 심한 근무 환경에서 고군분투해야 하는 응급실 의사[18]나 고립감을 떨치려 애쓰는 국제대학 학생[19]처럼 독특한 환경과 독특한 어려움에 있는 사람에게 초점을 맞췄다. 실제로 그런 연구에 따르면, 환경에서 오는 사회적 스트레스가 심한 사람은 진보적이며 상호의존적인 학습 방식을 택하는 게 도움이 된다.[20] 그런 학습 방식을 택하면 환경에서 오는 사회적 스트레스는 줄고 고마운 마음은 커져, 생각도 명료해지고 주어지는 지적인 일에 집중도 잘하게 된다.

유전학 분야에서의 연구 결과 역시 연결된 학습을 택해 스트레스가 줄면 후성유전체 기능에도 도움이 된다는 걸 보여준다. 사회적 연결에 대한 여러 후성유전학적 연구 역시 연결된 학습을 택하면 스트레스가 줄고 정서적 만족감이 커지며 뇌세포를 더 잘 활용할 수 있게 되는 등 건강에 큰 도움이 된다는 걸 입증해주고 있다.[21] 또한 연결된 학습을 택하면 '좋은' 유전자를 활성화해 몸에 해로운 DNA 메틸화를 막아주는 동시에 뇌가 더욱 나은 시공간 기능을 할 수 있게 하고, 사람들과 교감할 수 있는 사회적 학습도 가능하게 된다.[22] 최근 들어 특정 형태의 학습이 지닌 후성유전학적 효과를 측정하기 위한 연구 프로젝트가 속속 수행되고 있다. 예비 조사 결과 진보적인 접근방식은 후성유전학적 측면에서 보호 효과까지 낼 수 있는 데 반해, 전통적인 접근방식들은 정반대라는 사실도 밝혀졌다.[23] 연구 결과에 따르면, 협력에 기반을 둔 상호의존적이고 서로 연결되는 학습 방식을 택하면 DNA 메틸화를 막을 수도 있다.[24] 또한 아주 어린 시절부터 배우는 사람 중심의 학습 방식을 택하면 신경이 발달하는 더없이 중요한 시기에 뇌 안에 건강한 후성유전학적 패턴이 생겨날 수도 있다.

간단히 말해, 우리의 후성유전학 시스템은 적절한 유전자를 활성화하며, 그 결과 우리 뇌는 현실 세계의 일과 상호작용에 뿌리를 둔 기억 사슬을 만들어낸다. 게다가 현재 우리가 논의 중인 개념 속에 등장하는 상호교감에 기반을 둔 자극은 우리 삶을 포함해 집단적 운명과 관련이 있다. 이는 서로 시너지 효과를 내면서 뇌를 활성화해 기억을 떠올리게 하고, 주변 환경에 합리적으로 대처할 수 있게 한다. 따라서 우리는 우리의 지능을 이용하고 새로운 개념을 배우며 새로운 데이터를 만들고 새로운 패턴을 찾아내는 동시에 후성유전체를 프로그래밍함으로써 유전자를 통해 건강한 뇌와 마음을 만들게 된다. 그리고 긍정적인 후성유전학 피드백 루프를 통해 지적인 사고 능력을 강화하면서 앞으로 나아가게 된다.

더 나은 것을 얻기 위한 수단

다양한 형태의 진보적 학습에 관련한 연구에 따르면, 연결된 학습은 그 성과가 전통적인 '지식 전달' 형태의 학습을 능가한다. 1930년대까지 거슬러 올라가면, 협력적이고 상호의존적인 학습 방식이 학생과 교육자 모두가 설정한 목표를 달성하는 데 효과적이라는 사회과학적 증거가 있다.[25] 또한 그런 형태의 학습 방식을 택하면 우리가 하는 일의 질과 능률도 오른다. 협력적 접근방식을 택하면 문자 그대로 생산성이 높아져 더 나은 결과를 보게 되는 것이다.

거의 100년이 지난 오늘날에도 진보적인 학습 방식이 결과를 향상시킨다는 사실은 여전히 유효하다. 교육학 분야에서 수천 건의 연구에 대한 메타분석을 해본 결과 역시, 학습의 측면은 물론[26] 사회적·정서적 측면에서도[27] 협력적인 학습 방식이 더 나은 결과를 낸다. 이 모든 연구에 따르면, 사람 간 연결과 상호의존성을 중시하는 학습 방식을 택할 때 새로운 소재에 대해 비판적으로 사고하는 능력이 향상될 뿐 아니라, 데이터를 독특하게 분석하고 판단하는 능력은 물론 새로 얻은 지식을 합리적으로 명확히 전달하는 능력도 향상된다.

배우는 학생이 교육적 과제를 통해 얻는 지식 역시 진보적인 학습 방식을 택할 때 더 깊이가 있는 걸로 알려져 있다. 학생들은 정보를 유지하기보다는 수박 겉핥듯 훑어보려 하는 경향이 있어서 피상적 수준의 기억에 의존하는 경우가 많다. 이제 그런 일은 줄어들고 뇌의 다양한 부위가 관여하는 깊이 있는 분석에 더 몰입하게 된다. 게다가 학생들은 대인관계 기술과 자기통제력도 눈에 띄게 좋아진다. 누구든 학창 시절을 되돌아보면 알 수 있겠지만, 대인 관계를 장려하지 않는 교실에서는 학생의 학습 능력이 떨어질 수 있다.[28] 더 나은 사회적 능력과 정서적 능력은 더 생산적이고 집중적인 교육 환경으로 이어진다. 그러면 학생들에게 학습은 정서적인 측면과 지적인 측면에서 자발적인 일이자 만족할 만한 일이 된다.

사람들이 서로 협력적인 방식으로 일하면 생산성이 늘고 업무 성과도 좋아진다는 게 입증되는 등 직장에 관한 연구 결과들도 이 같은 사실을 뒷받침하고 있다. 우리는 또 혼자 문제를 해결하는 것보다는 팀워크를 이뤄 해결하는 게 더 나은 접근방식이라는 사실도 이미 알고 있다. 그러나 직장에 관한 연구에 따르면, 사람들이 자발적으로 연결된 학습을 택한 상태에서 공정한 팀워크가 이뤄질 때 훨씬 더 성과가 좋았다.[29] 그건 팀원들이 서로 상대의 말에 더 귀 기울이고, 각자의 장점에 더 많이 의존하고 각자의 장점에서 더 많은 걸 배우며, 더 큰 관심과 애정으로 자기 일에 임하기 때문이다. 정서적인 연결과 지적인 상호의존성 역시 업무에 큰 도움이 되며, 그 결과 양적으로나 질적으로 더 나은 성과를 얻게 된다.

놀랄 일도 아니지만, 최근 들어 업무 및 교육 환경에서의 연결된 학습에 관한 연구가 계속 증가하는 추세다. 원격 근무와 원격 수업이 많아지면서 많은 관리자와 교육 관련자가 개방형 기술 플랫폼을 이용한 효과적인 협력 전략을 찾게 됐기 때문이다. 그리고 그 결과 IBM과 구글 같은 기업이 만든 대형 플랫폼이 급증하고 있다.

그간 연결된 학습의 이점에 관한 연구는 계속 이뤄졌다. 원격 근무 및 수업 환경에서도 이런 종류의 협력이 실현되면 사람들의 소속감이 커지고 기술적 노하우와 지식 또한 확대된다는 증거가 쏟아지고 있다. 연결된 학습은 다양한 학습 상황과 환경에 잘 맞을 뿐 아니라 다양한 집단에도 잘 맞는다.

연결된 상태 유지하기

나는 연결된 학습 방식을 내 새로운 지능 모델에 접목시켜왔다. 연결된 학습 방식이 효과가 있다는 연구가 많기도 하고, 개인적으로 그런 학습 방식에서 얻는 게 많다는 걸 잘 알고 있어서다. 내 일은 주로 혼자 하는 일이지만, 연결된 학습의 원칙은 개인적 환경에서도 스트레스를 줄여주고 보다 바람직한 사고방식을 갖게 해준다는 걸 알게 됐다.

일하다가 너무 큰 스트레스를 받을 때 나는 잠시 모든 걸 멈추고 세 가지 질문을 던져본다. 첫째, **나는 지금 창의적으로 생각하고 있는가?**

연결된 학습 방식은 이런저런 규칙에 얽매인 사고를 배척하며 열린 마음으로 주변 환경에 접근할 것을 권한다. 그 결과 우리는 열린 마음으로 새로운 정보를 관찰하고, 그 패턴들에 관한 결정을 내리게 된다.

둘째, 나는 지금 내가 관심 있는 일에 대해 생각하고 있는가? 연결된 배움은 주어진 환경 안에서 우리의 관심사를 토대로 각자의 문제에 관해 이런저런 의문을 제기할 것을 권한다. 주변 환경을 당신이 탐구해야 할 환경으로 여기면 성장과 학습을 위한 사고방식을 만들어 모든 일에 그 사고방식을 적용할 수 있게 된다.

셋째, 나는 지금 협력적으로 생각하고 있는가? 시너지 효과는 정말 있다. 두 사람 이상 모여 머리를 맞대면 각자의 성과를 합친 것보다 훨씬 더 큰 성과를 거둘 수 있다. 모든 종류의 학습이 실시간 협력을 요구하진 않지만, 우리 모두 자기 자신의 일을 다른 사람들의 일에 연결할 방법을 찾아볼 수 있게 된다. 일하는 내내 다른 사람들의 성장을 염두에 두기 때문에 사람들과의 연결감과 소속감이 강해지며, 더 높은 수준의 사고와 의사소통 및 리더십 능력도 갖추게 된다. 또한 각자의 세계에 대해 깊은 지식을 갖게 될 뿐 아니라, 서로 대면할 수 있는 상황이 아닌 사람들과의 인간관계도 개선된다.

연결된 학습을 택하면 사회적·환경적 이점 외에 정신적 이점도 얻는다. 지적 능력이 향상될 뿐 아니라 뇌 속 회백질 gray matter, 신경 섬유로 이뤄지는 백질과 함께 중추 신경을 형성하는 신경세포 집단 - 옮긴이 생성도 더 활발해진다. 동시에 몰입도가 높아지면서 몰입에 관여하는 스트레스 기반의 후성유전학적 대처 능력이 강화돼 행복감이 커지고 치유력도 향상된다. 결과적으로 더 부유해지고 더 만족스러운 학습을 경험하게 되면서 우리와 협력자의 인지 능력이 높아지고 성과도 향상돼 모든 사람이 정신적으로나 정서적으로 행복감을 느끼게 된다.

Rethinking Intelligence

3부

지능
소중히 여기기

8장

사회 전체가 더 똑똑해지기

> 우리의 포부는 다른 사람들과 우리 자신의 열망과 요구까지
> 아우를 수 있을 만큼 커야 한다.
> - 세자르 차베스Cesar Chavez

지금까지 새로운 지능 패러다임의 토대들을 살펴봤다. 이제 우리는 스트레스 수준부터 유전자, 그리고 다른 사람들과의 관계에 이르는 모든 것이 인지 능력에 영향을 미친다는 걸 알게 됐다. 매일매일 현재 순간에 집중하는 법만 터득할 수 있다면 우리 주변 환경은 우리에게 다양한 학습의 기회를 제공한다는 것도 안다. 학습 환경에 따라 우리가 정보를 처리하고 간직하고 활용하는 법 또한 계속 달라진다는 것도 확인했다. 지능을 더 높이기 위해선 뇌의 신경가소성을 최대한 잘 활용해야 하며 더 많은 뇌세포와 더 강력한 신경망을 만들어 새로운 것을 배울 수 있게 해줘야 한다는 것도 알게 됐다.

이 모든 요소는 환경의 영향을 받으며, 결국 환경이 당신의 지적

능력을 최대한 높이는 데 더없이 중요한 관건이 된다. 내가 말하는 '환경'은 아주 기본적인 것을 가리킨다. 당신의 가정생활은 어떤가? 당신의 인간관계는 어떤가? 당신의 직장 환경, 당신의 교육 환경 그리고 다른 사회 환경은 당신에게 어떤 종류의 자극을 주는가? 당신이 거주하는 동네나 지역사회는 얼마나 건강하고 안전한가? 후성유전학에 따르면, 우리의 유전자는 늘 이렇게 광범위한 요소에 어떻게 반응하느냐에 따라 활성화되기도 하고 비활성화되기도 한다. 그리고 앞서 살펴봤듯, 특히 지능과 관련된 후성유전학 연구들에 따르면, 현재 우리에게 가장 시급히 필요한 건 우리가 공유하고 있는 환경을 개선할 수 있는 전반적인 변화들이다.

우리는 대개 어떻게 개인적으로 지능을 높일 수 있는지에 관심을 쏟지만, 분명한 건 우리 자신만 생각하는 건 별 도움이 안 된다는 것이다. 우리 자신의 내부 신경망을 변화시키려면 외부 사회 연결망부터 변화시켜야 한다. 사실 우리에겐 지금 지역사회 수준의 사회경제학적 문제, 교육문제, 영양 문제뿐만 아니라, 이를 뛰어넘는 수준의 집단 문제를 해결해줄 시스템 차원의 접근방식이 필요한 것이다. 심지어 한 세대 안에서 일어나는 국가적인 정책 변화도 당신과 당신의 후손들에게 지속적인 영향을 미칠 수 있다. 그러니 다른 그 무엇보다 당신의 사회 환경을 잘 둘러보고, 현재의 모든 사람과 이후에 올 모든 사람을 위해 더욱 건강한 사회 연결망을 구축해야 한다.

오늘 날씨는 어떤 것 같은가?

전략을 자세히 살펴보기에 앞서, 스트레스에 대해 그리고 보다 넓은 환경과의 개인적 관계에 대해 우리가 알고 있는 사실을 한 번 더 살펴보자. 우리에겐 분명 자신만의 개인적인 스트레스 요인이 있으며, 그것들은 대개 우리의 독특한 가정환경과 직장환경 그리고 집안 및 지역사회 연결망 내 위치 등에서 비롯되는 스트레스 요인이다. 그러나 우리가 속한 여러 공공 및 조직 환경도 유해한 스트레스 요인이 될 수 있다. 이런 스트레스 요인은 우리에게 서서히 영향을 미치며 정신적·지적 능력을 점차 훼손한다.

'사회적 풍화 social weathering'란 말이 있다. 사람들이 스트레스 넘치는 세상에 살면서 겪게 되는 일종의 마모 현상을 뜻한다. 이는 공중보건 전문가 알린 제로니무스 Arline Geronimus가 프린스턴대학교와 하버드대학교에서 박사학위 이전 연구 및 박사학위 연구 과정에서 처음 내놓은 개념이다.[1] 제로니무스는 자신이 공부하고 일하는 지역사회의 흑인 여성들이 일상생활에서의 심한 스트레스 때문에 임신 불순을 겪고 있을 뿐 아니라 출산 시에도 엄마와 아기의 건강에 이런저런 문제가 생긴다는 사실을 알게 됐다.[2] 다양한 연령대의 미국 흑인 여성들을 상대로 오랜 기간 연구하면서, 제로니무스와 그의 동료 유행병학자들은 사회적 풍화는 나이가 들면서 점점 더 심해진다는 사실도 알게 됐다. 그들은 또한 오랜 연구 끝에 평소 사회적·정치적·경제적 스트레스를 받는 사람들은 조로 현상을 보이는 등 스트레스로

인한 영향이 몸에 누적된다는 결론에 도달했다.³

오늘날 사회적 풍파와 그것이 엄마와 아기의 건강에 미치는 영향에 관한 많은 연구가 이뤄지고 있다. 공중보건 및 유행병의 다른 분야에서 활동하는 연구원들은 사회적 풍파가 뇌 건강에도 영향을 미친다는 사실을 알아냈다. 전 세계적으로도 가난한 사람은 정신 건강과 관련된 불평등으로 많은 어려움을 겪고 있다. 일상생활에서 끊임없는 스트레스에 시달리면서도 정신 건강과 관련된 의료 서비스는 제대로 받지 못하는 것이다.⁴ 사회경제적 지위가 낮은 사람들, 그러니까 연구원들이 말하는 이른바 '저소득층 사람들'은 중산층 사람들이나 고소득층 사람들과 비교해 더 높은 수준의 스트레스를 호소하는 걸로 알려져 있다. 동시에 그들은 늘 경제적 안정을 위협받고 있으며, 상당수는 신체적 안전까지 위협받고 있다.⁵ 저소득층 사람들은 건강 자원은 물론 교육자원과 사회자원도 이용하기가 더 어렵다. 또한 폭력 및 직업 차별에도 더 자주 노출된다. 그 결과 그들은 우울증과 불안감, 수면 부족, 각종 건강 문제, 자살 충동 등에 더 많이 시달리며, 대개 그런 상태가 평생 유지된다.

온갖 배경과 사회경제적 지위가 있는 모든 여성과 성 소수자 그리고 생물학적 성 거부자 역시 평생 더 높은 수준의 스트레스를 호소했다. 특히 누군가를 돌봐야 하는 상황일 때 더 그랬다. 예를 들어 경제적으로 안정된 미국 백인 엄마들 중에서 장애아처럼 특수한 돌봄이 필요한 아이를 양육하는 엄마와 그렇지 않은 엄마를 비교해본 결과, 장애아를 돌봐야 하는 엄마가 자신보다 훨씬 나이 든 여성만큼이나 심각한 염색체 손상을 입었다.⁶ 경제적으로 풍요롭고 안전하면서 건강한 환경 속에 살고 있음에도, 그들의 몸은 매일매일 짊어져야 하는 책임의 무게에 눌려 서서히 마모된 것이다. 마찬가지로, 성 소수자와 생물학적 성 거부자에 관한 연구에 따르면, 그들은 일상 속 온갖 차별과 낙인찍기, 편견 같은 사회적 스트레스 요인에 더 많이 노출되고 있으며, 그 결과 안정된 사회경제적 지위를 누리고 있다 해도 뇌와 몸이 서서히 마모되는 걸로 드러났다.[7] 게다가 성 소수자와 생물학적 성 거부자는 학대와 괴롭힘에 시달릴 가능성은 물론 트라우마를 남기는 폭력적 일을 겪을 가능성도 더 크다.[8] 그들은 보통 사람보다 더 자주 심리적 고통이나 불안감, 우울증, 자해, 자살 충동 등을 경험하며,[9] 정신 건강과 관련된 의료 서비스를 받을 여유가 있어도 환경으로 인해 사회적 풍화를 겪을 가능성이 크다.

우리는 전 세계적으로 사회적 풍화가 신경학적 측면에서 BIPOC(흑인, 토착민, 유색 인종) 같은 소수 민족 또는 인종에 미치는 영향을 목격하고 있다. 과학자들은 일상생활에서의 인종차별이 전 세계적인 사회적 풍화에 핵심 역할을 한다고 결론지었다. 많은 연구 결과에 따르면 이미 정신질환을 앓고 있는 환자들이 인종차별로 스트레스를 받게 되면 더 빠른 속도로 신경 퇴화를 겪는다. '하버드대학교의 노화하는 뇌 연구' 데이터세트dataset, 여러 정보를 담고 있는 데이터를 추상적인 하나의 정보 단위로 간주하고, 그러한 정보 단위인 데이터를 여러 개 모아놓은 것 - 옮긴이에 대한 최근의 한 연구 결과에 따르면, MRI와 PET양전자 방사 단층촬영법 - 옮긴이 뇌 영상을 살펴보니 아밀로이드판amyloid plaque, 알츠하이머병 환자의 뉴런 세포 밖에 축적된 단백질 구조물 - 옮긴이이 형성된 연로한 미국 흑인은 비슷한 뇌 진단을 받은 비슷한 나이대의 미국 백인과 비교해 피질 두께가 더 얇아졌다.[10] 사회에서 사람들에게 부당한 대우를 받으면서 생긴 스트레스 때문에 피질이 줄었고, 그 결과 '뇌 나이가 더 들어' 신경퇴행성 질환에 걸리기 쉬워진 것이다.

건강한 사람에 관한 연구 결과 역시 어린 시절의 사회적 풍화가 뇌와 몸에 안 좋은 영향을 미치며 심지어 인지기능 장애까지 일으킨다는 걸 보여줬다. 오랜 기간 스트레스에 노출된 미국 흑인 아이들을 연구한 결과 사회적 고립감을 느낄 가능성이 더 컸고, 예방 차원의 건강관리를 받게 될 가능성은 더 낮았다.[11] 대부분 아프기 전에 종합 검진을 받지 못해 평생 염증에 시달렸으며 전반적인 건강 상태도 형편없었다.

인지 검사가 더해진 사회적 풍화 연구 결과 역시 어린 시절에 인종차별로 인한 스트레스를 받으면 신경 퇴화 및 기억력 저하 현상을 겪게 됨을 보여준다. 조직적인 인종차별로 차별 대우를 받으며 자란 미국 흑인 젊은이는 기억력이 저하되고 시험 결과도 안 좋아지는 등 인지기능에 악영향을 받는 것으로 나타났다.[12] 또한 일상적으로 인종차별에 시달리는 미국 흑인 젊은이는 비라틴아메리카계 미국 백인과 비교해 집행 기능도 떨어진다고 알려졌다.[13] 라틴계 젊은이에 관한 연구 결과도 이와 비슷한 '고정관념 위협', 즉 자신이 속한 사회 집단에 대한 부정적인 고정관념을 알게 됐을 때의 두려움 때문에 작업 기억working memory, 정보를 단기적으로 기억하며 능동적으로 이해하고 조작하는 과정 - 옮긴이이 위축되고, 그 결과 단기적으로는 성과가 떨어지고 장기적으로는 기억력 저하 현상이 나타나는 것으로 드러났다.[14] 이 모든 연구 결과는 사람의 인지 능력은 전반적인 건강 상태와 무관하게 불평등한 환경으로 인해 빠른 속도로 저하됨을 잘 보여준다.

　　연구 결과들은 또 소외된 사회 집단으로 전락한 사람은 훨씬 더 안 좋은 상황으로 내몰릴 수 있음을 보여준다. 특히 스트레스가 심한 환경에 있으면서 스트레스가 심한 일을 맡고 있고, 생활하는 지역 곳곳에서 차별 대우를 받는 사람은 타격이 특히 심하다. 또한 열악한 환경 속에 있는 '흑인, 토착민, 유색 인종' 여성이나 소수 인종, 소수 민족 등 소외된 사회 집단은 주변 환경으로 인해 매 순간 끝없는 괴롭힘을 당한다. 최근 전 세계의 신경과학 분야 데이터베이스를 활용해 뇌신경 연결 지도를 만드는 국제적인 프로젝트 '휴먼 커넥텀 프로젝트Human Connectome Projec'에서 나온 데이터를 이용해 기억력과 집행 기능에 관한 연구가 이뤄졌다. 연구 결과 인종차별로 인한 스트레스와 사회경제적 지위로 인한 스트레스 그리고 낮은 사회경제적 지위로 인한 스트레스는 인지기능에 제각기 부정적 영향을 미치며, 특히 그 세 가지 스트레스를 다 받는 사람은 부정적인 영향이 기하급수적으로 커졌다.[15] 이 모든 연구 결과는 한결같이 한 가지 사실을 입증한다. 일상적인 차별로 사회적 풍화를 겪게 되면 유해 환경에 계속 노출되고, 행복해지는 데 필요한 자원을 박탈당함으로써 사회경제적 지위가 점점 악화한다.

후성유전학적 풍화

사회적 풍화에 관한 후성유전학 연구에 따르면, 어린 시절의 좋은 경험은 평생 우리 몸에 영향을 줘서 '이로운' 유전자를 활성화하고 뇌를 지원해 마음을 잘 활용할 수 있게 한다. 십 대를 대상으로 한 뇌 영상 연구와 후성유전학 데이터를 활용한 한 연구에서는 사회경제적 지위가 낮아지면 후성유전학적 측면에서 변화가 생겨나 훗날 정신질환을 겪을 가능성이 커지는 것으로 나타났다.[16] 또한 청소년기에 사회경제적 지위가 낮아지면 세로토닌 조절기의 메틸화가 촉진되고, 인지된 위협에 대한 편도체 반응도가 증가했다. 연구진은 우울증 가족력이 있는 십 대에게 특히 우려의 눈길을 보냈는데, 아이들이 훗날 우울증에 걸릴 가능성이 훨씬 컸기 때문이다.

인종차별 문제를 파고든 일련의 연구 결과는 어린 시절의 인종차별 경험이 유해 스트레스에 대한 뇌와 몸의 후성유전학적 반응에 어떤 악영향을 미치는지를 잘 보여준다. 불평등한 인종별 만성통증 치료 서비스와 관련된 연구 문헌을 조사한 바에 따르면, 여러 연구에서 미국 흑인은 스트레스 반응 유전자와 면역 반응 유전자에 메틸화가 일어날 가능성이 컸다.[17] 인종차별적인 환경에서 사는 흑인이 어린 시절에 안 좋은 일을 겪고 사회경제적 지위까지 떨어지면 몸이 허약해지면서 정상적인 삶을 사는 게 힘들어지기도 했다.

후성유전학 연구와 성별 불균형에 대한 한 국제적 조사에 따르면, 어린 시절이나 청소년 시절에 성별 문제로 생겨난 스트레스 요인은 후성유전학적 측면에서 뇌 발달에 부정적인 영향을 줄 수도 있다.[18] 예를 들어, 여자아기와 어린 소녀를 학대하고 방치했을 때 일부는 훗날 아주 궁핍한 환경에 처하며, 아주 어린 시절부터 DNA 메틸화가 일어나 뇌 발달 및 학습 능력이 기하급수적으로 떨어질 가능성이 크다. 만년에 우울증을 앓게 된 BIPOC에 속하는 저소득층 여성 역시 아주 어린 시절에 후성유전학적 측면에서 부정적인 영향을 받은 경우가 많다.[19]

지역사회를 떠받치는 기둥들

유전자 편집이나 특효약으로 모든 사회적 질병을 치유할 수만 있다면 우리 삶이 얼마나 단순명료해지겠는가. 그러나 제아무리 안전하고 효과적으로 보여도 개별 요법으로는 사람들을 아프게 하고 잠재력을 발휘하는 데 걸림돌 역할을 하는 불균형 문제를 해결할 수 없다. 우리가 공유하는 환경 안에는 우리의 모든 신경학적 요소가 망라돼 있어서 우리의 경험이나 노출, 후성유전체에 영향을 준다. 또한 경제와 교육 시스템, 의료 시스템이라는 기둥이 우리 지역사회의 환경에 영향을 준다. 따라서 당장 바로잡을 방법이 없는 상황에선 사회 구조를 개혁하는 데 전력투구해야 한다.

전 세계적인 코로나19 팬데믹이 우리에게 준 교훈이 하나 있다면, 건강과 행복은 물론 정신적 존재와 육체적 존재도 다른 사람들의 그것과 밀접한 관련을 맺고 있다는 것이다. 우리의 환경도 방대한 생태학적 망을 통해 서로 연결돼 있다. 기업, 학교, 의료 기관, 집의 기능과 질은 다른 사람의 기업, 학교, 의료 기관, 집의 기능과 질에 영향을 받는다. 심지어 지구 반대편에 있는 사람의 행복도 우리의 행복과 연결돼 있다. 그들의 기둥은 우리의 기둥에 영향을 미친다. 일부가 위험에 처하면 모든 사람이 위험에 처하게 된다. 따라서 '나를 위해서'라든가 '그들을 위해서'란 없다. '우리 모두를 위해서'만 있을 뿐이다.

전 세계 사회 구조의 모든 '아이빔(I-beam, 건설 현장에서 광범위하게 사용되는 I 자형 강철 구조물 - 옮긴이)'을 완전히 뜯어고치는 건 불가능해 보여도, 작은 단위부터 개선하고 이를 확장할 방법은 얼마든지 있다. 가장 중요한 건 **제도적** 지원을 이끌어 지역사회 안에서 행동 변화가 일어나게 하는 것이다. 모든 사람이 건강에 좋으면서도 적절한 가격의 식료품을 구입할 수 있는가? 아이들이 안심하고 친구들과 어울려 놀 수 있는 공원과 놀이터가 있는가? 모든 사람이 양질의 교육과 보육 및 노인 돌봄 서비스, 의료 서비스를 받을 수 있는가? 전반적인 인종차별과 성차별, 계급 차별 등 차별로 인해 생겨난 불균형 문제를 해결할 프로그램이 있는가?

신속하면서도 지속적인 변화를 일으키기 위한 최고의 방법은 정책을 바꾸는 것이다. 지방 입법 기관에 메시지를 보내거나 청원서에 서명하거나 지역사회 조직화에 나서거나 투표 참여 캠페인에 참여하는 것 등이 좋은 예다.

정치적 행위 외에도 할 수 있는 일이 많다. 지역사회에 변화를 일으키기 위해 펼쳐지는 지역 조직화 관련 활동이 얼마나 많은지 알면 놀랄지도 모른다. 지역사회 곳곳에서는 이미 여러 환경 정의 단체가 지역 상점 주인들을 상대로 신선한 과일과 야채의 판매를 독려하고 주류 판매를 삼가달라고 설득하고 있다. 지방 정부를 상대로 탄소 배출 요건을 강화하고 지역 곳곳의 공원에 운동 시설을 설치해달라며 로비 활동을 벌이는 비영리 단체도 있다. 자녀 양육 및 교육 분야에 성장과 마음챙김, 연결 개념을 도입하는 일에 전념하는 종교 단체나 비종교 단체도 있다. 학교와 직장에서 다른 사람을 새로운 관점에서 보는 법을 가르치는 인종차별 반대 프로그램과 집단 괴롭힘 반대 프로그램도 있다. 이 같은 변화를 통해 당신이 속한 지역사회의 생활수준이 높아질 뿐 아니라, 다른 지역사회에 본보기가 돼 그곳의 정책 변화에 도움이 되기도 한다. 이 같은 변화는 더 나은 환경을 조성해 모든 사람의 유전자가 모든 분야에서 더 발전하고 더 번성하게 해준다.

지역사회 운동과 정치적 행위만 효과가 있는 건 아니다. 봉사 활동과 교육은 도미노식 연쇄반응을 불러올 수 있는 또 다른 방법으로, 수백 명 그다음엔 수백만 명의 마음을 변화시킬 수 있다. 오픈소스 open-source, 소프트웨어의 설계도에 해당하는 소스 코드를 공개해 누구나 그걸 개량해 재배포할 수 있도록 한 소프트웨어 - 옮긴이 웹사이트 및 소셜 미디어 등을 통해 서로 간, 각종 기관 간 새로운 관계를 널리 알림으로써 사람들이 새로운 사회 질서 구축에 나서게 할 수도 있다. 지금 사람들은 디지털 기술을 활용할 수 있게 됨으로써 어느 때보다 많은 시간과 관심을 새로운 아이디어로 돌리고 있다. 또한 윤리적이고 평등한 사회에 대한 당신의 개인적 비전이 멀리 있는 사람들에게도 곧바로 알려지고 높이 평가되면서 많은 사람이 공유하는 비전이 된다.

교육 분야에서는 기본적인 정의나 개념을 바꾸는 등 교육과정 전반을 개선하는 데 전념해야 한다. 사회가 건강해지려면 교육자들이 앞장서 새로운 패러다임을 실행에 옮겨야 한다. 새로운 교육과정은 새로운 패러다임 아래 새로운 평가 방법을 도입할 때 진가를 발휘하며, 이로써 학생들의 수준이 향상돼 전공을 잘 이수한 뒤 졸업이나 대학원 진학, 취업 등으로 연결된다. SAT~Scholastic Aptitude Test, 미국의 대학 입학 시험 - 옮긴이~, GRE~Graduate Record Examination, 미국의 대학원 입학시험 - 옮긴이~, LSAT~Law School Admission Test, 미국의 로스쿨 입학시험 - 옮긴이~, MCAT~Medical College Admission Test, 미국의 의대 입학시험 - 옮긴이~ 같은 입학시험을 생각해보라. 하나같이 새로운 패러다임을 널리 알리기 위한 시험으로 활용하기에 더없이 좋은 도구가 될 수 있다.

교육과정의 세세한 면을 바꾸려면 사실상 특정한 플랫폼이 필요하다. 새로운 교육과정을 만들기 위해 얼마나 부단한 노력이 이뤄지고 있는지, 무엇보다도 중요한 새로운 교육과정이 어떻게 생겨나고 있는지 알면 놀랄 수밖에 없다. 나는 교수 신분으로 아이비리그 대학과 엘리트 의과대학에서, 최고 수준의 공공 연구소에서 많은 시간을 보내면서 새로운 아이디어를 얻으려고 내가 속한 집단의 구성원들에게 끊임없이 필요 사항을 자문했다. 또 미국 공립학교의 제도 개선을 위해 각종 유전학 관련 프로젝트를 진행하면서 특정 나이대의 젊은이들에게 맞춤식 정보를 제공할 방법을 구하려고 지역사회 대표들과 공공 기관 관계자들에게 관심사에 관해 자문했다. 여기서 잊지 않아야 할 게 하나 있다. 모든 지역사회의 각 학교는 교육위원회를 선출하고 있으며, 상당수가 교육과정에 기반을 둔 플랫폼을 운영하고 있다. 교육위원회 위원들에게 당신의 생각을 잘 전달한다면 당신이 속한 지역사회에 지대한 영향을 미칠 수 있을 뿐 아니라 교육 제도 개선에 필요한 영감도 줄 수 있다.

지역사회를 돌보고 지역사회에 헌신할 방법도 많지만, 지역사회를 변화시킬 방법도 많다. 교수이자 대중 연설가인 나는 그간 강연 및 집필 작업을 통해 사람들의 의식을 깨우쳐주는 일에 전념했다. 그리고 내 전문 분야를 뛰어넘어 더욱 직접적으로 지역사회 사람들과 관계를 맺기 위해서도 노력했다. 한 가지 예로, 나는 한 박물관과 손잡고 미국 내 인종차별 문제를 주제로 전시회를 열기도 했다. 인종차별의 역사와 지역사회 리더 및 지역 학교가 참여하는 색소 과학과의 관계를 다룬 이 전시회는 다른 큰 주제의 전시회와도 연결됐다. 또 다른 예로, 나는 진화론자와 계보학자, 박물관 큐레이터들과 손잡고 유전자 환경과 관련된 혁신 교육과정을 신설하기도 했다. 교육은 초등학교 학생부터 고등학교 학생까지 폭넓은 연령을 대상으로 이뤄졌다. 학생들은 이 교육을 통해 가족과 인간성, 다양성, 인류애 등을 다른 관점에서 생각하는 법을 배웠다. 이후 미국 전역의 학교가 이 교육과정을 채택해 실시하게 됐으며, 교사와 학생 모두에게 긍정적인 영향을 주고 있다. 이와 더불어 지역사회의 자기이해도를 높이고 가족 간 대화를 늘리는 데도 긍정적 영향을 주고 있다.

    우리는 이런 작은 행동을 통해 여기저기 가능성의 씨를 뿌리면서 모두의 더 나은 삶을 위한 기반을 탄탄히 다져왔다. 만일 우리가 진정 더 똑똑해지길 원한다면, 이젠 한 발 한 발 앞으로 나아갈 길을 찾아야 할 것이다.

9장

우리 모두에게서 가치 보기

> 우리가 빛을 볼 용기만 있다면,
> 스스로 그 빛이 될 용기만 있다면,
> 빛은 늘 우리 곁에 있다.
> – 아만다 고먼Amanda Gorman

점수 중심의 지능 패러다임이 가진 가장 치명적인 단점 중 하나는 사람을 비교해 순위를 매겨 어떤 사람들은 지적으로 가치 있는 사람으로, 또 어떤 사람들은 그렇지 않은 사람으로 만들어버린다는 것이다. 내가 제안하는 지능 패러다임은 그 반대다. 학습을 잠재력으로, 즉 우리 모두의 안에 있는 가치로 보고 모든 사람을 뭔가 배우는 사람, 뭔가 아는 사람으로 본다. 또 우리가 얼마나 서로에게 의존하고 있는지를(순위 비교에 필요한 점수를 위해서가 아니라 우리 자신의 지적 발전을 위해, 특히 우리의 집단적이고 공동체적인 성장을 위해) 알게 된다.

새로운 지능 패러다임의 길로 가려면 우리 자신에게서 평가자의 모습을 지워야 한다. 특히, 많은 문제점을 안고 있는 IQ 검사에서 벗어나야 한다. IQ 검사는 우리의 문화 속에 워낙 깊이 뿌리 내리고 있어, 우리의 발전에 자연스레 따라오는 부분 또는 우리의 발전에 없어선 안 될 한 부분으로 느껴질 지경이다. 그러나 IQ 검사가 생기기 전에 세상이 존재했듯, IQ 검사가 사라진 후에도 세상은 존재할 것이다. 대안을 찾다보면 우리 안에 있는 빛을 끄집어낼 보다 나은 방법을 생각해낼 수 있을 것이다.

취소된 IQ 검사?

IQ 검사가 지난 수십 년간 인종과 계급에 대한 차별을 비롯한 온갖 종류의 편견을 조장한다는 비판을 받아오면서도 어떻게 지금까지 살아남았는지 의아할 때가 많다. 1980년대 초 내가 학교에 들어갈 무렵, IQ 검사는 미국 교육 제도에 대한 장악력을 잃어가는 듯 보였는데 지금까지 살아남은 게 신기할 정도다. 앞서 2장에서도 언급했지만, 캘리포니아주 법원의 판결(캘리포니아주 교육위원회가 특수 교육 대상인 흑인 학생들을 추적·관찰하기 위해 IQ 검사를 불법적으로 남용한다고 판시)은 IQ 검사만으로 흑인 학생의 지적 장애를 판단해선 안 된다는 점을 분명히 했다. 사실 그 같은 법원 판결이 있기 전에 '흑인, 토착민, 유색 인종' 학생을 상대로 한 IQ 검사의 적법성에 의문을 제기하는 집단 소송이 두 건 있었다. 하나는 '홉슨 대 한센 Hobson v. Hansen'으로 불리는 집단 소송으로 1967년 재판에 회부됐다. 민권 변호사인 줄리어스 홉슨 Julius Hobson이 IQ 검사 점수를 이용해 저소득층 학생과 유색 인종 학생에게 특수 교육을 한(수준 낮은 교육을 제공하고 훗날 낮은 보수의 노동을 시킬 목적으로) 의혹과 관련해 워싱턴 DC 교육위원회와 교육감 칼 한센 Carl Hansen을 상대로 집단 소송을 제기한 것이다.[1] 판사는 의혹이 제기된 흑인 학생에 대한 추적·관찰 행위는 실로 편향된 것이라고 단정하면서, 워싱턴 DC 교육위원회는 흑인 학생을 추적·관찰하는 인종차별적 행위를 감시해야 한다고 판결했다. 두 번째는 1970년 재판에 회부된 '다이애나 대 주 교육위원회 Diana v. State Board of Education' 집단 소송으로, 민권 변호사 마티 글릭 Marty Glick과 모리스 모 조데인 Maurice 'Mo' Jourdane이 제기했다. 이들은 영어가 제2 언어인 학생을 추적·관찰하기 위해 영어로만 된 IQ 검사를 이용한 것과 관련해 캘리포니아주 교육위원회를 상대로 소송했다.[2] 담당 판사는 이후의 IQ 검사에 학생의 모국어가 쓰여야 한다고 판결했다.

그러나 유감스럽게도, 이 같은 판결이 미국 공립학교 제도 내 IQ 검사의 위세를 꺾지 못했다. 판사들은 모든 소송에서 IQ 검사를 특수 교육이 필요한 학생을 추적·관찰하는 데 활용한 건 문제라고 밝혔으나, IQ 검사 자체의 문제는 찾아내지 못했다. 심지어 더 이상 IQ 검사만으로 흑인 학생의 지적 장애를 판단해선 안 된다는 캘리포니아주 법원 판시가 있었음에도 법원의 허락만 있다면 IQ 검사를 다른 데이터와 함께 사용하는 건 가능했다. 1986년 캘리포니아주 법원 판결 이후 IQ 검사 출제자들은 IQ 검사 질문에서 문화적 편견을 제거하려 애썼으며, 결국 부모와 교육자들을 설득해 그 문제를 재판에 재회부했다. 1992년 IQ 검사 가처분 소송을 맡은 캘리포니아주 법원 판사는 그 소송을 기각했다.[3] 이로써 캘리포니아주의 IQ 검사는 교육 목적의 적절한 추적·관찰 수단으로 부활했고 현재까지 건재함을 과시하고 있다.

지적 장애 입증하기

IQ 검사와 관련한 여러 소송이 마무리되고 세월이 흘러 오늘에 이르기까지, 미국 정부는 학교와 부모들이 학생의 지적 장애 상태를 입증할 목적으로 IQ 점수를 이용하는 요건을 더 강화했다. 1975년 장애인 교육법 IDEA이 발효된 이후, 교육자들은 학생을 특수 교육 학급에 배정하기에 앞서 먼저 표준화된 평가 방법으로 평가해야 했다.[4] IQ 점수가 평균 점수에서 겨우 두 표준편차 자료가 평균을 중심으로 얼마나 퍼져 있는지를 나타내는 수치 - 옮긴이에 못 미칠 때(75 이하)도 지적 장애가 있는 학생으로 판정했고, 그 학생에게는 모든 교육 분야에서 숙박 시설 등을 제공했다. 새로운 장애인법이 나올 때마다 더욱 강화된 이 정책 덕에 IQ 검사는 미국 교육 분야에서 완전히 부활하게 된다.

자신에게 인지적 문제가 있는지 분명하게 결론이 나지 않은 상태에서 주류 교육 분야의 환영을 받지 못하는 사람들은 IQ 검사를 통해 교육적 측면에서 각종 권리와 자원을 누릴 수 있게 된 것이다. 이런 배경 아래서 이미 낮은 IQ 점수를 받아 특별 교육과 지적 장애 서비스를 받는 아이들은 딜레마에 빠져 있다. 장애인 교육법은 아이들이 18살이 될 때까지만 적용된다. 그래서 18살이 넘은 학생이 새로운 교육 환경에서 장애인 교육법에 따라 숙박 시설 제공을 비롯한 각종 혜택을 유지하려면 지적 장애 상태도 그래도 유지해야 한다. 이런 이유로 만일 어떤 학생이 대학에 진학해 그 대학에서 숙박 시설 제공을 비롯한 각종 혜택을 계속 받고 싶다면, 그 학생의 가장 큰 관심사는 아마 자신의 이전 IQ 점수를 그대로 유지해 지적 장애 상태를 인정받는 일일 것이다.

이런 정책이 자리를 잡아가자, IQ 검사 출제자들은 IQ 검사가 없다면 지적 장애가 있는 학생이 각종 권리와 자원을 이용할 수 없게 될 것이라 제도의 필요성을 강조하고 있다. 법적 측면에서 보면, 이들의 주장에 일리가 있다. 그러나 나는 IQ 검사에서 전반적으로 점수가 높았으나 어휘 부문에선 낮게 나온 경험이 있다. 나는 모양과 숫자에는 아주 강했지만 두 언어를 쓰는 가정에서 자란 탓에 특정 영어 단어에 노출될 기회가 적었다. 그래서 내가 치른 IQ 검사로는 원래의 목적인 정확한 추론 능력 평가를 할 수 없었다. 그러니 뇌가 제 기능을 못 하는 걸로 나타난 학생, 특히 사회적 불평등과 환경적 불평등이 만연한 국가에서 여러 가지 어려움을 겪으며 살아가는 학생을 상대로 한 IQ 검사를 어떻게 신뢰할 수 있겠는가?

이 같은 난제는 두 언어를 쓰지만 영어 이외의 언어를 훨씬 더 많이 쓰는 가정에서 자란 내 대학 제자 중 한 명의 이야기에서도 잘 드러난다. 그 학생은 어린 시절 IQ 검사에서 워낙 낮은 점수를 받아 '지적 장애'라는 낙인이 찍혔다. 그래서 학교의 주류 교육 환경에서는 늘 다른 아이들과 분리된 특수 교육 학급을 배정받았다. 그는 10년간 선생님들에게 특수 교육 학급에 배정된 학생들은 대학에 갈 수 없을 거라는 말을 들었기에 대학 진학에 대한 희망을 접어야 했다. 그러다

그가 속한 지역사회의 한 구성원에게서 지역 전문대학 과정에 도전해보라는 조언을 들었고, 결국 그는 그 새로운 교육 환경에서 재능을 꽃피웠다. 몇 년 후 럿거스대학교에서 내 강의를 듣게 됐고, 시험에서 계속 우수한 성적을 거두면서 과 수석이 됐다. 게다가 자신이 꿈꿔온 경력을 위해 그 토대를 닦으며 여러 대학원 프로그램의 관심을 끌기도 했다. 그가 어릴 때 받은 IQ 점수는 명백히 잘못된 것이다. 그 점수 하나가 하마터면 그의 미래를 전부 망칠 뻔했다.

통계 수치 역시 그 학생의 이야기에 신뢰를 싣는다. 통계 수치는 정말 참담하기 이를 데 없다. IQ 점수로 아이들을 추적·관찰하는 '인종차별'에 반대하는 집단 소송이 진행되던 내 어린 시절엔 흑인 및 라틴계 학생이 전체 학생의 4분의 1도 안 됐으나, 그들 대다수는 '정신박약'이란 낙인을 달고 다녀야 했다. 오늘날에도 흑인 및 라틴계 학생은 여전히 다른 어떤 인종의 학생보다 '지적 장애'가 있다는 낙인이 찍힐 가능성이 더 크며, 학교에서 특수 교육 학급에 배정되는 일이 지나칠 정도로 많다.[5] 특히 흑인 학생은 '정서 장애'가 있다고 분류되는 일이 지나칠 정도로 많다(나는 대학원 졸업까지 초·중·고등학교 학생들을 가르쳤는데, 당시 우리 교육자들이 '아주 심각한 정서 장애'라고 말을 했을 정도였음).[6] 게다가 흑인 학생은 학교에서 교육자로부터 엄하게 처벌받을 가능성이 더 크며, 정신질환 판정을 받았을 때 다른 집단의 아이들에 비해 형사법 체계로 넘겨질 가능성 또한 크다. 반면에 지적 장애가 있는 걸로 확인된 아시아계 학생과 백인 학생은 학교에 그대로 남아 정규 고등학교 졸업장을 받을 가능성이 아주 크다.[7] 특히 백인 학생은 정규 학급에 남아 주류가 되는 일이 허다하고, 유색 인종 학생과

비교해 학교의 주류 학습 환경 안에서 공부할 가능성이 평균 80퍼센트 이상이다.[8]

　우리는 왜 이런 엉터리 검사에 안주하고 있는가? 문화적으로 특정 검사 항목에 더 익숙한 사람이 더 좋은 점수를 받는 이런 엉터리 IQ 검사를 정말 계속하려는 것인가? 특권을 가진 사람을 더 우수한 사람으로 보는 또 다른 방법을 찾으려는 것인가? 그들은 이미 더 큰 권력을 향해 나아갈 환경적 이점을 갖고 있는데도 말이다. 나는 이제 이런 일을 끝내야 한다고 본다. 할 수 있을 때 끝내자. 지능지수로 가장한 특권지수에 이제는 '노NO'라고 말해야 한다.

차라리 직접 인지 능력 검사를

지능 과학자 가운데 일부는 IQ 검사에 대해 편향적인 성격이 있긴 해도 그나마 현재로선 가장 나은 검사이므로 우리가 이미 인정한 검사는 계속 사용해야 한다는 반응을 보일지도 모른다. 이들은 이런 검사가 납중독의 기준선을 설정하거나, 발달 장애로 분류된 사람이 사실은 교육이 가능하다는 사실을 입증할 수 있다고 말한다. 이에 대해 나는 뇌 기능에 대한 정보를 줄 수 있는 직접적인 인지 능력 검사를 사용하자고 제안하고 싶다.

　기억장애가 문제라면 직접 기억 검사를 하자. 기억 검사는 몇 분밖에 안 걸리고, 특정 단어나 숫자에 익숙지 않아도 검사에 임할 수 있는 단순한 과제로 이뤄져 있다. 기억 검사는 대개 검사 담당자가 서로 관련 없는 물체(예를 들어 구두와 컵처럼)나 모양의 목록을 기억하는 것으로 시작한다. 그림에서 그런 물체나 모양을 찾아보라고 할 수도 있다. 또는 당신의 언어와 숫자 체계로 수를 세어보라고 하거나, 검사 담당자가 당신에게 건넨 그림이나 모양을 그대로 그려보라고 할 수도 있다. 다시 말하지만, 이때 검사에 나오는 항목에 대한 사전 지식이 없어도 된다. 가능한 한 서로 관련 없는 검사 항목을 선택하므로 문맥을 파악한다고 해서 푸는 게 쉽지도 않다.

단기 기억이든 장기 기억이든 기억을 처리하는 능력을 측정하는 검사도 있다. 단기 기억 검사에서는 지난 2~3일간 있었던 일을 이야기해보라는 요청을 받을 수 있다. 반면에 장기 기억 검사에서는 여러 해 전에 있었던 일을 이야기해보라는 요청을 받을 수 있다. 검사 담당자는 당신의 이야기에서 능숙함이나 우아함, 논리정연함 같은 걸 보는 게 아니다. 당신의 인지 처리 속도와 과거와 현재 사이를 오가는 정신적 민첩성만 관찰한다.

시공간 장애가 문제일 때도 마찬가지다. 직접 시공간 검사를 해보면 해결된다. 우리에겐 적용할 수 있는 검사가 정말 다양하다. 특정 지형 안에서 길 찾는 능력을 검사하는 공간 탐색 검사 같은 걸 활용할 수도 있다. 특히 인지 분야에서는 과학자들이 동물 모델을 상대로 사용하는 미로 같은 걸 사용해도 뇌 기능에 관해 많은 걸 알 수 있다. 이런 검사를 통해 우리 뇌 속 기능을 구체적으로 파악할 수 있기에 당장 또는 장기적으로 치료가 필요한 문제를 알아낼 수 있다.

이런 검사들은 각종 장애를 진단하는 데 IQ 검사보다 훨씬 더 정확하다. 교육자들이 이런 검사를 주요 분석 수단으로 사용하지 않는 게 이상할 정도다. 인정하기 싫지만, 금전적인 이유가 있는 듯하다. 장애 상태를 확인하기 위한 공식적이고 의무적인 검사가 아니었대도, IQ 검사는 저렴하고 편리하다는 이유로 널리 쓰였을 것이다. IQ 검사가 비용이 적게 들고 편리한 건 표준화된 검사여서다. 굳이 전문가가 검사할 필요도 없고, 1대 1 상호작용을 할 필요도 없다. 총비용 면에서도 효율적이다. 학교에서 검사를 실행하기에 시간이 적게 들고, 고민하거나 신경 써야 할 일이 크게 없다.

노력과 시간, 공간 측면에서 얼마나 큰 차이가 나는지 생각해보면 알 수 있다. 적성검사도 여느 표준화된 검사처럼 장소나 시행자, 검사 기기 등에 구애받지 않고 어디서든 치를 수 있다. 내가 어렸을 때는 교감 선생님이나 상담 교사가 검사를 주관했고 도서관 사서나 다른 교직원이 감독했으며 보조 교사가 나머지 일(예를 들어 학생이 화장실에 다녀올 때 따라가거나 연필 깎는 걸 도와주는 일 등. 그때만 해도 종이 책자와 인쇄물의 시대였음)을 했다. 일단 검사가 시작되면 검사를 받는 학생들은 전부 자리에 앉아 시선을 아래로 깐 채 책상 위에 놓인 인쇄물의 문제를 조용히 풀어나갔다. 질문하거나 친구들의 검사지를 엿보는 건 절대 금지였다.

학교 측에서는 지적 장애로 판정받아 친구들과 떨어져 혼자 딴 특수반으로 가야 했던 내 동창 찰리Charlie 같은 애들을 돌봐줄 심리학자를 따로 구하지 않아도 됐다. 또한 학생들을 학년 내내 한 번에 한 명씩 차례차례 상대하지 않아도 됐다. 적성검사를 앞두고 많은 학생은 집중을 잘하고 있었지만 일부는 불안해했다. 그러나 학교 측은 불안해하는 학생에게 다른 무슨 일이 일어나고 있는 게 아닌지 걱정하지 않아도 됐다. 검사를 멈추고 그런 학생을 개인적으로 직접 상대하지 않아도 됐다. 그와는 반대로, 불안해하는 학생은 우리 학교가 속한 학군은 물론 미국 전역의 학군까지 퍼진 편견, 즉 학생 중 일부만 지능이 높다는 편견만 새삼 확인해줄 뿐이었다. 우리 중 극히 일부만 '능력과 타고난 재능', 보통을 뛰어넘는 가치를 갖고 있었다. 정말 소수 학생만 떠오르는 별처럼 세상을 밝힐 수 있었으며, 높은 데 올라가 많은 걸 누릴 수 있었다.

세상을 밝히기

우리 학교는 적성검사 일정이 빠듯했다. 로스앤젤레스 통합 학군의 예산 위기 상황, 자금 부족으로 스트레스가 많은 상황에서는 학년 내내 각 학생을 상대로 1대 1 맞춤형 인지기능 검사를 한다는 건 불가능했다. 학교 관리자와 교사들은 허구한 날 집회를 하고 파업을 벌여서 점점 더 짧은 시간 안에 많은 일을 해치워야 했다. 우리 엄마는 내가 학교 일과를 시작하기 한참 전부터 일과를 마친 한참 후까지 일했다. 그래서 나는 수업이란 수업에 다 참석했고, 임시 교사들이 우리에게 내주는 보충 연습 문제도 전부 풀었다. 다른 학생들은 집에 있는 부모에게서 임시 홈스쿨링 homeschooling, 학교에 다니지 않고 집에서 공부하는 것 - 옮긴이 같은 걸 받는 일이 많았지만, 우리 반은 조만간 있을 적성검사에 대비해 늘 모든 걸 처음부터 다시 시작하는 때가 많았다.

또한 우리 학교 선생님들은 우리를 점수로 평가했다. 학교 관리자들은 기회가 있을 때마다 이런 말을 했다. "걱정하지 마라. 이 검사는 선생님들이 일을 제대로 할 수 있게 돕는 데 목적이 있으니까." 그런다고 우리의 불안감이 해소되진 않았다. 오히려 우리의 적성검사 결과로 선생님들이 평가받는다는 사실에 선생님들이 걱정되는 등 압박감만 더 커졌다.

이 모든 게 나만의 특이한 경험이었다고 말하면 좋겠지만, 한때는 초·중·고등학교 교육자 입장에서, 이제는 부모 입장에서 비슷한 현상을 수도 없이 봐왔다. 대학을 졸업한 2000년대 초에 나는 오클랜드 통합 학군에서 아메리코AmeriCorps, 미국 내 지역사회 봉사 단체 - 옮긴이가 주관하는 공직 프로그램에 참여했는데, 오클랜드 학군 학교 가운데 가장 점수가 낮은 10개 학교에 속하는 곳에 나가서 일했다. 9개월 동안 나는 한 초등학교에서 4학년 학생들을 가르쳤고, 아직 읽는 것도 배우지 못한 학급에서 학생들을 데리고 1대 1 교육을 하며 새로운 지식을 가르쳤다. 한편 교사들은 조만간 있을 표준화된 시험에 대비해 열심히 학생들을 가르쳤다.

학생들은 교육 환경 자체에서 심한 스트레스를 받았고, 자신의 점수가 교사 평가에 반영된다는 걸 알기에 부담감이 컸다. 폭력적인 경찰과 불안한 치안이 판을 치는 지역에 사는 학생은 대부분 흑인이었다. 상당수는 부당하게 감금됐던 옛 '흑표당Black Panthers, 미국의 급진적인 흑인 운동 단체 - 옮긴이' 당원의 후손이었으며, 편하게 숙제할 수 있는 가정은커녕 부모나 가족과 함께 안정된 가정에 사는 아이들은 드물었다. 그 학생들은 대부분 다 쓰러져 가는 허름한 학교 구내식당에서 끼니를 해결하고 있었다(구내식당 메뉴는 설탕이 든 시리얼, 전자레인지에 데워

먹는 햄버거, 그밖에 영양가 없는 음식이었기에 건강에 좋지 않았음). 천장 패널은 낡을 대로 낡아서 당장이라도 바닥으로 우수수 무너져내릴 듯했다. 무엇보다 학생들에게 큰 스트레스를 준 건 각종 시험에 대한 압박감이었고, 마음의 상처를 준 건 자신들에게 불리한 가치 체계였다. 그들은 자신들의 가치와 빛이 시험 점수에 매몰돼 있다고 여겼으며 견디기 힘들어했다.

나는 그나마 학교 교사 대부분이 시험 관련 지시 사항에 비판적인 데다 교장을 비롯한 교직원 상당수가 내게 수시로 불만을 토로한다는 사실에 위안을 얻었다. 그러나 미국 내 다른 학교들과 마찬가지로 그들의 학교 역시 학생의 시험 성적으로 자신의 가치를 입증해야 한다는 압박감에 시달리고 있었다. 학교는 재학생들의 부진한 성적과 자금 지원 규모가 직접적으로 연결되기에 위협을 느꼈으며 어떻게든 학생들의 성적을 올려 정부를 상대로 가치를 입증해야 했다.

내가 해야 할 일은 읽기를 잘할 수 있게 아이들을 돕는, 표면상 단순한 일이었으나 실상은 생각보다 복잡했다. 나도 아이들의 성적을 특정 점수대까지 끌어올려야 한다는 압박감에서 예외가 아니었다. 아이들 가운데 일부는 시간이 더 필요했는데, 학교 측에서는 내게 그 아이들이 '특별 교육' 대상이라거나 '교육 가능한 정신 지체' 상태라는 걸 확인해달라고 했다. 학교로선 그 아이들을 시험 대상에서 제외하는 편이 전체 점수를 올리기에 유리했기 때문이다.

알파벳 이름을 대보라고 하면 전부 'G'라고 답했던 한 학생(이하 모니크 Monique)이 특히 기억에 남는다. 나는 전략을 바꿔 그 아이에게 알파벳 글자들을 음성학 관점에서 보게 했고, 각 글자의 음을 모니크가 좋아하는 개미, 벌, 고양이 등과 연결 지어 가르쳤다.

그러던 어느 날 모니크는 처음으로 sun을 제대로 읽었고, 나는 너무 놀라 의자에서 떨어질 뻔했다. 그런 다음 bun, fun, run 등 -un이란 각운을 가진 일련의 단어를 읽었는데, 그땐 정말 꼭 안아주고 싶을 만큼 기뻤다. 모니크는 나를 비롯한 모든 사람에게 동기부여만 잘 되면 어떤 알파벳 음이든 읽을 수 있다는 걸 증명해 보였다. 드디어 읽을 줄 알게 된 것이다!

그러나 그런 놀라운 성취도 모니크의 선생님과 아이들을 옥죄는 교육 제도의 관점에선 성에 차지 않았다. 봄 개학식 날 모니크의 선생님은 그 아이의 엄마를 한쪽으로 데려갔다. 그러곤 모니크에게 지적 장애가 있음을 인정하고 특별 교육을 하자고 간청하는 게 아닌가! 나는 내 귀를 믿을 수가 없었다. 고민할 필요 없이 두 사람 사이에 끼어들어 모니크 편에 섰다. 노골적으로 모니크의 선생님이 밝힌 의견에 반대하면서 아이의 엄마에게 모니크는 우리처럼 잘 읽을 수 있다고 했다. "시간과 관심이 좀 더 필요할 뿐이지, 모니크는 지금 아주 잘 해내고 있어요!"

화가 머리끝까지 난 모니크의 선생님은 내 기준에선 더없이 가혹하고 부적절한 단어까지 내뱉으며 강하게 반박했다. 모니크가 있는 자리에서 큰소리로 "모니크는 '교육 불가능한' 상태다"라고 말해버린 것이다. 그런데 더 경악한 건 모니크의 엄마가 그 말에 동의한 점이다. 그는 어깨를 으쓱해 보이곤 낮고 지친 목소리로 말했다. "이해돼요. 우리 어머니와 외할아버지 그리고 외증조할아버지도 그랬거든요. 다들 제대로 학교생활을 못 했어요."

그때 나는 모든 게 표준화와 점수제에 맞춰진 교육 제도하에서 아이들은 일개 소모품처럼 여겨질 수 있다는 걸 봤다. 또한 현행 교육 제도가 그 누구보다 도움이 필요한 아이들에게 얼마나 불리한 제도인지도 봤다. 지금의 교육 제도는 학생은 물론 선생님과 학교 전체와 지역까지 좌절감에 빠뜨릴 수 있다. 누군가의 밝은 생활과 삶의 기회를 박탈함으로써 그 사람의 꿈과 잠재력을 꺾어버릴 수도 있다.

뭔가를 누리려면 대가를 지불해야

우리 집 쌍둥이가 지난 1년간 놀이 중심의 유치원에서 편히 지내다가 최근 공립학교에 들어가면서 모니크가 자주 떠올랐다. 뉴저지주에서는 매년 초와 말에 초·중·고등학교 학생을 상대로 적성검사를 하는데, 초등학교 3학년부터 중학교 2학년까지는 매년 말에 적성검사를 시행한다. 1년 내내 학생들을 데리고 '적성검사 대비'만 하고 싶은 교사는 없겠지만, 적어도 적성검사에 나올 내용을 숙지시키는 등 미리 준비는 해야 한다. 다시 말해 학생들은 다른 무엇보다 적성검사 내용을 숙지하는 데 집중해야 한다는 얘기다. 이는 모든 학생이 뇌 발달에 좋은 진보적이며 협력적인 방식으로 배울 기회를 놓친다는 얘기이기도 하다. 결국 아이들은 삶의 토대였던 아이 주도적이고 아이 중심적이며 탐구에 기반을 둔 학습 방식을 잃게 되는 것이다.

무료 공립 유치원의 효율성에 대한 최근의 한 조사를 통해, 우리는 특히 학생 중심의 학습을 경험할 기회를 날려버린다는 측면에서 점수 중심의 교육 패러다임과 표준화된 검사 및 시험 제도가 안고 있는 문제를 속속들이 알 수 있었다.[9] 저소득층 학생을 돕기 위해 만들어진 미국 테네시주의 무료 공립 유치원 교육 프로그램에 대한 10년간의 종단 연구에서 연구진은 의도는 좋았을지 몰라도 그 교육 프로그램으로 인해 저소득층 학생이 아주 심각한 부작용에 시달리게 됐다는 사실을 알아냈다. 그 프로그램은 기본적인 읽기와 과학, 수학에 초점이 맞춰졌고, 학생들이 오랜 시간 강의를 들어야 하는 교사 중심의 학습 방식을 취하고 있었다. 연구 결과에 따르면, 이 프로그램으로 인해 학생들은 초·중·고등학교 교육을 받는 동안 각종 검사 및 시험에서 계속 성적이 더 떨어졌다.

    과학자들은 표준화된 교육 프로그램의 오류가 무엇인지 꼼꼼히 검토해 두 가지 큰 문제점을 밝혀냈다. 첫 번째 문제는 학습 방식이었다. 공립 유치원 교육 프로그램에 참여한 아이들은 단순히 테스트에 대비하는 법을 배운 게 아니라 실제로 테스트 대비만 했다. 다시 말해, 교육의 주안점을 '초등학교 진학 대비'에 두고 학생이 '테스트에 대비'하게 한 것이다. 모든 학생이 말없이 조용히 앉아 배우게 하고, 수동적으로 정보를 받아들이게 했다. 그런 다음 테스트 중심의 초·중·고등학교 환경에서나 쓸 방식으로 기본 지식을 익히도록 했다. 프로그램에 참여한 학생은 초등학교 진학 대비 측면에서는 다른 학생보다 높은 점수를 받았지만, 초등학교에 진학한 뒤 매 학년 치른 적성검사에서는 모든 분야의 점수가 점점 낮아졌다. 게다가 그 프로그램에 참여한 학생들은 교사나 교육 관리자에 의해 징계 처분을 받거나 정학당하는 일이 많았다. 이에 과학자들은 그 프로그램에 참여한 학생은 고소득층 가정이 아이들에게 특권처럼 주는 놀이 중심의 교육 기회를 놓치고 있다고 결론지었다. 아이들에게 일방적으로 말하고 각종 테스트에 잘 대비해 높은 성적을 내라고 강요할 게 아니라, 아이들이 말하고 질문하고 조사할 수 있게 해줘야 했다. 아이들에게 더 많이 움직이고 자연과 예술과 놀이를 더 많이 접할 수 있는 교육을 제공했어야 했다.

표준화된 교육 프로그램의 두 번째 문제는 더욱 심각한 구조적 문제였다. 공립 유치원 교육 프로그램은 학생들이 이용하는 초·중·고등학교 건물 안에서 진행됐다. 교사 중심으로 조성된 각 건물의 교실은 강의하기가 좋고 시험 치르기도 알맞은 환경이었다. 그러나 화장실이나 식당, 운동장, 사물함 등을 이용하려면 복도를 따라 한참 걸어야 했다. 연구에 참여한 과학자들에 따르면, 공립 유치원 교육 프로그램에 참여한 아이들은 건물과 건물 사이를 옮겨 다니며 '이동하는 데' 대부분 시간을 허비했다. 사립 유치원과는 달리, 공립 유치원은 실외 놀이터나 식당, 사물함, 화장실 등이 실내 주요 학습 공간과 연결돼 있어야 함에도 어린아이들의 편의를 전혀 고려하지 않은 듯한 구조로 꾸며져 있던 것이다.

이처럼 구조적인 지원 부족은 학생들이 실제 배울 수 있는 시간을 허비하게 했고 부정적인 행동을 양산하는 촉매가 돼 줬다. 줄을 서라, 조용히 해라, 주변에 있는 다른 아이를 건드리지 마라, 조용히 걸어라, 앞만 봐라 등 교사는 아이들을 향해 끊임없이 주의를 시킨다. 그래서 아이들의 학교생활 중 상당 부분을 차지하는(그리고 배우는 시간을 축내는) 이동 시간은 사실 훈육 시간이나 다름없었다. 그 연구에 참여한 과학자들이 내린 결론에 따르면, 공립 유치원 교육 프로그램에 참여한 아이들은 학교는 외부 통제의 장소이며 신뢰할 수 없는 장소라는 걸 배우고 있었다. 게다가 내면 통제에 대해선 배우지 못하고 있었다. 아이들은 자신을 믿어선 안 된다는 말을 지속해서 들으면서 점차 무력감에 빠졌다.

그 연구를 통해 연구진이 내린 결론은, 점수 중심의 표준화된 초·중·고등학교 교육 문화를 도입하는 건 아이들에게 해롭다는 것이었다. 아울러 지난 수십 년간의 연구를 토대로 연구진은 어린아이들은 발달 과정에서 그런 학습 방식에 대해 또 그 방식에 스며든 훈육 습관에 '알레르기 반응'을 보인다는 추론을 내놓았다.[10] 어린 시절의 교육 장소는 호기심과 발견의 장소여야 하며, 아이들이 주변 환경 속에서 자기 자신에 대해 배워 지적으로 또 정서적으로 성장하는 장소여야 한다는 게 결론이었다. 교육 장소는 아이들이 적성을 제대로 발휘할 때만 자신의 가치를 인정받을 수 있다는 걸 배우는 장소가 돼선 안 된다.

이 같은 연구 결과는 하나의 질문이 떠오르게 한다. '그렇다면 표준화와 점수 매기기는 언제 시작하는 게 적절한가?' 이 대목에서 과학자들은 성과가 더 좋았던 다른 무료 공립 유치원 교육 프로그램을 돌아봤다. 그리고 더 많은 자금 지원을 받았던 그 교육 프로그램에서는 테네시주 교육 프로그램에 실패를 안겨준 교사 중심의 학습 방식과 표준화가 채택되지 않았다는 사실을 알게 됐다. 그들은 미국 내 각 학군을 상대로 초·중·고등학교 교사 자격증을 받기 위한 교육을 막 마친 교사보다는 학생 중심적이며 놀이에 기반을 둔 유년기 어린이 교육에 능통한 교사를 채용하라고 권했다. 또 점수 중심의 표준화된 교육은 다음 기회로 미루라고 제안하기도 했다.

그러나 우리 아이들이 앞으로 나아갈 길을 생각해보면 앞선 질문은 아무래도 잘못된 게 아닌가 하는 생각이 든다. '표준화와 점수 매기기는 언제 시작하는 게 적절한가?'라는 질문을 하기보다는 왜 그런 걸 시작해야 하는가 질문하는 게 맞다. 왜 부모인 나나 새로 학습을 시작하는 우리 아이들이 그런 종류의 교육과정을 경험해야 하는가? 왜 우리 아이들이 창의적이며 협력적인 학습은 경험하지 못한 채 허구한 날 시험을 치르고 허구한 날 시험 대비를 해야 하는 건가?

자, 그렇다면 질문을 바꿔보자. 어떻게? '이런 학습 방식이 대체 우리 아이들에게 어떻게 도움이 되는가? 이런 학습 방식이 어떻게 우리 아이들의 잠재력을 100퍼센트 끌어낼 수 있는가?' 우리 아이들이 예전보다 얼마나 나아졌는지를 측정하려고 최근의 학업 성과를 테스트해야 한다면 이해가 된다. 또 우리 아이들이 배우고 익히는 데 어려움이 있다면 난독증이나 '정보 과부하' 같은 문제가 있는 건 아닌지 검사를 받아보고 싶어질 것 같다. 그러나 우리 아이들의 이른바 '적성'을 다른 아이들의 적성과 비교하거나 같은 학급 및 학교, 학군의 아이들 또는 같은 나이대 아이들의 적성과 비교하는 게 대체 무슨 득이 되는지 아무리 생각해도 모르겠다. 그보다는 우리 아이들이 초등학교 교육과정을 차근히 밟으며 성장형 사고방식, 마음챙김 사고, 연결된 학습 방식 등을 체득했으면 한다. 또 스스로 중요하다고 생각되는 질문을 계속 던지고 해결하면서 지식 기반을 쌓아가길 바란다.

나는 일련의 연구 결과를 살펴보면서 호기심과 탐구심을 가진 아이로 키우는 일과 관련된 다른 종적 연구에서 나온 또 다른 문제들을 떠올렸다. 내가 초등학교에 다닐 무렵에 시작된 이후 수십 년간 이어진 한 연구에서 사회학자 아네트 라루Annette Lareau는 아이들이 훈육을 통해 말없이 앉아 있고 말없이 행동하며 가르쳐준 걸 말없이 받아들이고 시키는 걸 말없이 하게 되면 마음의 상처만 입게 된다는 걸 발견했다. 그게 아니라, 아이들에게 권위 있는 지식과 권위 있는 인물이 하는 말 등 주변 모든 것에 대해 의문을 품도록 가르치면 아이들은 자신이 학습에 적극적이며 스스로 자기 운명을 이끌고 있다는 사실과 호기심이 가장 중요한 자산이라는 것을 깨닫는다.

아이의 교육과 관련된 양육 문제를 집중적으로 연구해온 아네트 라루는 부모들이 학교 교육을 보충해주고 또 아이들에게 스스로 생각하고 말하는 비판적 사고법을 가르쳐주는 양육 방식을 '합심 양육 concerted cultivation'이라 부른다.[11] 학교 교육 측면에서 그리고 학교 교육을 지배 중인 점수 기반의 패러다임에서 탈피한다는 측면에서, 나는 우리 모두 학교 교육이 줄 수 있는 자립심에 집중했으면 한다. 아이들이 매사에 호기심을 갖고 창의적이며 탐구적인 사고를 하도록 하면 자립심이 강해지고 자존감도 올라간다. 또한 비판적 사고력과 실전 판단력을 길러주면 학교 안팎에서 감당하게 되는 각종 의사결정 책임을 적극적으로 떠안을 수 있게 된다.

아네르 라루가 상기시켜주듯, 이 모든 건 우리 아이들이 다섯 살에서 일곱 살, 아니 열일곱 살이 된대도 끝나지 않는다. 아이들 스스로 자기가 타고난 재치를 잘 살리고, 교실 밖에서 획득한 폭넓은 지식을 활용해 교실 안에서 창의적으로 생각할 수 있도록 가르쳐야 한다. 이는 유치원뿐만 아니라 초·중·고등학교에서도 적용해야 할 교육 방식이며, 아이들이 훗날 자립심 강하고 내적으로 동기부여가 잘되는 성인으로 그리고 자신의 목표와 관심사를 토대로 독자적인 길을 가는 성인으로 자라는 데 도움이 된다.

GATE, 즉 '문' 닫기

다시 IQ 검사 문제로 돌아가, IQ 검사 출제자와 지지자들이 각 학교를 상대로 아이들에게 IQ 점수를 매기게 해야 한다는 또 다른 주장이 있다. 이들은 '타고난 재능을 가진' 아이를 발굴해 추적·관찰하고 더 나은 교육을 받게 하는 데 IQ 검사가 도움이 된다고 주장한다. 그러면서 IQ 검사를 없앤다면 타고난 재능을 가진 아이들이 빛을 발할 기회를 영영 잃게 된다고 강조한다. IQ 검사가 아이들에게 해를 끼치기는커녕 사회 정의 구현에 가장 중요한 무기가 된다는 논리다. 아무리 총명한 아이라도 높은 IQ 점수를 받지 못하면 묻혀버릴 수 있어서다.

현행 교육 제도의 제약하에선 완전히 들어맞는 주장이다. 앞서 학생들이 각종 권리와 자원을 제공받으려면 지적 장애 상태를 입증해야 한다고 언급했지만, 미국의 많은 학군에서 GATE*Gifted And Talented Education의 줄임말로 '재능 있는 학생 교육', 즉 '영재 교육'을 말한다. GATE 그 자체는 '문'을 뜻한다. - 옮긴이* 프로그램 같은 대학 입시 준비 프로그램은 적성검사 점수와 연결돼 있다. 다시 말해 영재 교육이라는 양질의 교육을 받으려면 적성검사 점수가 잘 나와야 한다. 실제로 미국 공립학교 교육에서 대학 진학이 보장된 GATE 프로그램의 혜택은 평균보다 높은 적성검사 점수가 나온 학생만 받을 수 있다.

그러나 여기서 이런 질문을 해봐야 한다. '그게 우리 아이들의 교육에 적절한 시스템인가? 양질의 교육을 적성검사 점수에 따라 배분하는 교육 제도가 옳은 제도인가? 아니면 대학 진학이 보장된 GATE 프로그램의 혜택이 적성검사 점수는 낮거나 평균 정도지만 다른 면에서 뛰어난 학생에게도 주어져야 하는 건 아닌가?' 이 모든 질문 뒤에 숨어 있는 날카로운 질문은 또 어떤가? '애당초 점수에 기반한 GATE 같은 프로그램이 존재해야 하는가?'

우리 집안 식구들 가운데 몇 명은 현재 뉴욕시의 학교에서 일하고 있다. 또 우리 아이들과 가장 가까운 사촌과 친구 여러 명은 현재 뉴욕시의 학교에서 교육받고 있다. 뉴욕시의 대부분 학교는 얼마 전부터 앞서 말한 질문을 놓고 깊이 고민했다. 2021년 빌 드 블라시오 Bill de Blasio 시장市長은 뉴욕시 내 GATE 프로그램을 폐지한다는 성명 발표를 했다. GATE 프로그램이 인종적으로 편향된 교육 시스템을 조장한다는 게 이유였다.[12] 당시 흑인 및 라틴계 학생들은 뉴욕시 학생들의 절대다수를 차지하고 있었으나, 그때까지 몇 년간 GATE 프로그램 혜택을 받은 학생 가운데 흑인 및 라틴계 학생은 극소수에 불과했다. 반면에 많은 백인 및 아시아계 학생은 GATE 프로그램의 혜택을 받아 대학에 진학했고 다양한 교육을 받았으며 좋은 직장에 취업했다. GATE 프로그램은 떠오르는 스타를 가려내는 데 도움이 되기는커녕, 가뜩이나 계층화된 교육 제도를 더 심화하는 역할만 하고 있던 것이다.

GATE 프로그램에서 특히 문제가 되는 건 유치원 교육이었다. 아이들이 그 혜택을 조금이라도 일찍 받을수록 그만큼 양질의 교육을 더 많이 받아 좋은 직장에 들어갈 가능성 또한 훨씬 커진다는 게 입증됐기 때문이다. 다시 말해, 대학으로 들어가는 문, 즉 GATE를 일찍 열수록 효과가 좋았다. 2018년부터 2019년 사이에 뉴욕시의 백인 및 아시아계 유치원생은 전체 유치원생 수의 3분의 1도 안 됐는데, 그 아이들이 뉴욕시가 배정한 GATE 프로그램 유치원생 자리의 3분의 2 이상을 차지했다. 블라시오 뉴욕시장은 GATE 프로그램을 폐지하는 대신 초등학교 3학년 말에 모든 학생에게 시험을 치르게 해 집중 학습 프로그램에 참여할 기회를 제공하고자 했다.

그러나 블라시오 시장은 자신의 재임 기간에 자신의 꿈을 실현할 수 없었고, 뉴욕시의 GATE 프로그램을 둘러싼 논란은 지금까지 이어지고 있다. 이 글을 쓰고 있는 현재 뉴욕의 시장인 에릭 애덤스Eric Adams는 GATE 프로그램을 폐지하지 않았다. 따라서 뉴욕시 GATE 프로그램의 미래는 여전히 불분명한 상태다. 그러나 GATE 같은 프로그램의 경제성부터 시작해 우리가 배울 수 있는 건 많다.

뉴욕시의 GATE 프로그램은 2000년대 초, 당시 시장이었던 마이클 블룸버그Michael Bloomberg에 의해 확대 시행됐다. 부유한 백인 가정의 아이들이 뉴욕시 내 여러 엘리트 사립학교 중 하나를 선택하게 해 뉴욕시의 구획화된 학군에 그대로 머물게 함으로써 부유층 백인들의 지역 이탈을 막으려는 정책의 일환이었다. 블룸버그는 또 GATE 프로그램 지원 자격을 좁히고 단순화하기 위해 뉴욕시 자체의 표준화된 적성검사를 내놓았다. 그 결과 특권층 가정은 그 적성검사에 자기 아이를 어떻게 대비시켜야 하는지 명확히 알게 됐고, 많은 특권층 가정이 목적에 맞는 전문 가정교사를 고용했다. 그러자 두 가지 결과가 나타났다. 첫째, 백인 및 아시아계 학생과 흑인 및 라틴계 학생 간 격차가 더 커졌다. 둘째, 뉴욕시 학군은 대학에 진학하고 훗날 원하는 직장에서 두각을 드러내는 학생 수가 늘어난 걸 자랑할 수 있게 됐다.

당시 내가 다니던 학교나 훗날 내가 아이들을 가르친 샌프란시스코 베이 지역의 일부 학교의 교육 제도와 마찬가지로, 뉴욕시의 학교 교육 제도 역시 개별 학교와 뉴욕 학군 전체가 더 많은 정부 지원을 받기 위해 높은 점수에 보상해주는 방식으로 고착돼 있었다. 그 교육 방식은 분명 효과가 있었고, 내가 다닌 학교가 속한 학군의 입장에서도 큰 자산이었다. 나 같이 적성검사 점수가 높은 아이들이 지역 사립학교로 가서 장학금을 받지 않고 공립학교 시스템에 그대로 남아 있을 수 있었으니까 말이다. 내가 다닌 초등학교는 그런 교육 방식을 특히 중요시했는데, 내가 특별대우를 받을 수 있는 지역 공립 마그넷 스쿨로 가지 않아 내게 쓸 정부 자금이 그대로 초등학교에 들어왔기 때문이다. 그래서 문자 그대로 우리 학교와 학군 입장에서 내 적성검사는 높아야 했다. 그러나 지적 장애로 판정받은 내 동창 찰리의 점수는 특수반으로 가야 할 만큼 낮아야 했다. 그래야 학교의 주류 적성검사 점수를 깎아 먹지 않을 테니까.

나중에 알고 보니, 내가 다닌 초등학교는 점수 기반의 이 같은 재정적 보상 제도하에서 성공한 편이었다. 그 초등학교는 2000년대 내

내 자신들의 GATE 프로그램을 강화했고, 이후에는 이른바 '차터 스쿨charter school, 교사와 학부모, 지역 인사의 합의하에 교육 목표와 성취 방법을 명시한 차터(charter), 즉 학교 헌장을 제정해 관할 교육 당국의 허가 아래 운영되는 공립학교. '우수 자율형 공립학교'라고 함 - 옮긴이'로 전환되기도 했다. 내가 학생들을 가르친 오클랜드 통합 학군의 초등학교들은 전혀 다른 상황에 있었다. 주에서 설정한 적성검사 점수 기준을 넘는 학생이 20퍼센트도 안 되는 초등학교 대부분이 문을 닫은 것이다.

평가자들 재평가하기

미국의 학교 교육과 각종 검사 및 시험 현황에서 분명히 알 수 있는 사실이지만, 우리는 지금 아주 불평등한 교육 인프라에 갇혀 있다. 우리는 지금 노력이 아니라 점수에 대해 보상해주는 교육 제도를 시행하고 있다. 그 바람에 학교가 한정된 양질의 교육자원을 한 학생에게 투자할 건지 말 건지가 적성검사 점수로 결정된다. 한 학생의 가치도 그 학생의 실제 필요나 잠재력에 의해서가 아니라 그 학생의 능력에 대한 불완전한 평가로 결정된다.

내가 보기에 현재 우리 교육 제도는 크게 잘못됐다. 우리는 너 나 할 것 없이 소중하며 투자할 가치가 있다. 서로 필요로 하는 게 다를 뿐이다.

나는 아이들을 불완전한 검사나 시험으로 평가할 게 아니라 무얼 필요로 하는지 파악해 충족시켜주는 쪽으로 나아가길 바란다. 언어 교육이 필요한 아이들은 어휘 및 읽기와 관련해 별도의 도움을 받을 수 있어야 한다. 그리고 수학 가정교사를 둔 적 없는 아이들이 수학과 관련해 맞춤형 지도를 받을 수 있어야 한다. 집에서 과학 실험을 해볼 기회가 전혀 없던 아이들은 최고의 과학 교육을 받을 수 있어야 한다. 나는 아이들이 높은 점수를 대가로 양질의 교육을 받길 바라지 않는다.

내가 지금 이 문제에 관심이 많은 건, 부모가 되면서 내 아이들에 대해 그리고 아이들의 비슷한 점과 다른 점에 대해 많은 생각을 하고 있어서다. IQ가 유전된다는 잘못된 정보를 널리 퍼뜨리는 지능 과학자들은 아마 내 쌍둥이 아이들의 적성이 똑같을 거로 추정할 것이다. 많은 과학자가 쌍둥이는 장단점이 같아서 필요로 하는 것도 같다고 추정한다. 그들은 쌍둥이 중 한 아이에 대한 IQ 검사 결과는 다른 한 아이에 대한 IQ 검사 결과와 동일하기에 학교는 쌍둥이에 대한 교육을 IQ 검사 결과에 맞추기만 하면 된다고 말한다. 그러나 나는 우리가 이 같은 추정에 허점이 있다는 걸 알아채고 내 쌍둥이 아이들을 포함한 모든 아이가 나름의 독창성이 있음을 알게 되길 바란다. 나는 또 우리가 마치 지능이 미리 프로그래밍돼 있기라도 한 듯 아이들의 지능을 점수화하는 관행에서 벗어날 수 있게 되고, 더 나아가 배우는 아이들에게 적절한 지원을 해줄 수 있게 되길 바란다. 그때야 비로소 우리는 아이들이 무얼 가장 필요로 하는지, 우리가 어떻게 아이들에게 힘을 실어줄 수 있는지, 어떻게 아이들이 계속 앞으로 나아갈 수 있게 해줄 수 있는지를 알게 될 것이다.

결론

나는 어린 시절, 학업 성과와 각종 검사 및 시험 성과가 내 능력을 압축해서 보여준다고 믿었다. 내겐 점수가 전부였다. 점수를 높게 받아야만 열악하기 그지없는 환경에서 탈출할 수 있을 거라 믿었다. 실제로 많은 면에서 내 생각은 통했다.

물론 오늘날 지능에 대한 내 이해와 관계는 훨씬 복합적이고 복잡하다. 나는 이제 지능이 사적이면서 공적이기도 하고, 개인적이면서 정치적이기도 하고, 내적 영역이면서 외적 영역이기도 하다는 걸 잘 안다. 지능은 내재적이고 타고난 것이며 필수적이지만, 잘 변하고 개선할 수 있으며 가소성도 좋다. 또한 관계성과 상호의존성을 띤다.

지능은 전반적인 개혁이 필요한 문화적 서사이기도 하다. 지능에 대한 우리의 편협한 정의는 우리 가운데 일부만 유전적으로 뛰어난 지능을 갖고 태어난다는 믿음을 만든 사람들이 퍼뜨린 인종차별주의와 가부장제의 유산이다. 이로써 우리는 같은 실수를 끊임없이 되풀이하며 고통받고 있다. 우리 자신과 서로의 가치를 되찾고 소중히 여기는 새로운 가치관, 새로운 틀을 만들어야 할 때가 됐다.

지능 재해석하기

내가 요구하는 지능 패러다임에서 우리는 지능을 완전히 새롭게 정의할 필요가 있다. 앞으로 지능에 관해 얘기할 땐 보편적이며 민주적인 지능의 본질을 담아야 한다. 우리는 '모두' 마음을 이용해 주변 환경과 상호작용한다. 우리는 모두 뭔가를 배워 지력을 올리면서 성장한다. 모두가 우리 마음의 유연성을 보고 활용할 수 있는 잠재력이 있으며, 마음챙김 수행을 더 잘 해낼 수 있는 잠재력은 물론 주변 사람과 협력해 집단 선善을 향상하는 방식으로 배워나갈 수 있는 잠재력도 있다. 각자가 어떤 사람이든, 뇌 기능이 얼마나 정상적으로 보이든, 어떤 배경에서 출발했든, 어린 시절에 얼마나 많은 특권을 누렸든 그리고 현재 어떤 위치에 있든 조금도 상관없다.

물론 과학자들은 지능의 의미를 더욱 복잡한 관점으로 바라보려 한다. 그들이 따르는 하워드 가드너 Howard Gardner 의 '다중지능 Multiple Intelligence' 이론은 표준적인 IQ 검사로 측정하는 지능 외에도 여러 형태의 지능이 있다고 추정한다.[1] 일부 과학자는 다니엘 골먼의 '정서 지능emotional intelligence' 이론도 인용하는데, 여기서는 감정적 지능은 합리적 지능과 다르다고 주장하며, 우리 감정에는 힘이 있어 추론 능력에도 영향을 준다고 믿는다.² 심지어 사람의 적성은 IQ 점수 하나로 알 수 있다며 IQ 검사를 지지하는 오늘의 많은 과학자조차 지능은 적어도 두 가지 형태로 나뉜다고 믿는다. '결정성 지능crystallized intelligence(과거 경험 및 노출에서 축적된 지식)'과 '유동성 지능fluid intelligence(활발한 추론을 할 수 있는 개인적 능력)'이 바로 그것이다.³ 과학자들은 검사 출제자와 손잡고 한 사람의 지적 능력에 똑같이 중요하다고 생각되는 두 가지 지능을 동시에 측정할 수 있는 IQ 검사 항목을 만들려 애쓰고 있다.

내가 보기에 이처럼 지능을 다변화하려는 노력은 아직 기대에 부응하지 못하는 상태다. 지금 나는 우리의 가슴과 마음은 고사하고 가치와 야심에서 지능이란 단어나 개념을 지워버리는 것도 너무 힘든 일이 될 거로 생각한다. 학생들의 점수를 비교하며 지능을 우리의 가치 측정 수단으로 이용하는 교육계에서, 지능이란 단어나 개념을 지워버리는 것 역시 힘든 일이 될 것이다. 그러나 기존 교육 방식을 대체할 교육 방식에 대해 생각해보는 건 가치 있는 일이다.

앞서 나는 주변 환경에 적절히 대응하는 인지 차원에서의 정신 유전학을 잘 알아보라고 권했는데, 이제 환경에 대한 인식 차원에서 지능에 관해 잘 알아보라고 권하고 싶다. 인식을 두고 주변 환경에 대해 깊이 생각하는 건 **인간의 뇌를 갖고 살아가는 적극적인 삶의 가장 자연스럽고 중요한 부분**이다. 지능을 주변 환경에 대한 인식으로 재해석하면 성장과 마음챙김, 연결, 집단 창의성 차원에서 당신 앞에 모든 기

결론

회의 문이 활짝 열린다.

이 책 도입부에서 나는 지능에 대한 몇 가지 사전적 정의를 소개했다. 모든 사람이 '적성' 차원에서의 지능의 특징을 갖고 있으며, 적성에선 경직성과 부동성, 엄격성과 같이 양적인 것이 중시된다. 당신의 본질은 고정불변이다.

반면에 **인식** 차원의 지능에서는 통찰력과 자각, 감성, 관심같이 질적인 것이 중시된다. 이런 것들은 유연하며 적극적인 인지에 맞춰 조정된다. 또한 우리가 현재 어떤 사람이든 어떤 배경에서 출발했든 그리고 현재 상황이 어떻든, 우리가 온종일 이용하고 실행하는 것들이다.

인식을 갖게 되면 양적인 점수에 관한 생각은 하지 않게 된다. 그보다는 우리 인간에게는 타고난 신경가소성이란 게 있어서 끊임없이 성장하고 발전할 수 있음을 알게 된다. 또한 인지와 인지 건강에 계속해서 집중할 수 있을 뿐 아니라 뇌도 활성화한다. 또한 우리를 주변 사람과 연결해 서로 협력하고 배우고 성장하도록 돕는다.

인지과학자들은 생각에 관해 생각하는 여러 방법을 알고 있으며, 하나같이 행동을 강조한다. 우리가 생각하는 여러 방법을 분류한 것 중 잘 알려진 것으로 '블룸의 분류 Bloom's Taxonomy'라는 게 있는데, 기억하기와 이해하기, 적용하기, 분석하기, 평가하기, 만들기 등을 포함한다. 전부 양적인 것이 아니라 질적이며, 실제로 진부한 수량화를 거부한다.

최근에 크게 유행한 접근방식은 생각을 직관적이고 신중한 것으로 보는 것이다. 자신의 저서 《생각에 관한 생각》(김영사, 2012)에서

노벨상을 수상한 경제학자 대니얼 카너먼 Daniel Kahneman은 우리는 늘 뇌를 자동적이며 무의식적인 일을 처리하는 데 썼다가 어떨 땐 노력이 필요한 논리적인 일을 처리하는 데 쓴다고 설명한다.[4] 이것 역시 우리가 세상에서 행동하는 데 꼭 필요한 생각의 또 다른 유형이다. 이는 우리 중 일부가 선천적으로 다른 사람보다 더 우수한 적성과는 구분된다.

우리가 정말 해야 할 일은 뇌가 관여하는 적극적인 과정과 그 과정의 질인 면에 대해 생각하는 것이다. 이제 우리는 우리의 성장, 마음챙김, 연결에서 생겨나는 인식으로서의 지능에 대해 생각해야 하며, 기본적인 사고 과정에 대해 생각하는 법을 바꿔야 한다. 이때 가장 중요한 건 우리 환경을 면밀히 살펴 어떻게 개설할지 자문해보는 것이다. 무엇보다 먼저, 우리 자신을 건강한 환경과 그 안의 다른 사람들과 복잡하게 연결된 존재로 봐야 한다.

우리 지능으로 새로운 관계 만들기

지능을 적극적이고 지속적이며 제한 없는 인식 측면에서 보면 현재의 우리 제도 내 사회 분야들을 개혁할 수 있다. 우리는 지금 지능을 점수화함으로써 일부에게는 보상해주고 일부에게는 불이익을 주는 제도에서 벗어나지 못하고 있다. 그 결과 엄선된 몇몇 사람은 재능을 타고난 사람으로, 일부는 교육조차 불가능한 사람으로 분류하고, 사람들의 점수로 서로 비교해 어떤 사람은 우월한 사람으로, 또 어떤 사람은 열등한 사람으로 분류하고 있다. 이런 등급 매기기, 특히 초등 교육과 중등 교육에서의 등급 매기기 관행이 사라진다면 우리 삶이 어떻게 달라질지 상상해보라. 어린 시절의 교육 환경에 점수 매기기 대신 성장형 사고방식과 마음챙김, 연결된 학습을 도입한다면 아이들에게 더 많은 교육 기회뿐 아니라 높은 자존감도 심어줄 수 있을 것이다.

또한 새로운 지능 패러다임은 어린 시절 그런 삶을 누리지 못한 수많은 사람에게 영향을 미칠 것이다. 당신이 지능과 새로운 관계를 형성할 수 있다고 상상해보라. 경쟁과 자원 부족에 기반을 둔 관계가 아닌, 성장과 자신감에 기반을 둔 관계를 형성하는 것이다. 우리의 내면화된 두려움이 얼마나 생생하든, 어린 시절에 갖게 된 트라우마가 얼마나 자주 현재 삶에 투영되든, 우리는 선천적으로 결함 있는 존재가 아니라는 걸 깨닫는 것으로 시작할 수 있다. 우리 인간은 단순한 점수의 합이 아니다.

나는 지금 점수 기반의 패러다임에서 높은 점수를 받음으로써 열등함에 대한 두려움에서 벗어날 수 있었던 입장에서 이런 말을 하고 있다. 내 주변의 다른 아이들이 점수가 더 낮게 나오는 걸 보면서도 완벽한 실력 발휘를 못 했다며 속으로 지적 열등감 같은 걸 느꼈었다. 어린 시절 최상위 점수대에 들지 못할 때면 스스로 한심하다고 생각했을 정도다. 십 대 때 SAT에서 만점을 받지 못했을 때도 난 쓸모없는 인간이라고 느꼈다. 같은 반 친구는 아니어도, 늘 나보다 점수가 잘 나온 누군가 있었다. 그래서 나는 반 친구들처럼 점수가 나빠 수치심을 느낄 일이 없다는 걸 잘 알면서도, 나 역시 날 때부터 완벽하진 못하다는 사실 때문에 두려웠다. 그리고 그렇게 완벽하지 못하다 보니 상대적인 내 가치도 빛을 잃는다고 믿었다.

게다가 나의 두려움은 높은 점수를 받아야 하는 학교 환경과 경쟁이 치열한 직업 세계에 뛰어들면서 점점 심해져만 갔다. 늘 내가 갈망하던 명예와 칭찬을 받기 직전인 듯했지만 실상은 달랐다. 더 많은 걸 성취해도 충분하지 않았다. 기본적으로 내 동료들이 직장에서 성공하길 바랐지만, 직장에서 발전이 없다며 경고를 받는 게 내가 아니라는 데서 늘 안도감을 느끼곤 했다. 내가 그런 입장이 되면 얼마나 참담한 심정일지 잘 알았기에, 나는 기를 쓰고 내 이력서에 이런저런 경력을 보태려 했다.

이것이 바로 등급을 비교하는 점수 기반의 교육 제도가 안고 있는 문제다. 이 문제의 중심에는 확고부동한 불협화음이 있다. 등급이 매겨진 사람들 간에 첨예한 갈등이 발생하는 것이다. 현행 교육 제도에서는 승자와 패자가 생겨나며 모두가 서로 경쟁하게 된다. 그 결과 사람들에게 때론 무의식적인, 때론 노골적인 두려움과 적대감을 심어준다.

지능과 마찬가지로, 점수를 토대로 등급 비교를 하는 교육 제도에서는 각 사람에게 내적 가치를 나타내는 각종 꼬리표가 붙어 훨씬 더 유해하다. 2000년대 초에 당시 9살이었던 로사 마르셀리노 Rosa Marcellino는 가족과 함께 정신 지체 mentally retarded라는 꼬리표를 '지적 장애 intellectual disabled'로 바꾸려고 안간힘을 썼다. 태어날 때부터 다운 증후군을 앓은 로사는 '정신 지체'라는 용어에 왠지 위축감을 느꼈고, 그녀의 오빠와 언니, 부모는 '정신 지체'라는 꼬리표를 없애달라는 탄

원서를 냈다. 그들의 그런 노력은 지적 장애가 있는 사람도 언젠가 독특한 지능과 대등한 가치를 사람으로 봐야 한다는 보다 큰 운동인 '단어 끝내기End the Word' 운동의 일환이었다.

불행히도 로사와 가족들의 꿈이 실현되기까지는 많은 시간이 필요했다. '정상적인 것'과 '비정상적 것'에 대한 우리의 믿음이 변하지 않아서였다. 반대로 재능을 타고났다는 긍정적인 꼬리표를 없애는 일에도 진전이 없었다. 우리 내면의 가치에 대한 믿음과 관련된 지적인 면에서의 승자와 패자라는 잘못된 이분법도 그대로다.

오늘날 지능검사는 플라톤이 수천 년 전 순전히 상상력으로(그리고 자신의 사회적 특권으로) 생각해낸 '플라톤의 피라미드'와 다를 바가 없다. 플라톤이 '수학을 한 건' 아니다. 당시엔 '수학'이란 개념이 없었기 때문이다. 유감스럽게도 어설픈 과학에서 생겨난 IQ 검사는 플라톤이 살던 시대에도 존재했고, 타고난 불평등의 증거로 활용되며 지금까지 남아 있다. 우리는 계속해서 내적 가치에 붙는 지능 관련 꼬리표를 대신하기 위해 만들어진 사회 질서를 지지하고 있으며, 양질의 교육과 직업 소개, 채용 같은 특정한 외적 가치에 특정한 꼬리표를 붙이려 하고 있다. 따라서 우리는 한편으로는 양질의 자원을 제공받지 못한 탓에 낮은 점수를 받는 사람들을 기만하고 있다. 그리고 다른 한편으로는 높은 점수를 받는 소수의 사람에게 각종 혜택을 몰아줌으로써 현행 교육 제도에서는 계속 그 사람들에게만 보상이 주어지고 그들만 더 나은 결과를 보게 된다.

게다가 점수를 토대로 등급을 비교하는 현행 교육 제도에서는 주어진 공간이 거기 사는 사람들이 함께 배우고 성장하는 토대는커녕 경쟁의 장소로 변해버린다. 다른 사람과 비교해 자신이 우월하다고 믿든, 저열하다고 믿든, 현행 교육 제도에서는 모든 사람이 고통스럽고 혼란스러우며 건강하지 못한 불안 상태에 빠지게 되는 것이다. 내 경험상, 이른바 '재능을 타고난' 사람들은 결국 끊임없이 자신을 다른 사람과 비교하고, 자신이 여전히 다른 누군가에 비해 뒤처지고 있다는 두려움과 수치심으로 자신을 스스로 들볶는다. 반면에 소외된 사람들은 계속 다른 사람들로부터 부정적인 판단, 부당한 대우를 받고, 배우는 기회나 승진 기회 등을 놓친다. 이는 부정적인 자기암시로 이어져 각자 가진 잠재력을 제대로 발휘하는 데 방해 요소로 작용한다. 게다가 이런 환경에서는 명쾌한 사고는 고사하고 창의적인 협력도 기대할 수 없다.

우리는 모두 시험 기반의 패러다임 속에 살아왔고, 우리 가운데 그런 패러다임에서 생겨나는 트라우마를 피할 수 있는 사람은 거의 없다. 그러나 우리는 우리 자신 및 우리 자신과 지능의 관계를 필두로 치유를 시작할 수 있다. '승자'와 '패자'라는 잘못된 이분법에서 벗어날 수 있고, 등급을 비교하는 현재의 교육 제도를 거부할 수 있으며, 우리 자신을(그리고 다른 모든 사람을) 타고난 지적 존재로 귀히 여기기 시작할 수도 있다.

벌집 사고에서 번영 사고로

당신이 어디서 태어나 어디서 자랐고 어디에 정착해(아니면 일시적으로) 살고 있든, 지금 이 책을 읽고 있다면 이미 더 똑똑하게 생각하고, 정해진 기존의 틀에서 벗어나 새로운 방식으로 생각하기 시작한 것이다. 그리고 당신 자신과 다른 사람들에게 힘을 실어주고 당신의 생각과 우선순위, 행동을 바꾸는 데 관심을 보인 것이다.

이제 인간의 뇌와 몸이 어떻게 움직이는지 이해하게 됐다. 어떻게 하면 후성유전체가 활성화돼 유전체가 활성화되고 그런 다음 뉴런이 활성화돼 당신의 마음이 생각하게 되는지도 이해했다. 또한 당신의 개인적 삶과 각종 인간관계, 배우는 곳과 일하는 곳, 멀고 가까운 세상 모든 곳의 사회적 구조가 당신에게 미치는 다양한 영향에 대해 차분하면서도 비판적인 시각으로 살펴보면서, 당신 자신의 환경에 대해서도 보다 잘 알게 됐다.

당신 주변의 많은(대부분은 아니더라도) 사람은 여전히 지능은 태어날 때부터 정해지는 특성이라고 생각할 것이다. 지능은 유전자 복권 추첨 같아서 운이 좋으면 높은 지능에 당첨되고 운이 나쁘면 낮은 지능에 당첨된다는 것이다.

이제 당신은 말도 안 되는 잘못된 생각에서 벗어나 새로운 방향으로 나아가고 있다. 성공을 향해 나아가려 하고 있으며, 그 과정에서 다른 사람이 자신의 환경을 최대한 잘 활용할 수 있게 도우려 한다. 벌집 사고 hive mind, 집단을 지배하는 한 가지 사고 - 옮긴이에서 번영 사고로 옮겨가는 것이다.

우리는 모두 다르다. 각자 다른 가정에 태어나 다른 보살핌을 받고 자라며, 태어날 때부터 누릴 수 있는 자원의 양과 종류도 아주 다르다. 물론 마음과 정신도 다르다(심지어 어떤 유전체를 공유하는 사람들조차).

　이런 차이 때문에 우리는 서로가 필요하다. 주변에서 일어나는 일에 예민해져야 하며, 세상만사를 명확히 볼 수 있어야 하고, 우리의 관심을 새로운 정보로 돌리고 그 정보를 제대로 처리하기 위해 통찰력을 잘 활용할 수 있어야 한다. 서로에 대한 우리의 책임은 곧 우리 자신에 대한 책임이기도 하다. 우리는 우리 자신의 모든 정신 속에 들어 있는 무한한 잠재력에 눈 뜰 필요가 있다.

감사의 글

이 책이 세상에 태어날 수 있었던 건 배려심 많은 연구원과 작가들 그리고 내가 속한 여러 공동체의 뛰어난 인물들 덕이었기에 그 모든 분께 감사드리고 싶다. 또한 내 모든 생각이 씨앗 상태에서 다 큰 나무로 자랄 수 있게 도와준, 가장 가까운 내 영적 자매들 루하 벤자민, 에리카 하야사키, 재닛 베르테시, 알론드라 넬슨에게 마음에서 우러나는 깊은 감사 전하고 싶다. 이 책을 집필하는 과정에서 그들이 내게 보여준 사랑과 관용은 말로 다 표현할 수 없을 정도다. 나는 놀라운 지적 공동체인 그들에게서 정말 많은 걸 배웠으며, 내가 그 공동체의 일원이라는 사실에 몸 둘 바를 모를 지경이다.

나는 연구실을 마음껏 이용할 수 있게 허락해준 유전학자와 후성유전학자들을 비롯한 유전체학 분야 동료들 덕에 인간 유전학이 얼마나 복잡한지 알았고, 인간 유전학과 환경의 관계가 얼마나 복잡한지도 알게 됐다. 특히 미국국립보건원의 벤스 본햄과 프랜시스 콜린스에게 감사의 말을 전하고 싶다. 그들 덕에 유전체학이 유전학-환경 과학으로 꽃피울 수 있게 됐고, 그 덕에 사회 환경이 우리 몸과 마음에 미치는 영향력을 이해할 수 있게 됐다. 유전체 연구를 통해 무엇보다 먼저 공공 보건을 개선하려 한 그들의 노력이 없었다면, 우리는 더 건강하고 더 평등한 세상을 만들어가는 일을 시작할 수도 없었을 것이다.

크리스퍼 CRISPR, Clustered Regularly Interspaced Short Palindromic Repeats의 줄임말로, 세균과 고균 같은 원핵생물 유기체의 유전체에서 발견되는 DNA 서열을 뜻함 - 옮긴이 공동체와 정밀 의학 precision medicine, 질병의 예방·진단·치료를 위해 사람의 유전자, 단백질, 환경에 관한 정보를 사용하는 의학의 한 형태 - 옮긴이 공동체 그리고 국립과학원, 공학원, 의학원에 있는 동료 연구원들에게도 감사의 말을 전하고 싶다. 프랑수아즈 베일리스와 아론 파노프스키, 아라빈다 챠크라바르티, 조지 처치, 조지 달리, 제미퍼 아우드나, 존 에반스, 길 에얄, 제레미 구나바르데나, 벤 헐벗, 샌드라 수 진 리, 필라 오소리오, 재밋 심, 찰스 톰슨을 비롯한 많은 사람 덕에 크리스퍼 포럼 및 정밀 의학 포럼에서 사회 문제와 평등 문제가 가장 중요한 의제가 될 수 있었다.

내가 이 책을 쓰게 된 건 번뜩이는 아이디어를 가진 편집자 겸 저작권 대리인 조지아 프란체스 킹과 나눈 대화 때문이었다. 조지아는 내게 열정을 불어넣었을 뿐 아니라, 그 열정을 집필 작업에 쏟을 수 있게 도와줬다. 조지아는 정말 보기 드문 인물로, 늘 자신이 하는 모든 일에 자신의 모든 걸 바친다. 그 점에서 그저 감사할 뿐이다.

이 책은 하퍼 웨이브 출판사의 줄리 윌과 그 놀라운 팀의 통찰력이 빚어낸 작품이다. 줄리는 더없이 소중한 대화 상대가 돼주는 등 단순한 편집자 이상의 역할을 해줬다. 그리고 처음부터 더 강력하고 더 명료하고 더 의미 있는 작품을 쓰라며 격려를 아끼지 않았다. 줄리와 아만다 프리츠커, 엘레나 네스비트에게 심심한 감사의 말 전하며, 또 그간 사람들의 마음을 움직일 문학 및 과학 작품들을 세상에 내놓은 하퍼콜린스 출판사에도 진심으로 감사의 말 전한다.

내 저작권 대리인인 윌 리핀콧은 내게 많은 영향을 줬다. 그는 말로 다 표현할 수 없을 만큼 포용력이 큰 사람이다. 그는 내 손을 잡아줬고 나를 이끌어줬으며 필요한 때마다 내게 따뜻한 마음을 보여줬다. 정말 고마운 사람이며 내 문학 세계에서 가장 중요한 사람이기도 하다.

두려움 모르는 BMD와 아웃스포큰 사의 여성 임원들에게도 감사의 말을 전하고 싶다. 크리스틴 스틸과 케이티 브래들리 셰아, 타라 베르티어, 토리 마라는 내가 제대로 목소리를 낼 수 있게 해줬고 내 메시지를 공유해줬으며 과학계 외의 사람들과도 연결할 수 있게 해줬다. 이 책은 결국 그들과 함께한 대화와 공동 작업의 결과물이다.

내 집필진 여러분에게도 심심한 감사의 말 전하고 싶다. 루하 벤자민과 베티나 주드, 케이샤 칸 페리, 아샨테 리세, 비앙카 윌리엄스 덕에 처음부터 꿋꿋이 이 프로젝트에 임할 수 있었다.

루하 벤자민과 에밀리 머천트, 재닛 베르테시, 소냐 반 위첼렌 등, 프린스턴 집필진에게도 감사하다. 코로나바이러스도, 삼엄한 교내 경비도, 매서운 추위도, 그 무엇도 우리가 서로를 가장 절실히 필요로 할 때 모습을 드러내는 걸 막지 못했다. 그들은 지적인 면에서 나를 응원해줬을 뿐 아니라, 삶과 일 사이에서 균형을 잡을 수 있게 해줬고, 또 보다 나은 부모가 되는 법을 가르쳐주기도 했다. 여러분과 함께 성장하고 배울 수 있었던 건 내게 너무도 큰 행운이었다.

토르스텐 하이네만, 캐서린 리, 앤 모닝, 웬디 로스 등, 나와 함께 집필 작업을 해주고 있는 작가들에게도 연구 및 예술, 우정 측면에서 지지를 보내준 것에 고마움 표하고 싶다. 우리가 세상 어디에 있든, 언제든 여러분의 도움을 받을 수 있다는 건 정말 큰 행운이다. 럿거스대학교와 럿거스예술과학학교, 특히 내 사회학 동료들에게 깊은 감사의 말을 전하고 싶다. 캐서린 리와 노라 맥켄드릭, 조안나 켐프너 같은 동료 교수의 지지와 협력 덕에 나는 늘 럿거스대학교가 나를 따뜻하게 맞아준다는 느낌을 받았다. 럿거스대학교는 내 연구 결과를 발표하는 데 도움을 줬을 뿐 아니라, 내가 연구 또는 집필 중인 주제를 중심으로 창의적 교육과정을 짤 수 있었다.

여성연구소는 이 책에 나오는 이런저런 아이디어의 산실이나 다름없었기에 그 연구소와 2021 퓨처 세미나에 참석한 모든 분께 감사드리고 싶다. 특히 책임자인 아를린 스타인과 사라 토비아스 그리고 동료인 애슐리 클레몬스, 샐리 골드파브, 헤일리 하렐, 카터 마티스, 모니카 토마스 등에게 특별한 감사의 말 전하고 싶다.

이 책은 마릴린 배포 보니의 창의력과 끈기가 없었다면 세상의 빛을 보지 못했을 것이다. 마릴린이 내 삶에 들어와준 것에 정말 감사한 마음이다. 나는 마릴린의 연구에서 많은 걸 배우게 되길 또 마릴린의 연구 결과가 책으로 나오길 고대한다. 내가 마릴린의 이야기에 나오게 된 건 정말 큰 영광이다. 아울러 마릴린이 내 이야기에 나와준 것에도 고마움 전한다.

이 책을 내 어머니 리자에게 바친다. 어머니는 처음부터 내 곁에 계셨고, 내가 씨앗을 뿌리는 데 도움을 주셨다. 어머니가 나를 위해 해주신 모든 것, 그리고 어머니가 내 가족을 위해 늘 하고 계시는 모든 것에 깊이 감사드린다.

바바라와 한니, 패트릭, 샘 등 우리 우드버리 집안 식구들을 떠올릴 때마다 따뜻한 사랑과 밝은 빛으로 충만해진다. 그들 역시 이 책의 모든 단어, 모든 생각에 큰 영향을 줬다. 특히 내 오빠, 샘 우드버리에게 고마움을 전해야겠다. 샘은 늘 내게 영감을 주고 나를 웃게 만든다.

물론 마지막 감사의 말은 나의 반쪽인 닉 우드버리와 소중한 우리 아이들 루카, 마즈 그리고 라파에게 돌리고 싶다. 닉은 내 가슴이자 내 두뇌다. 나는 그의 사랑으로 지능의 진정한 의미를 배웠다. 그리고 세상 그 누구보다 우리 아이들을 사랑한다.

참고 문헌

1장 지능에 대해 생각해보기

1 I. Zwir, C. Del-Val, Mirka Hintsanen, K. M. Cloninger, R. Romero-Zaliz, A. Mesa, J. Arnedo et al., 〈인간 창의력을 위한 유전자 네트워크의 진화〉, *Molecular Psychiatry* 27, no. 1 (2022): 354-76.

2 Zwir et al.

3 Jay L. Zagorsky, 〈부자가 되기 위해 똑똑해져야 하는가? IQ가 부와 소득과 재정적 궁핍에 미치는 영향〉, *Intelligence* 35, no. 5 (2007): 489-501.

4 Carolyn Tiebout and Norman C. Meier, 〈예술 역량과 일반 지능〉, *Psychological Monographs* 48, no. 1 (1936): 95.

5 Ian J. Deary, Steve Strand, Pauline Smith, and Cres Fernandes, 〈지능과 교육적 성취〉, *Intelligence* 35, no. 1 (2007): 13-21.

6 Thomas D. Castle, 〈엄선된 미국 중서부의 한 고등학교에서 과외활동 참여가 IQ, 학업 성취, 출석, 훈육에 미치는 영향〉, Drake University, 1986.

7 Panuwun Joko Nurcahyo, Kusnandar Kusnandar, Didik Rilastiyo Budi, Arfin Deri Listiandi, Henie Kurniawati, and Rindha Widyaningsih, 〈신체 건강은 IQ와 관련이 있는가? 미식축구 학생 운동선수들에 대한 한 연구〉, *Jurnal Pendidikan Jasmani Dan Olahraga* 6, no. 2 (2021).

8 Robert B. McCall, 〈어린 시절의 IQ는 성인 시절의 교육 수준 및 직책의 예측 인자〉, *Science* 197, no. 4302 (1977): 482-83

9 James D. Roff and Raymound Knight, 〈정신분열증 환자: 성인 시절의 상황 및 혼인 상태의 예측 인자로서의 낮은 IQ와 공격적인 증상들〉, *Journal of*

Nervous and Mental Disease 168 (1980): 129-32.

10　Baoguo Shi, Lijing Wang, Jiahui Yang, Mengpin Zhang, and Li Xu, 〈확산적 사고와 지능 간의 관계: 중국 아이들의 한계점 가설에 대한 실증 연구〉, *Frontiers in Psychology* 8 (2017): 254.

11　Raphael Woolf, 〈플라톤과 사고 규범들〉, *Mind* 122, no. 485 (2013): 171-216.

12　Woolf.

13　Plato, *Plato in Twelve Volumes*, vols. 5 and 6, translated by Paul Shorey (Cambridge, MA: Harvard University Press, 1977).

14　Carolina Kuepper-Tetzel, 〈나쁜 기억들? 고대 그리스인들의 기법들을 사용해 보라〉, The Learning Scientists, February 2, 2017, https://www.learningscientists.org/blog/2017/2/2-1.

15　Charles H. Calisher, 〈분류: 이름 안엔 무엇이 들어 있나? 장미를 다른 이름으로 부르면 향기가 안 나나?〉, *Croatian Medical Journal* 48, no. 2 (2007): 268.

16　Pauline Kleingeld, 〈인종에 대한 칸트의 재고〉, *Philosophical Quarterly* 57, no. 229 (2007): 573-92.

17　Mark Larrimore, 〈인종의 이율배반: 칸트가 본 다양성과 운명〉, *Patterns of Prejudice* 42, nos. 4-(2008): 341-63.

18　Larrimore.

19　John P. Jackson and Nadine M. Weidman, *Race, Racism, and Science: Social Impact and Interaction* (Santa Barbara, CA: ABC-CLIO, 2004).

20　Felix Waldmann, 〈데이비드 흄은 뛰어난 철학자였지만 노예 제도를 옹호한 인종차별주의자이기도 했다〉, *The Scotsman*, July 17, 2020.

21　Stephen G. Alter, 〈다윈의 《인간의 유래》에 나타난 인종, 언어 그리고 정신적 진화〉, *Journal of the History of the Behavioral Sciences* 43, no. 3 (2007): 239-255.

22　Charles Darwin, *The Descent of Man* (New York: Appleton, 1871).

23　Alter, 〈다윈의 《인간의 유래》에 나타난 인종, 언어 그리고 정신적 진화〉.

24　Herbert Spencer, *The Principles of Biology*, vol. 1 (Outlook Verlag, 2020).

25　Darwin, *The Descent of Man*.

26　Nicholas W. Gillham, 〈프랜시스 골턴 경과 우생학의 탄생〉, *Annual Review of Genetics* 35, no. 1 (2001): 83-101.

27 Francis Galton, *Hereditary Genius* (New York: Appleton, 1891).
28 Edwin Black, *War against the Weak: Eugenics and America's Campaign to Create a Master Race* (Washington, DC: Dialog Press, 2012).
29 Black.
30 Charles Benedict Davenport, *Heredity in Relation to Eugenics* (New York: Henry Holt, 1911).
31 Paul A. Lombardo, *Three Generations, No Imbeciles: Eugenics, the Supreme Court, and Buck v. Bell* (Baltimore: Johns Hopkins University Press, 2022).
32 Raymond E. Fancher, 〈프랜시스 골턴의 아프리카 민족학과 그것이 그의 심리학 발달에서 한 역할〉, *British Journal for the History of Science* 16, no. 1 (1983): 67-79.
33 Edmund Ramsden, 〈인구 과학 분할: 우생학, 인구통계학 그리고 인구증가의 '생물학적 원칙'에 대한 논란〉, *Social Studies of Science* 32, nos. 5 (2002): 857-99.
34 Laura L. Lovett, 〈미래의 화로에 더 적합한 가정들: 플로렌스 셰본과 대중적인 우생학〉, *Public Historian* 29, no. 3 (2007): 69-85.
35 Alexandra Minna Stern, 〈더 나은 아기들 만들기; 인디애나주에서의 공중보건과 인종 개선, 1920-1935〉, *American Journal of Public Health* 92, no. 5 (2002): 742-52.
36 Ajitha Reddy, 〈IQ 검사의 우생학적 기원들: 애트킨스 이후 소송에 대한 함의들〉, *DePaul Law Review* 57 (2007): 667.
37 Dennis Garlick, 〈지능의 일반 인자의 본질 이해하기: 설명 기제로서의 신경 가소성의 개인적 차이들이 하는 역할〉, *Psychological Review* 109, no. 1 (2002): 116.
38 Howard E. Gardner, *Frames of Mind: The Theory of Multiple Intelligences* (New York: Basic Books, 2011).
39 John G. Geake and Peter C. Hansen, 〈fMRI 분석에서 드러난 지능의 신경 연관성들〉, *NeuroImage* 26, no. 2 (2005): 555-64.

40 Arthur W. Toga and Paul M. Thompson, 〈뇌 구조의 유전학과 지능〉, *Annual Review of Neuroscience* 28, no. 1 (2005): 1-23.

2장   IQ 이해하기

1   Michael Bulmer, *Francis Galton: Pioneer of Heredity and Biometry* (Baltimore: Johns Hopkins University Press, 2003).
2   Adrian Desmond and James R. Moore, *Darwin* (London: Penguin, 1992).
3   Cera R. Lawrence, 〈프랜시스 골턴(1822-1911)〉, *Embryo Project Encyclopedia* (2012).
4   Francis Galton, *Hereditary Genius* (New York: Appleton, 1891).
5   Francis Galton, *Typical Laws of Heredity* (London: William Clowes & Sons, 1877).
6   J. S. Jones, 〈유니버시티칼리지 런던에 있는 골턴 연구소〉, in *Sir Francis Galton, FRS* (London: Palgrave Macmillan, 1993), 190-94.
7   Aida Roige, 〈지능과 IQ 검사〉, *Eugenics Archives*, April 29, 2014.
8   Francis Galton, *Memories of My Life* (London: Routledge, 2015).
9   Michael Bulmer, 〈유전 메커니즘에 대한 프랜시스 골턴의 생각들 발달〉, *Journal of the History of Biology* 32, no. 2 (1999): 263-92.
10 Nicholas Wright Gillham, *A Life of Sir Francis Galton: From African Exploration to the Birth of Eugenics* (Oxford: Oxford University Press, 2001).
11 Tahir Pervez and F. S. Kazmi, 〈정치적 통제 요소로서의 지능의 패러다임〉, *Cultural-Historical Psychology* 7, no. 2 (2011): 60-65.
12 Alan S. Kaufman, *IQ Testing 101* (New York: Springer, 2009).
13 Thomas J. Hally, 〈IQ 검사의 짧은 역사〉, *Pridobljeno* 15, no. 5 (2015): 2018.
14 Serge Nicolas, Bernard Andrieu, Jean-Claude Croizet, Rasyid B. Sanitioso, and Jeremy Trevelyan Burman, 〈아픈가? 지체인가? 심리학적 연구 대상으로서의 지능의 기원에 대해〉, *Intelligence* 41, no. 5 (2013): 699-711.
15 L. T. Benjamin, 〈미국 지능검사의 탄생〉, *Monitor on Psychology* 40, no. 1

(2009): 20.

16 James Trent, *Inventing the Feeble Mind: A History of Intellectual Disability in the United States* (New York: Oxford University Press, 2016).
17 Natalie Frank, 〈지능검사와 우생학의 시작〉, *Humanities* (2022).
18 Carl Zimmer, *She Has Her Mother's Laugh: The Powers, Perversions, and Potential of Heredity* (New York: Dutton, 2019).
19 Kaufman, *IQ Testing 101*.
20 Carl Campbell Brigham, *A Study of American Intelligence* (Princeton, NJ: Princeton University Press, 1922).
21 Stephen Jay Gould, *The Mismeasure of Man* (New York: Norton, 1996).
22 Lyndon B. Johnson, 〈1965년 10월 3일 린든 B. 존슨 미국 대통령이 뉴욕 리버티 섬에서 이민법에 서명하며 한 말〉, Lyndon Baines Johnson Library and Museum, http://www.lbjlib.utexas.edu/johnson/archives.hom/speeches.hom/651003.asp.
23 Ajitha Reddy, 〈IQ 검사의 우생학적 기원들: 애트킨스 이후 소송에 대한 함의들〉, *DePaul Law Review* 57 (2007): 667.
24 Richard J. Evans, *The Third Reich in Power*, vol. 2 (New York: Penguin, 2006).
25 Jonathan C. Friedman, ed., *The Routledge History of the Holocaust* (Hoboken, NJ: Taylor & Francis, 2010).
26 Mitchell Leslie, 〈루이스 터먼의 지긋지긋한 유산〉, *Stanford Magazine*, July/August 2000.
27 Kaufman, *IQ Testing 101*.
28 Kaufman.
29 William T. Dickens and James R. Flynn, 〈흑인 미국인들 때문에 인종 간 IQ 격차가 줄고 있다: 표준화 샘플들로부터 나온 증거〉, *Psychological Science* 17, no. 10 (2006): 913-0.
30 Dickens and Flynn.
31 Joel N. Shurkin, *Broken Genius: The Rise and Fall of William Shockley, Creator of the Electronic Age* (London: Palgrave Macmillan, 2006).

32 John P. Jackson Jr., 〈아서 젠슨, 진화 생물학과 인종차별주의〉, *History of Psychology* (2022).

33 Richard C. Lewontin and Richard Levins, 〈스티븐 제이 굴드-급진주의자가 된다는 건 무슨 뜻인가?〉, *Monthly Review* 54, no. 6 (2002): 17.

34 Jean Collins, 〈혁명에 대한 공개질의서〉, *Black Voice*, April 27 1973, https://search.library.wisc.edu/digital/ATKMZ3SXFXIPI583/pages/AQ7GSRBOL7DHVF8B?as=text&view=one.

35 Gould, *The Mismeasure of Man*.

36 Steven Rose, Richard Charles Lewontin, and Leon Kamin, 〈우리의 유전자들 안에 있지 않다: 생물학, 이데올로기 그리고 인간의 본성〉, *Wilson Quarterly* 152 (1984).

37 Isaac L. Woods and Scott L. Graves, 〈래리 PV 라일즈의 40주년 기념일: 인지 평가와 흑인 아이들〉, *Contemporary School Psychology* 25, no. 2 (2021): 137-39.

38 Gerald Markowitz and David Rosner, *Lead Wars: The Politics of Science and the Fate of America's Children*, vol. 24 (Berkeley: University of California Press, 2014).

39 Marguerite Holloway, 〈플린 효과〉, *Scientific American* 280, no. 1 (1999): 37-38.

40 James R. Flynn, 〈정의를 찾아서: 시간이 지나면서 IQ가 좋아지는 현상 발견〉, *American Psychologist* 54, no. 1 (1999): 5.

41 Ulric Neisser, Gwyneth Boodoo, Thomas J. Bouchard Jr., A. Wade Boykin, Nathan Brody, Stephen J. Ceci, Diane F. Halpern et al., 〈지능: 알려진 것들과 알려지지 않은 것들〉, *American Psychologist* 51, no. 2 (1996): 77.

42 Richard J. Herrnstein and Charles Murray, *The Bell Curve: Intelligence and Class Structure in American Life* (New York: Simon & Schuster, 2010).

43 Parul Sehgal, 〈찰스 머레이 돌아와, 조심하되 여전히 논란을 일으키다〉, *New York Times*, February 12, 2020, https://www.nytimes.com/2020/02/12/books/review-human-diversity-charles-murray.html.

44 Linda S. Gottfredson, 〈지능에 대한 주류 과학: 52개의 서명, 역사, 참고문헌

에 대한 사설〉, *Intelligence* 24, no. 1 (1997): 13-23.
45 Neisser et al., 〈지능: 알려진 것들과 알려지지 않은 것들〉.
46 Radiolab, G: *Problem Space*, podcast, June 14, 2019, https://radiolab.org/episodes/g-problem-space.
47 Ulric Neisser, 〈지능검사 점수가 오르다: 전 세계적으로 검사 점수가 분명 오르고 있지만, 지능 그 자체가 오른 건지에 대해선 여전히 논란의 여지가 많다〉, *American Scientist* 85, no. 5 (1997): 440-47.
48 Scott B. Kaufman, 〈IQ 검사로 무얼 테스트하는가? 심리학자 W. 조엘 슈나이더와의 인터뷰〉, *Scientific American*, February 3, 2014, https://blogs.scientificamerican.com/beautiful-minds/what-do-iq-tests-test-interview-with-psychologist-w-joel-schneider/.
49 Kaufman.
50 Anett Nyaradi, Jianghong Li, Siobhan Hickling, Jonathan Foster, and Wendy H. Oddy, 〈임신 시기부터 어린 시절 내내 영양분이 아이들의 신경 인지 발달에서 하는 역할〉, *Frontiers in Human Neuroscience* 7 (2013): 97.
51 Stephen J. Schoenthaler, Ian D. Bier, Kelly Young, Dennis Nichols, and Susan Jansenns, 〈비타민-미네랄 보충제가 미국 학생들의 지능에 미치는 영향: 무작위, 이중맹검법 방식의 플라시보 조절 시험〉, *Journal of Alternative and Complementary Medicine* 6, no. 1 (2000): 19-29.
52 Richard E. Nisbett, *Intelligence and How to Get It: Why Schools and Cultures Count* (New York: Norton, 2009).
53 Angela Lee Duckworth, Patrick D. Quinn, Donald R. Lynam, Rolf Loeber, and Magda Stouthamer-Loeber, 〈지능검사에서 시험 동기부여가 하는 역할〉, *Proceedings of the National Academy of Sciences* 108, no. 19 (2011): 7716-20.
54 Adam L. Alter, Joshua Aronson, John M. Darley, Cordaro Rodriguez, and Diane N. Ruble, 〈위협에 대처하기: 위협을 도전으로 재규명함으로써 고정관념 위협 줄이기〉, *Journal of Experimental Social Psychology* 46, no. 1 (2010): 166-71.
55 Brian Spitzer and Joshua Aronson, 〈격차 신경 쓰고 바로잡기: 교육 불균형

상태를 줄이기 위한 사회심리학적 개입들〉, *British Journal of Educational Psychology* 85, no. 1 (2015): 1-18.

56 Dorothy Roberts, *Fatal Invention: How Science, Politics, and Big Business Re-create Race in the Twenty-First Century* (New York: New Press/ORIM, 2011).

3장   지능의 본질

1   Chris Gunter, 〈단일염기다형성(SNP)〉, National Human Genome Research Institute, 2022, https://www.genome.gov/genetics-glossary/Single-Nucleotide-Polymorphisms.

2   Gunter.

3   Mengjin Zhu and Shuhong Zhao, 〈후보 유전자 접근방식: 진전과 도전들〉, *International Journal of Biological Sciences* 3, no. 7 (2007): 420.

4   Tom Strachan and A. P. Read, *Human Molecular Genetics*, Garland Science, Edition, Kapitel 13 (2011): 418.

5   Strachan and Read.

6   Teri A. Manolio, 〈질병의 위험에 대한 전장 유전체 연관 연구 및 평가〉, *New England Journal of Medicine* 363, no. 2 (2010): 166-76.

7   William S. Bush and Jason H. Moore, 〈11장: 전장 유전체 연관 연구〉, *PLoS Computational Biology* 8, no. 12 (2012): e1002822.

8   https://www.ncbi.nlm.nih.gov/pmc/articles/PMC5501872/

9   Robert Plomin and Sophie Von Stumm, 〈지능의 새로운 유전학〉, *Nature Reviews Genetics* 19, no. 3 (2018): 148-59.

10 Delilah Zabaneh, Eva Krapohl, H. A. Gaspar, Charles Curtis, S. Hong Lee, Hamel Patel, Stephen Newhouse et al., 〈극도로 높은 지능에 대한 전장 유전체 연관 연구〉, *Molecular Psychiatry* 23, no. 5 (2018): 1226-32.

11 Evan Charney, 〈유전자, 행동 그리고 행동 유전학〉, *Wiley Interdisciplinary Reviews: Cognitive Science* 8, nos. 1-(2017): e1405.

12　Kyung Hee Kim and Darya Zabelina, 〈평가에서의 문화적 편견: 창의성 평가는 도움이 되는가?〉, *International Journal of Critical Pedagogy* 6, no. 2 (2015).

13　Maureen G. Maguire, Gui-shuang Ying, Glenn J. Jaffe, Cynthia A. Toth, Ebenezer Daniel, Juan Grunwald, Daniel F. Martin, Stephanie A. Hagstrom, and CATT Research Group, 〈나이 관련 황반변성 치료 시험들과 비교한 나이 관련 황반변성 및 병변 표현형 관련 단일염기다형성〉, *JAMA Ophthalmology* 134, no. 6 (2016): 674-81.

14　Puya Gharahkhani, Eric Jorgenson, Pirro Hysi, Anthony P. Khawaja, Sarah Pendergrass, Xikun Han, Jue Sheng Ong et al., 〈혈통에 지속적인 영향을 주는 127개 개방녹내장 자리들 유전체 메타분석 확인〉, *Nature Communications* 12, no. 1 (2021): 1-16.

15　Carina Torn, David Hadley, Hye-Seung Lee, William Hagopian, Ake Lernmark, Olli Simell, Marian Rewers et al., 〈TEDDY 연구에서 1형 당뇨 관련 단일염기다형성이 자기항체 양성 위험에서 하는 역할〉, *Diabetes* 64, no. 5 (2015): 1818-29.

16　Aysu Okbay, Yeda Wu, Nancy Wang, Hariharan Jayashankar, Michael Bennett, Seyed Moeen Nehzati, Julia Sidorenko et al., 〈300만 개인들에 대한 전장 유전체 연관 분석에서 가족들 간 교육 성과의 다유전자성 예측〉, *Nature Genetics* 54, no. 4 (2022): 437-49.

17　Giorgio Sirugo, Scott M. Williams, and Sarah A. Tishkoff, 〈인간 유전학 연구들에서 사라진 다양성〉, *Cell* 177, no. 1 (2019): 26-31.

18　William T. Dickens and James R. Flynn, 〈흑인 미국인들 때문에 인종 간 IQ 격차가 줄고 있다: 표준화 샘플들로부터 나온 증거〉, *Psychological Science* 17, no. 10 (2006): 913-20.

19　Marcus W. Feldman and S. P. Otto, 〈쌍둥이 연구들, 유전 가능성 그리고 지능〉, *Science* 278, no. 5342 (1997): 1383-87.

20　Michael Cummings, *Human Heredity: Principles and Issues* (Boston: Cengage Learning, 2015).

21　Richard D. Rende, Robert Plomin, and Steven G. Vandenberg, 〈누가 쌍둥

이 연구 방법을 발견했나?〉, *Behavior Genetics* 20, no. 2 (1990): 277-5.

22 Ronald Fletcher, *Science, Ideology, and the Media: The Cyril Burt Scandal* (London: Routledge, 2017).

23 Malcolm Pines, 〈정신역학 원동의 발달〉, in German Berrios and Hugh Freeman, eds., *150 Years of British Psychiatry*, 1841-991 (London: Gaskell, 1991).

24 Leslie Spenser Hearnshaw, *Cyril Burt: Psychologist* (New York: Vintage, 1979).

25 Sylia Wilson, Kevin Haroian, William G. Iacono, Robert F. Krueger, James J. Lee, Monica Luciana, Stephen M. Malone, Matt McGue, Glenn I. Roisman, and Scott Vrieze, 〈미네소타 쌍둥이 및 가족 연구 센터〉, *Twin Research and Human Genetics* 22, no. 6 (2019): 746-52.

26 Ian J. Deary, Frank M. Spinath, and Timothy C. Bates, 〈지능의 유전학〉, *European Journal of Human Genetics* 14 (2006): 690-700.

27 Paul Lichtenstein, Patrick F. Sullivan, Sven Cnattingius, Margaret Gatz, Sofie Johansson, Eva Carlstrom, Camilla Bjork et al., 〈3천 년 스웨덴 쌍둥이 등기소: 업데이트〉, *Twin Research and Human Genetics* 9, no. 6 (2006): 875-82.

28 Jay Joseph, *The Trouble with Twin Studies* (New York: Routledge, 2014).

29 Jay Joseph, 〈따로 자란 쌍둥이들에 대한 미네소타 연구(MISTRA)의 잘못된 게 입증된 22개 측면들〉, published online, 2018.

30 Jay Joseph, 〈따로 자란 쌍둥이들에 대한 미네소타 연구(MISTRA)의 1990년 IQ 연구 재평가〉, *Human Development* 66, no. 1 (2022): 48-5.

31 Jay Joseph.

32 Adam Miller, 〈파이오니어 펀드: 증오의 교수들 자금 지원〉, *Journal of Blacks in Higher Education* 6 (1994): 58-61.

33 Carl E. G. Bruder, Arkadiusz Piotrowski, Antoinet A. C. J. Gijsbers, Robin Andersson, Stephen Erickson, Teresita Diaz de Stahl, Uwe Menzel et al., 〈표현형 일치 또는 불일치 일란성 쌍둥이들이 서로 다른 DNA 복제수 변이 특징들을 보이다〉, *American Journal of Human Genetics* 82, no. 3 (2008):

763-71.

34　National Academies of Sciences, Engineering, and Medicine, *Human Genome Editing: Science, Ethics, and Governance* (Washington, DC: National Academies Press, 2017).

35　Vera Lucia Raposo, 〈최초의 편집된 중국 아기들: 과학에서의 믿음의 도약〉, *JBRA Assisted Reproduction* 23, no. 3 (2019): 197.

4장　지능 높이기

1　Nancy L. Segal and Yesika S. Montoya, *Accidental Brothers: The Story of Twins Exchanged at Birth and the Power of Nature and Nurture* (New York: St. Martin's Press, 2018).

2　Segal and Montoya.

3　Erika Hayasaki, 〈일란성 쌍둥이들을 보면 환경이 유전자 발현에 어떤 영향을 미치는지 알 수 있다〉, *The Atlantic*, 2018.

4　Scott M. Langevin and Karl T. Kelsey, 〈유전자들에 늘 운명이 써 있는 건 아니다: 역학 조사에서의 후생변이〉, *Environmental and Molecular Mutagenesis* 54, no. 7 (2013): 533-41.

5　Jolie D. Barter and Thomas C. Foster, 〈뇌의 노화: 후성유전학이 인지 저하에서 하는 새로운 역할들〉, *Neuroscientist* 24, no. 5 (2018): 516-25.

6　Barter and Foster.

7　〈후성유전체〉, National Human Genome Research Institute, 2022, https://www.genome.gov/genetics-glossary/Epigenome

8　Lisa D. Moore, Thuc Le, and Guoping Fan, 〈DNA 메틸화와 그 기본적인 기능〉, *Neuropsychopharmacology* 38, no. 1 (2013): 23-38.

9　B. Alaskhar Alhamwe, R. Khalaila, J. Wolf, V. von Bulow, H. Harb, F. Alhamdan, C. S. Hii, S. L. Prescott, A. Ferrante, H. Renz, and H. Garn, 〈히스톤 변형과 아토피 및 알레르기 질환들의 후성유전학에서 하는 그 역할〉, *Allergy, Asthma & Clinical Immunology* 14, no. 1 (2018): 1-16.

10 Irene Lacal and Rossella Ventura, 〈후성유전학적 유전: 개념, 메커니즘 그리고 관점들〉, *Frontiers in Molecular Neuroscience* (2018): 292.

11 Michela Fagiolini, Catherine L. Jensen, and Frances A. Champagne, 〈후성유전학이 뇌 발달 및 뇌 가소성에 미치는 영향들〉, *Current Opinion in Neurobiology* 19, no. 2 (2009): 207-12.

12 Bastiaan T. Heijmans, Elmar W. Tobi, Aryeh D. Stein, Hein Putter, Gerard J. Blauw, Ezra S. Susser, P. Eline Slagboom, and L. H. Lumey, 〈자궁 내에서 기아에 노출될 경우 인간의 몸 안에서 지속적으로 생겨나는 후성유전학적 영향들〉, *Proceedings of the National Academy of Sciences* 105, no. 44 (2008): 17046-49.

13 Natan P. F. Kellermann, 〈후성유전학적 측면에서 본 유대인 대학살의 트라우마 전이: 악몽들도 유전될 수 있는가?〉, *Israel Journal of Psychiatry and Related Sciences* 50, no. 1 (2013): 33-39.

14 Jenny Hsieh and Xinyu Zhao, 〈성인 신경 생성에서의 유전학과 후성유전학〉, *Cold Spring Harbor Perspectives in Biology* 8, no. 6 (2016): a018911.

15 Maria Camila Cortes-Albornoz, Danna Paola Garcia-Guaqueta, Alberto Velez-van-Meerbeke, and Claudia Talero-Gutierrez, 〈모계 영양과 신경 발달: 문헌 고찰〉, *Nutrients* 13, no. 10 (2021): 3530.

16 Pauline Dimofski, David Meyre, Natacha Dreumont, and Brigitte Leininger-Muller, 〈부계 영양이 자손의 건강과 질병에 미치는 영향들〉, *Nutrients* 13, no. 8 (2021): 2818.

17 Daniel A. Notterman and Colter Mitchell, 〈후성유전학과 건강의 사회적 결정 요인들의 영향 이해하기〉, *Pediatric Clinics* 62, no. 5 (2015): 1227-40.

18 Jennifer C. Chan, Bridget M. Nugent, and Tracy L. Bale, 〈부모에 대한 조언: 모계 및 부계의 스트레스가 후손의 신경 발달에 영향을 줄 수 있다〉, *Biological Psychiatry* 83, no. 10 (2018): 886-94.

19 Jakob A. Kaminski, Florian Schlagenhauf, Michael Rapp, Swapnil Awasthi, Barbara Ruggeri, Lorenz Deserno, Tobias Banaschewski et al., 〈도파민 D2 수용체 안에서의 후성유전학적 변이: IQ 유연성의 증거인가?〉, *Translational Psychiatry* 8, no. 1 (2018): 1-11.

20 Kylie Garber Bezdek and Eva H. Telzer, 〈두려워 할 것 없다. 뇌가 여기 있다! 당신의 뇌가 스트레스에 반응하는 법〉, *Frontiers for Young Minds* 5, no. 71 (December 2017): 1-8.

21 Bezdek and Telzer.

22 Habib Yaribeygi, Yunes Panahi, Hedayat Sahraei, Thomas P. Johnston, and Amirhossein Sahebkar, 〈스트레스가 몸의 기능에 미치는 영향: 리뷰〉, *EXCLI Journal* 16 (2017): 1057.

23 Yaribeygi et al.

24 Susanne Vogel and Lars Schwabe, 〈스트레스 하에서의 학습과 기억: 교실에서의 함의들〉, *NPJ Science of Learning* 1, no. 1 (2016): 1-10.

25 Yaribeygi et al., 〈스트레스가 몸의 기능에 미치는 영향〉.

26 Huan Song, Johanna Sieurin, Karin Wirdefeldt, Nancy L. Pedersen, Catarina Almqvist, Henrik Larsson, Unnur A. Valdimarsdottir, and Fang Fang, 〈스트레스 관련 질환들과 그 결과 생겨나는 신경퇴행성 질환들의 관계〉, *JAMA Neurology* 77, no. 6 (2020): 700-709.

27 Song et al.

28 Song et al.

29 Brian S. Mohlenhoff, Aoife O'Donovan, Michael W. Weiner, and Thomas C. Neylan, 〈외상후스트레스장애의 치매 위험: 뇌 구조, 아밀로이드, 염증에서의 수면 관련 기형 관계〉, *Current Psychiatry Reports* 19, no. 11 (2017): 1-9.

30 Viviana J. Mancilla, Noah C. Peeri, Talisa Silzer, Riyaz Basha, Martha Felini, Harlan P. Jones, Nicole Phillips, Meng-Hua Tao, Srikantha Thyagarajan, and Jamboor K. Vishwanatha, 〈건강 불균형과 후성유전학 간의 상호작용에 대한 이해〉, *Frontiers in Genetics* 11 (2020): 903.

5장 성장형 사고방식

1 Elena P. Moreno-Jimenez, Miguel Flor-Garcia, Julia Terreros-Roncal, Alberto Rabano, Fabio Cafini, Noemi Pallas-Bazarra, Jesus Avila, and

Maria Llorens-Martin, 〈성인의 해마 신경발생은 신경학적으로 건강한 사람들에게서도 흔하며, 알츠하이머병 환자들에게서는 급감한다〉, *Nature Medicine* 25, no. 4 (2019): 554-60.

2 Chiara F. Tagliabue, Sara Assecondi, Giulia Cristoforetti, and Veronica Mazza, 〈과제 반복에 의한 학습을 통해 노인들의 개별화 및 기억력이 증진된다〉, *Scientific Reports* 10, no. 1 (2020): 1-12.

3 Icaro J. S. Ribeiro, Rafael Pereira, Ivna V. Freire, Bruno G. de Oliveira, Cezar A. Casotti, and Eduardo N. Boery, 〈대학생들의 스트레스와 삶의 질: 조직적인 문헌 검토〉, *Health Professions Education* 4, no. 2 (2018): 70-77.

4 Richa Burman and Tulsee Giri Goswami, 〈업무 스트레스에 대한 조직적인 문헌 검토〉, *International Journal of Management Studies* 3, no. 9 (2018): 112-32.

5 William Stixrud and Ned Johnson, *The Self-Driven Child: The Science and Sense of Giving Your Kids More Control over Their Lives* (New York: Penguin, 2019).

6 〈실리콘밸리의 노동자들 코로나19 팬데믹 이전보다 더 심한 탈진 호소. 재택근무 피로도가 거의 70퍼센트에 육박〉, *Business Insider Mexico*, 2020, https://businessinsider.mx/silicon-valleys-workforce-is-feeling-more-burned-out-than-before-the-pandemic-with-nearly-70-reporting-work-home-home-exhaustion/.

7 Stixrud and Johnson, *The Self-Driven Child*.

8 Suniya S. Luthar, Phillip J. Small, and Lucia Ciciolla, 〈상위 중산층 청소년들: 성인 시절 초기의 약물 남용 및 중독〉, *Development and Psychopathology* 30, no. 2 (2018): 715-16.

9 Ray Hart, Michael Casserly, Renata Uzzell, Moses Palacios, Amanda Corcoran, and Liz Spurgeon, 〈미국 대도시 학교들에서의 학생 시험: 목록 분석 및 예비 분석〉, Council of the Great City Schools, 2015.

10 Betsy Ng, 〈성장형 사고방식과 내재적 동기의 신경 과학〉, *Brain Sciences* 8, no. 2 (2018): 20.

11 Carol Dweck, 〈캐럴 드웩, 다시 성장형 사고방식으로〉, *Education Week* 35,

no. 5 (2015): 20-24.

12 Hans S. Schroder, Tim P. Moran, M. Brent Donnellan, and Jason S. Moser, 〈인지 조절에 대한 사고방식 유도 효과: 신경 행동 조사〉, *Biological Psychology* 103 (2014): 27-37.

13 Yuchen Song, Michael M. Barger, and Kristen L. Bub, 〈부모들의 성장형 사고방식과 아이들의 끈기 및 학업 능력 간의 관계〉, in *Frontiers in Education* (2022), 525.

14 Joann Deak, *Your Fantastic Elastic Brain* (Naperville, IL: Little Pickle Press, 2010).

15 Jeremie Blanchette Sarrasin, Lucian Nenciovici, Lorie-Marlene Brault Foisy, Genevieve Allaire-Duquette, Martin Riopel, and Steve Masson, 〈성장형 사고방식을 불어넣기 위해 신경가소성 개념을 가르칠 때 동기부여, 성취, 뇌 활동에 미치는 효과들: 메타 분석〉, *Trends in Neuroscience and Education* 12 (2018): 22-31.

16 Keith Heggart, 〈교직원들에게 성장형 사고방식 주입하기〉, Edutopia, February 4, 2015.

17 Heggart.

18 Laurie Murphy and Lynda Thomas, 〈고정된 사고방식의 위험들: 자기 이론 연구가 컴퓨터 과학 교육에 미치는 함의들〉, in *Proceedings of the 13th Annual Conference on Innovation and Technology in Computer Science Education* (2008): 271-75.

19 Mari Rege, Paul Hanselman, Ingeborg Foldøy Solli, Carol S. Dweck, Sten Ludvigsen, Eric Bettinger, Robert Crosnoe et al., 〈어떻게 배우는 사람들에게 영감을 불어넣어줄 것인가? 2개 국가에서의 성장형 사고방식 및 도전 추구에 대한 조사〉, *American Psychologist* 76, no. 5 (2021): 755.

20 Kyla Haimovitz and Carol S. Dweck, 〈아이들의 고정된 사고방식과 성장형 지능 사고방식들로 예측할 수 있는 것은? 지능에 대한 관점들이 아니라 실패에 대한 부모들의 관점들〉, *Psychological Science* 27, no. 6 (2016): 859-69.

21 Chang Seek Lee, Sun Ui Park, and Yeoun Kyoung Hwang, 〈엄마의 육아 스트레스와 아이의 건강 간 구조적 관계: 엄마의 성장형 사고방식과 희망의 매개

효과들〉, *Indian Journal of Science and Technology* 9, no. 36 (2016): 1-6.

22 Mary Alice Barksdale-Ladd and Karen F. Thomas, 〈많은 부담을 주는 시험, 무엇이 위험한가? 교사와 부모들이 입을 열다〉, *Journal of Teacher Education* 51, no. 5 (2000): 384-97.

23 Lisa S. Blackwell, Kali H. Trzesniewski, and Carol Sorich Dweck, 〈지능의 암묵적 이론들, 청소년 전환기의 성과 예견: 종단 연구와 개입〉, *Child Development* 78, no. 1 (2007): 246-63.

24 Anindito Aditomo, 〈학업 부진에 대한 학생들의 반응: 의욕상실을 막아주는 '성장형 사고방식'〉, *International Journal of Educational Psychology* 4, no. 2 (2015): 198-222.

25 Alireza Yousefy and Maryam Gordanshekan, 〈자기주도 학습 발달에 대한 검토〉, *Iranian Journal of Medical Education* 10, no. 5 (2011).

26 David S. Yeager, Paul Hanselman, Gregory M. Walton, Jared S. Murray, Robert Crosnoe, Chandra Muller, Elizabeth Tipton et al., 〈전국적인 실험으로 성장형 사고방식이 성과가 있다는 게 밝혀지다〉, *Nature* 573, no. 7774 (2019): 364-69.

27 Soo Jeoung Han and Vicki Stieha, 〈인적자원개발을 위한 성장형 사고방식: 추천된 개입들을 다룬 문헌들 검토〉, *Human Resource Development Review* 19, no. 3 (2020): 309-31.

28 Blackwell, Trzesniewski, and Dweck, 〈지능의 암묵적 이론들, 청소년 전환기의 성과 예견〉.

29 Eleanor O'Rourke, Kyla Haimovitz, Christy Ballweber, Carol Dweck, and Zoran Popović, 〈브레인 포인트: 성장형 사고방식 인센티브 구조로 교육 목적의 게임에서 끈기가 커지다〉, in *Proceedings of the SIGCHI Conference on Human Factors in Computing Systems* (2014): 3339-48.

30 Thomas Sullivan and Nadine Page, 〈능력 기반의 리더십 개발 접근방식: 직장에서의 성장형 사고방식〉, in *New Leadership in Strategy and Communication* (Cham, Switzerland: Springer, Cham, 2020), 179-89.

31 Herminia Ibarra, Aneeta Rattan, and Anna Johnston, 〈마이크로소프트의 사티아 나델라: 성장형 사고방식 주입하기〉, *Harvard Business Review*, case

no. LBS128 (2018): 1-22.

32 Blanchette Sarrasin et al., 〈성장형 사고방식을 불어넣기 위해 신경가소성 개념을 가르칠 때 동기부여, 성취, 뇌 활동에 미치는 효과들: 메타 분석〉.

33 Jason S. Moser, Hans S. Schroder, Carrie Heeter, Tim P. Moran, and Yu-Hao Lee, 〈당신의 실수들에 신경 써라: 성장형 사고방식을 적응적 사후 오류 조정에 연결 짓는 신경 메커니즘의 증거〉, *Psychological Science* 22, no. 12 (2011): 1484-89.

34 Moser et al.

35 Christina Bejjani, Samantha DePasque, and Elizabeth Tricomi, 〈지능 사고방식은 신경 학습 신호들과 기억에 영향을 준다〉, *Biological Psychology* 146 (2019): 107715.

36 Bejjani, DePasque, and Tricomi.

37 Blanchette Sarrasin et al., 〈성장형 사고방식을 불어넣기 위해 신경가소성 개념을 가르칠 때 동기부여, 성취, 뇌 활동에 미치는 효과들: 메타 분석〉.

38 Hae Yeon Lee, Jeremy P. Jamieson, Adriana S. Miu, Robert A. Josephs, and David S. Yeager, 〈고등학교 점수가 떨어지면, 지능의 고정 이론으로 코르티솔 수치가 높아짐〉, *Child Development* 90, no. 6 (2019): e849-e867.

39 Lee et al.

40 Guang Zeng, Hanchao Hou, and Kaiping Peng, 〈성장형 사고방식이 중국 초등학교 및 중등학교 학생들의 학업 참여 및 심리적 건강에 미치는 영향: 회복력의 매개 역할〉, *Frontiers in Psychology* 7 (2016): 1873.

41 Aditomo, 〈학업 부진에 대한 학생들의 반응〉.

42 Mengting Li, Weiqiao Fan, and Frederick T. L. Leong, 〈지능의 성장형 사고방식 덕에 역효과를 낳는 직장 행동이 줄어들다: 업무 스트레스의 조정 분석〉, *International Journal of Selection and Assessment* 29, nos. 3- (2021): 519-26.

43 Martin Huecker, Jacob Shreffler, and Daniel Danzl, 〈코로나19: 의료인 건강 및 외상후 성장 최적화〉, *American Journal of Emergency Medicine* (2020).

44 Hans S. Schroder, Matthew M. Yalch, Sindes Dawood, Courtney P. Callahan, M. Brent Donnellan, and Jason S. Moser, 〈불안에 대한 성장형 사고방식이 스트레스 넘치는 일들과 심리적 고통 그리고 대처 전략들 사이에서 완

충 역할을 하다〉, *Personality and Individual Differences* 110 (2017): 23-26.

6장 마음에서 마음챙김까지

1. Ruth A. Baer, 〈임상학적 개입으로서의 마음챙김 훈련: 개념적 검토와 경험적 검토〉, *Clinical Psychology: Science and Practice* 10, no. 2 (2003): 125.
2. Jon Kabat-Zinn and Thich Nhat Hanh, *Full Catastrophe Living: Using the Wisdom of Your Body and Mind to Face Stress, Pain, and Illness* (New York: Delta, 2009).
3. Bassam Khoury, Manoj Sharma, Sarah E. Rush, and Claude Fournier, 〈건강한 개인들을 위한 마음챙김 기반의 스트레스 완화법: 메타 분석〉, *Journal of Psychosomatic Research* 78, no. 6 (2015): 519-28.
4. Darren L. Dunning, Kirsty Griffiths, Willem Kuyken, Catherine Crane, Lucy Foulkes, Jenna Parker, and Tim Dalgleish, 〈연구 검토: 마음챙김 기반의 개입이 아이들과 청소년들의 인지 및 정신 건강에 미치는 영향들: 무작위 대조 시험들에 대한 메타 분석〉, *Journal of Child Psychology and Psychiatry* 60, no. 3 (2019): 244-58.
5. Tim Whitfield, Thorsten Barnhofer, Rebecca Acabchuk, Avi Cohen, Michael Lee, Marco Schlosser, Eider M. Arenaza-Urquijo et al., 〈마음챙김 기반의 프로그램들이 성인의 인지기능에 미치는 영향: 체계적인 검토와 메타 분석〉, *Neuropsychology Review* (2021): 1-26.
6. Emily K. Lindsay, Brian Chin, Carol M. Greco, Shinzen Young, Kirk W. Brown, Aidan G. C. Wright, Joshua M. Smyth, Deanna Burkett, and J. David Creswell, 〈마음챙김 훈련을 하면 어떻게 긍정적인 감정들을 갖게 되나?: 두 가지 무작위 대조 시험들에서의 수용 능력 훈련 분석〉, *Journal of Personality and Social Psychology* 115, no. 6 (2018): 944.
7. Eileen Luders, Florian Kurth, Emeran A. Mayer, Arthur W. Toga, Katherine L. Narr, and Christian Gaser, 〈명상 수행자들의 독특한 뇌 구조: 피질 석회화의 변화들〉, *Frontiers in Human Neuroscience* 6 (2012): 34.

8   M. B. Cladder-Micus, Joel van Aalderen, A. R. T. Donders, Jan Spijker, J. N. Vrijsen, and A. E. M. Speckens, 〈우울증 재발 환자들에 대한 마음챙김 기반의 인지 요법 결과와 작동 메커니즘으로서의 인지 반응〉, Cognition and Emotion 32, no. 2 (2018): 371-78.
9   Arielle L. Klopsis, 〈단 1회의 마음챙김 명상이 비명상자들의 주의 깜빡임에 미치는 영향〉, 2020.
10 Maddalena Boccia, Laura Piccardi, and Paola Guariglia, 〈명상적인 마음: MRI 연구들에 대한 광범위한 메타 분석〉, *BioMed Research International* (2015).
11 Boccia, Piccardi, and Guariglia.
12 Boccia, Piccardi, and Guariglia.
13 Whitfield et al., 〈마음챙김 기반의 프로그램들이 성인들의 인지 지능에 미치는 영향〉.
14 Whitfield et al.
15 Whitfield et al.
16 Feng Ling Wang, Qian Yun Tang, Lu Lu Zhang, Jing Jing Yang, Yu Li, Hua Peng, and Shu Hong Wang, 〈마음챙김 기반의 개입들이 치매 환자들에게 미치는 영향들: 메타 분석〉, *Western Journal of Nursing Research* 42, no. 12 (2020): 1163-73.
17 Troy A. Richter and Richard G. Hunter, 〈외상후스트레스장애에서의 후성유전학〉, in *Epigenetics in Psychiatry* (San Diego: Academic Press, 2021), 429-50.
18 Shin Hashizume, Masako Nakano, Kenta Kubota, Seiichi Sato, Nobuaki Himuro, Eiji Kobayashi, Akinori Takaoka, and Mineko Fujimiya, 〈마음챙김 개입으로 뉴런으로 인한 세포외 소포체에 mi꿈-29c 수치가 올라감으로써 노인들의 인지기능이 향상되다〉, Scientific Reports 11, no. 1 (2021): 1-14.
19 Jeffrey R. Bishop, Adam M. Lee, Lauren J. Mills, Paul D. Thuras, Seenae Eum, Doris Clancy, Christopher R. Erbes, Melissa A. Polusny, Gregory J. Lamberty, and Kelvin O. Lim, 〈외상후스트레스장애에 대한 마음챙김 기반의 스트레스 완화로 인한 FKBP5 및 SLC6A4의 메틸화〉, *Frontiers in Psychiatry* 9 (2018): 418.

20 Concetta Gardi, Teresa Fazia, Blerta Stringa, and Fabio Giommi, 〈짧은 마음챙김 수행만으로도 스트레스 및 염증의 생물학적 증상들이 완화될 수 있다〉, *Psychoneuroendocrinology* 135 (2022): 105579.

21 Khoury et al., 〈건강한 개인들을 위한 마음챙김 기반의 스트레스 완화: 메타분석〉.

22 Boccia, Piccardi, and Guariglia, 〈명상을 하는 마음〉.

23 Shaji John, Satish Kumar Verma, and Gulshan L. Khanna, 〈경기 전 스트레스 상황에서 마음챙김 명상은 엘리트 사격 선수들의 HPA 축에 영향을 주어 스포츠 성과에 변화가 생긴다〉, *National Journal of Integrated Research in Medicine* 2, no. 3 (2011): 15-21.

24 Gardi et al., 〈짧은 마음챙김 수행만으로도 스트레스 및 염증의 생물학적 증상들이 완화될 수 있다〉.

25 Jon Kabat-Zinn, 〈마음챙김 기반의 스트레스 완화(MBSR), 숙련도, 지도 숙지 문제의 유래들에 대한 숙고〉, in *Mindfulness* (London: Routledge, 2013), 281-306.

26 Kabat-Zinn.

27 Saki F. Santorelli, Jon Kabat-Zinn, Melissa Blacker, Florence Meleo-Meyer, and Lynn Koerbel, 〈마음챙김 기반의 스트레스 완화(MBSR) 재가된 교육과정 안내〉, Center for Mindfulness in Medicine, Health Care, and Society(CFM), University of Massachusetts Medical School, 2017.

28 Paul Grossman, Ludger Niemann, Stefan Schmidt, and Harald Walach, 〈마음챙김 기반의 스트레스 완화와 건강상의 이점들〉, *Journal of Psychosomatic Research* 57, no. 1 (2004): 35-43.

29 John J. Miller, Ken Fletcher, and Jon Kabat-Zinn, 〈불안장애 치료를 위한 마음챙김 기반의 스트레스 완화 개입의 3년 후속 영향 및 임상학적 영향들〉, *General Hospital Psychiatry* 17, no. 3 (1995): 192-200.

30 Gardi et al., 〈짧은 마음챙김 수행만으로도 스트레스 및 염증의 생물학적 증상들이 완화될 수 있다〉.

31 Brandon W. Qualls, Emily M. Payton, Laura G. Aikens, and Mary G. Carey, 〈종양 전문 외래 환자 간호사들을 위한 마음챙김: 예비 연구〉, *Holistic*

Nursing Practice 36, no. 1 (2022): 28-36.

32 Mark A. Craigie, Clare S. Rees, Ali Marsh, and Paula Nathan, 〈범불안장애 치료를 위한 마음챙김 기반의 인지 요법: 예비 평가〉, Behavioural and Cognitive Psychotherapy 36, no. 5 (2008): 553-68.

33 Samaneh Abedini, Mojtaba Habibi, Negar Abedini, Thomas M. Achenbach, and Randye J. Semple, 〈암으로 입원 중인 아이들을 위한 변형된 마음챙김 기반의 인지 요법의 무작위 임상 시험〉, Mindfulness 12, no. 1 (2021): 141-51.

34 Paul Chadwick, Tracey Newell, and Chas Skinner, 〈통증 완화 치료 중인 마음챙김 집단들: 예비 질적 연구〉, Spirituality and Health International 9, no. 3 (2008): 135-44.

35 Kathryn Birnie, Sheila N. Garland, and Linda E. Carlson, 〈마음챙김 기반의 스트레스 완화(MBSR)에 참여 중인 암 환자들과 그 파트너들의 심리적 이점들〉, Psycho-oncology 19, no. 9 (2010): 1004-9.

36 Meghal Gagrani, Muneeb A. Faiq, Talvir Sidhu, Rima Dada, Raj K. Yadav, Ramanjit Sihota, Kanwal P. Kochhar, Rohit Verma, and Tanuj Dada, 〈명상 덕에 원발개방각 녹내장 환자들의 뇌 산소 투여가 증대되고 BDJF가 개선되며 삶의 질도 향상된다: 무작위 대조 시험〉, Restorative Neurology and Neuroscience 36, no. 6 (2018): 741-53.

37 Anna Lardone, Marianna Liparoti, Pierpaolo Sorrentino, Rosaria Rucco, Francesca Jacini, Arianna Polverino, Roberta Minino et al., 〈마음챙김 명상을 하면 쉬는 시간 동안 해마의 기능에 장기적인 변화가 생긴다: 자기공명영상 연구〉, Neural Plasticity (2018).

38 Grossman et al., 〈마음챙김 기반의 스트레스 완화와 건강상의 이점들〉.

39 Guichen Li, Hua Yuan, and Wei Zhang, 〈마음챙김 기반의 스트레스 완화법이 환자 가족들에게 미치는 영향: 체계적인 검토〉, Archives of Psychiatric Nursing 30, no. 2 (2016): 292-99.

40 Daniel Campos, Ausias Cebolla, Soledad Quero, Juana Breton-Lopez, Cristina Botella, Joaquim Soler, Javier Garcia-Campayo, Marcelo Demarzo, and Rosa Maria Banos, 〈명상과 행복: 마음챙김과 자기연민은 명상-행복 관계

에 매개체 역할을 하기도〉, *Personality and Individual Differences* 93 (2016): 80-85.

41 Grossman et al., 〈마음챙김 기반의 스트레스 완화와 건강상의 이점들〉.
42 Julia K. Hutchinson, Jaci C. Huws, and Dusana Dorjee, 〈학교에서 마음챙김 프로그램을 자신들의 삶에 적용 중인 아이들이 겪는 일들〉, *Journal of Child and Family Studies* 27, no. 12 (2018): 3935-51.
43 Jacqueline M. Smith, Katherine S. Bright, Joel Mader, Jennifer Smith, Arfan Raheen Afzal, Charmaine Patterson, Gina Dimitropolous, and Rachael Crowder, 〈물질 사용 장애를 겪고 있는 아이들을 돌보는 여성들을 위한 마음챙김 기반의 스트레스 완화 개입〉, *Addictive Behaviors* 103 (2020): 106223.
44 Akira S. Gutierrez, Sara B. Krachman, Ethan Scherer, Martin R. West, and John D. Gabrieli, 〈교실에서의 마음챙김: 보스턴에서의 공동 연구를 통해 학교 중심의 마음챙김 개입으로부터 배우기〉, *Transforming Education* (2019).
45 Gutierrez et al.
46 Theodore C. Masters-Waage, Jared Nai, Jochen Reb, Samantha Sim, Jayanth Narayanan, and Noriko Tan, 〈지금 여기 있음으로써 함께 멀리 가기: 마음챙김 덕에 협상에서 협력이 더 잘된다〉, *Organizational Behavior and Human Decision Processes* 167 (2021): 189-205.
47 Aileen M. Pidgeon and Michelle Keye, 〈대학생들의 회복력과 마음챙김과 심리적 행복감 간의 관계〉, *International Journal of Liberal Arts and Social Science* 2, no. 5 (2014): 27-32.
48 Ashley Borders, Mitch Earleywine, and Archana Jajodia, 〈마음챙김을 하면 심사숙고가 줄어들어 분노와 적대감과 공격성이 줄어들 수도 있는가?〉, *Aggressive Behavior: Official Journal of the International Society for Research on Aggression* 36, no. 1 (2010): 28-44.
49 A. Kamenetz and M. Knight, 〈학교들은 마음챙김을 받아들이고 있지만, 연습을 한다고 해서 늘 완벽해지는 건 아니다〉, 2020.
50 Ruben Vonderlin, Miriam Biermann, Martin Bohus, and Lisa Lyssenko, 〈직장에서의 마음챙김 기반의 프로그램들: 무작위 대조 시험들의 메타 분석〉,

Mindfulness 11, no. 7 (2020): 1579-98.

51 Qualls et al., 〈종양 전문 외래 환자 간호사들을 위한 마음챙김: 예비 연구〉
52 Katrin Micklitz, Geoff Wong, and Jeremy Howick, Qualls et al.,〈직장에서 스트레스를 줄이고 행복감을 높여주기 위한 마음챙김 기반의 프로그램들: 현실주의자 검토〉, *BMJ Open* 11, no. 3 (2021): e043525.
53 Alexandra Michel, Christine Bosch, and Miriam Rexroth, 〈인지-감정 분리 전략으로서의 마음챙김: 일과 삶 간의 균형을 맞추기 위한 개입〉, *Journal of Occupational and Organizational Psychology* 87, no. 4 (2014): 733-54.
54 Andreas Wihler, Ute R. Hulsheger, Jochen Reb, and Jochen I. Menges, 〈너무 따분한가? 따분한 일에서의 업무 성과 및 태도를 위한 마음챙김의 역할 탐구〉, *Journal of Occupational and Organizational Psychology* 95, no. 1 (2022): 131-54.
55 Patricia L. Dobkin and Tom A. Hutchinson, 〈의과대학에서 마음챙김 가르치기: 현재 우리는 어디에 있고 또 어디로 가고 있는가?〉, *Medical Education* 47, no. 8 (2013): 768-79.
56 Vonderlin et al., 〈직장에서의 마음챙김 기반의 프로그램들〉.
57 Christian Greiser and Jan-Philipp Martini, 〈기업에서 마음챙김의 힘 활용하기〉, Boston Consulting Group, 2018.
58 Greiser and Martini.
59 Greiser and Martini.
60 Norian A. Caporale-Berkowitz, Brittany P. Boyer, Christopher J. Lyddy, Darren J. Good, Aaron B. Rochlen, and Michael C. Parent, 〈너의 내면을 검색하라: 폭넓게 채택된 직장에서의 마음챙김 개발 프로그램의 효과 알아보기〉, *International Journal of Workplace Health Management* (2021).
61 David Gelles, *Mindful Work: How Meditation Is Changing Business from the Inside Out* (Boston: Houghton Mifflin Harcourt, 2015).
62 Nell D. Debevoise, 〈링크드인의 마음챙김 수행, 리더십 개발로 연결되다〉, *Forbes*, September 16, 2021, https://www.forbes.com/sites/nelldebevoise/2021/09/16/linkedins-mindfulness-lead-branches-out-to-cultivate-inside-out-leadership/?sh=10db824546d4.

63　Catherine Clifford, 〈최고경영자 마크 베니오프: 우리는 왜 직원들이 전화기를 내려놓고 마음을 비우는 곳들에 '마음챙김 구역들'을 설치했나?〉, CNBC, November 5, 2019, https://www.cnbc.com/2019/11/05/salesforce-ceo-marc-benioff-why-we-have-mindfulness-zones.html.

7장　연결되는 법 배우기

1　Hamdi Serin, 〈교육 환경에서 교사 중심의 접근방식과 학생 중심의 접근방식의 비교〉, *International Journal of Social Sciences & Educational Studies* 5, no. 1 (2018): 164-67.

2　James Kelly, 〈협력 학습: 케네스 브루피에 의한 보다 높은 교육, 상호의존성 그리고 지식의 권위: 비평적 연구〉, *Journal of the National Collegiate Honors Council*, online archive (2002): 82.

3　Robyn M. Gillies, 〈협력 학습: 연구 및 연습 검토〉, *Australian Journal of Teacher Education* (online) 41, no. 3 (2016): 3954.

4　Jiři Dostal and Jan Gregar, *Inquiry-Based Instruction: Concept, Essence, Importance and Contribution* (Olomouc, Czech Republic: Univerzita Palackeho v Olomouci, 2015).

5　Terry Heick, 〈그 진화 과정에서 5종류의 프로젝트 기반의 학습이 상징화되다〉, http://www.teachthought.com/learning/project-based-learning/5-types-of-project-based-learning-symbolize-its-evolution/.

6　Mizuko Ito, Kris Gutierrez, Sonia Livingstone, Bill Penuel, Jean Rhodes, Katie Salen, Juliet Schor, Julian Sefton-Green, and S. Craig Watkins, *Connected Learning: An Agenda for Research and Design* (Digital Media and Learning Research Hub, 2013).

7　Ito et al.

8　Ito et al.

9　W. Reid Cornwell and Jonathan R. Cornwell, 〈연결된 학습: 교육 개혁을 이끌기 위한 관찰, 연구, 개발의 틀〉, 2006, http://tcfir.org/whitepapers/

Connected%20Learning%20Framework.pdf.

10 Sergey Gavrilets, 〈집단 행동과 협력적인 뇌〉, *Journal of the Royal Society Interface* 12, no. 102 (2015): 20141067.

11 Sara Stillesjo, Linnea Karlsson Wirebring, Micael Andersson, Carina Granberg, Johan Lithner, Bert Jonsson, Lars Nyberg, and Carola Wiklund-Hornqvist, 〈적극적인 수학 및 문법 학습 덕에 중복되는 뇌 연결망들이 활성화된다〉, *Proceedings of the National Academy of Sciences* 118, no. 46 (2021): e2106520118.

12 M.-H. Sohn et al., 〈신경 동등성이 아닌 행동 동등성. 수학적 사고 대체 전략들의 신경학적 증거〉, *Nature Neuroscience* 7, 1193-94 (2004).

13 Stillesjo et al.

14 Christina Hinton, Kurt W. Fischer, and Catherine Glennon, 〈마음, 뇌 그리고 교육〉, *Mind* (2012).

15 Artur Czeszumski, Sara Eustergerling, Anne Lang, David Menrath, Michael Gerstenberger, Susanne Schuberth, Felix Schreiber, Zadkiel Zuluaga Rendon, and Peter Konig, 〈하이퍼스캐닝: 사회적 상호작용의 신경학적 뇌간 지지를 연구하는 타당한 방법〉, *Frontiers in Human Neuroscience* 14 (2020): 39.

16 Recep Kocak, 〈협력 학습이 대학생들의 심리학적 특징 및 사회적 특징들에 미치는 영향들〉, *Social Behavior and Personality* 36, no. 6 (2008): 771-82.

17 Kocak.

18 Carlos Astete, Cristina Resino, Alina Boteanu, Maria Canamero, 〈응급실 레지던트들을 훈련시키고 전통적인 접근방식과 비교하기 위해 협력 학습 접근방식 채택〉, *Emergencias* 27, no. 4: 231-235.

19 Rezvan Khoshlessan, 〈적극적이고 협력적인 학습 기법들 사용과 국제적인 학생들의 연구 불안감 사이에 관계가 있는가?〉, *International Research and Review* 3, no. 1 (2013): 55-80.

20 Katrina J. Moffat, Alex McConnachie, Sue Ross, and Jillian M. Morrison, 〈첫해의 의대생 스트레스와 문제 기반의 학습 의대 교육과정 대처〉, *Medical Education* 38, no. 5 (2004): 482-91.

21 Martyn Pickersgill, 〈후성유전학, 교육 그리고 가소성을 가진 몸: 변화하는 개념들과 새로운 참여〉, *Research in Education* 107, no. 1 (2020): 72-83.

22 Daniel Frias-Lasserre, Cristian Villagra, and Carlos Guerrero-Bosagna, 〈잠재적인 후성유전학 자원이 아이들의 발달 및 행동에 미치는 영향들과 교육 제도 내의 스트레스〉, *Frontiers in Behavioral Neuroscience* 13, no. 12 (2018): 143.

23 Pickersgill.

24 Pickersgill.

25 Darlene Ciuffetelli Parker and Hillary Brown, eds., *Foundational Methods: Understanding Teaching and Learning* (Boston: Pearson, 2012).

26 Mina Tsay and Miranda Brady, 〈협력 학습 및 커뮤니케이션 교육학의 사례 연구: 팀을 이뤄 일하는 게 차이가 있는가?〉, *Journal of the Scholarship of Teaching and Learning* (2010): 78-89.

27 Sanikan Wattanawongwan, S. D. Smith, and Kimberly J. Vannest, 〈정서 장애와 행동 장애가 있는 학생들의 대인관계 능력 구축에 필요한 협력적인 학습 전략들〉, *Beyond Behavior* 30, no. 1 (2021): 32-40.

28 David W. Johnson, Roger T. Johnson, and Edythe Johnson Holubec, *The Nuts and Bolts of Cooperative Learning* (Edina, MN: Interaction Book Company, 1994).

29 Sarentha Chetty, Varsha Bangalee, and Petra Brysiewicz, 〈직장에서의 전문직 간 협력 학습: 남아프리카공화국 더반의 한 비정부 조직에서 행한 질적 연구〉, *BMC Medical Education* 20, no. 1 (2020): 1-12.

8장 사회 전체가 더 똑똑해지기

1 Arline T. Geronimus, 〈사회적 풍화 가설과 아프리카계 미국인 여성들과 유아들의 건강: 증거와 추측들〉, *Ethnicity & Disease* (1992): 207-21.

2 Geronimus.

3 Gene Demby, 〈차별이 건강에 해롭다는 걸 입증하기〉, NPR, January 4, 2018,

https://www.npr.org/sections/codeswitch/2018/01/14/577664626/making-the-case-that-discrimination-is-bad-for-your-health.

4   Sarah K. Letang, Shayne S-H. Lin, Patricia A. Parmelee, and Ian M. McDonough, 〈인지 능력의 인종 간 차이는 다양한 사회경제적 상태-스트레스 경로들과 관계가 있는가?〉, *Cognitive Research: Principles and Implications* 6, no. 1 (2021): 1-17.

5   Letang et al.

6   Elissa S. Epel, Elizabeth H. Blackburn, Jue Lin, Firdaus S. Dhabhar, Nancy E. Adler, Jason D. Morrow, and Richard M. Cawthon, 〈수명 스트레스에 따른 텔로미어 단축 가속화〉, *Proceedings of the National Academy of Sciences* 101, no. 49 (2004): 17312-15.

7   G. Tyler Lefevor, Caroline C. Boyd-Rogers, Brianna M. Sprague, and Rebecca A. Janis, 〈제 3의 성 보유자, 성전환자, 시스젠터(생물학적 성과 성 정체성이 일치하는 사람 - 옮긴이) 간의 건강 불균형 문제: 성 소수자 스트레스 이론의 확장〉, *Journal of Counseling Psychology* 66, no. 4 (2019): 385.

8   Lefevor et al.

9   Lefevor et al.

10 Ian M. McDonough, 〈잠복기의 알츠하이머병에선 베타아밀로이드 단백질과 코르티솔 두께로 인종간 불균형 상태가 드러난다〉, *NeuroImage: Clinical* 16 (2017): 659-67.

11 Juliette McClendon, Katharine Chang, Michael J. Boudreaux, Thomas F. Oltmanns, and Ryan Bogdan, 〈염증과 신체 건강 상의 흑인과 백인 간의 불균형 문제: 누적된 스트레스, 사회적 고립, 건강 행동들〉, *Psychoneuroendocrinology* 131 (2021): 105251.

12 Letang et al., 〈인종적 불균형 상태들〉.

13 Letang et al.

14 Toni Schmader and Michael Johns, 〈고정관념 위협으로 작업기억 능력이 줄어든다는 증거〉, *Journal of Personality and Social Psychology* 85, no. 3 (2003): 440.

15 Letang et al., 〈인종적 불균형 상태들〉.

16 Johnna R. Swartz, Ahmad R. Hariri, and Douglas E. Williamson, 〈후성유전학 메커니즘을 통해 사회경제적 상태가 고위험 청소년들의 우울증 관련 뇌 기능 변화들과 연결된다〉, *Molecular Psychiatry* 22, no. 2 (2017): 209-14.

17 Edwin N. Aroke, Paule V. Joseph, Abhrarup Roy, Demario S. Overstreet, Trygve O. Tollefsbol, David E. Vance, and Burel R. Goodin, 〈후성유전학적은 만성 통증의 인종적 불균형 문제들을 설명하는 데 도움이 될 수 있는가?〉, *Journal of Pain Research* 12 (2019): 701.

18 Laura R. Cortes, Carla D. Cisternas, and Nancy G. Forger, 〈남녀의 성은 뇌에 후성유전학적 흔적을 남기기도 하는가?〉, *Frontiers in Neuroscience* (2019): 173.

19 J. Guintivano, P. F. Sullivan, A. M. Stuebe, T. Penders, J. Thorp, D. R. Rubinow, and S. Meltzer-Brody, 〈다양한 인종의 출산 후 여성들에게서 나타나는 힘겨운 일들, 정신과 이력 그리고 산후 우울증 등의 생물학적 예측 변수들〉, *Psychological Medicine* 48, no. 7 (2018): 1190-1200.

9장 우리 모두에게서 가치 보기

1 Mitchell L. Yell, *The Law and Special Education* (Old Tappan, NJ: Merrill/Prentice-Hall, 1998).

2 Yell.

3 J. F. L., 〈캘리포니아주 판사가 흑인 아이들에 대한 IQ 검사 금지령을 철회하다〉, *Pediatrics* 93, no. 1 (1994): 31, https://doi.org/10.1542/peds.93.1.31.

4 U.S. Department of Education, Office of Special Education and Rehabilitative Services, *Thirty-Five Years of Progress in Educating Children with Disabilities through IDEA*, 2010.

5 David J. Connor and Beth A. Ferri, 〈통합과 포용 - 문제가 되는 결합: 인종, 장애 그리고 특별 교육〉, *Journal of African American History* 90, nos. 1- (2005): 107-27.

6 Connor and Ferri.

7 National Center for Learning Disabilities, 〈특별 교육의 심각한 불균형성: 현

재의 추세들과 영향력 있는 조치들〉, 2020.
8 National Center for Learning Disabilities.
9 Kelley Durkin, Mark W. Lipsey, Dale C. Farran, and Sarah E. Wiesen, 〈주 전체의 유치원 이전 교육 프로그램이 6학년 때까지 아이들의 학업 성취 및 행동에 미치는 영향들〉, *Developmental Psychology* (2022).
10 Durkin et al.
11 Annette Lareau, 〈불평등한 어린 시절〉, in *Unequal Childhoods* (Berkeley: University of California Press, 2011).
12 Fabiola Cineas, 〈뉴욕 시의 인종차별적인 '재능을 타고난 아이들'을 위한 교육 프로그램들의 미래〉, Vox, 2022.

결론

1 Howard E. Gardner, *Frames of Mind: The Theory of Multiple Intelligences* (New York: Basic Books, 2011).
2 Daniel Goleman, *Emotional Intelligence: Why It Can Matter More than IQ* (London: Bloomsbury, 1996).
3 Andre Beauducel, Burkhard Brocke, and Detlev Liepmann, 〈유연한 지능과 고착된 지능에 대한 관점들: 언어 지능, 숫자 지능 그리고 형상 지능의 측면들〉, *Personality and Individual Differences* 30, no. 6 (2001): 977-94.
4 Daniel Kahneman, *Thinking, Fast and Slow* (New York: Macmillan, 2011).

지능의 재발견

초판 1쇄 인쇄 2025년 8월 27일
초판 1쇄 발행 2025년 9월 10일

지은이 리나 블리스
옮긴이 엄성수
펴낸이 고영성

책임편집 유형일
저작권 주민숙

펴낸곳 ㈜상상스퀘어
출판등록 2021년 4월 29일 제2021-000079호
주소 경기도 성남시 분당구 성남대로43번길 10, 하나EZ타워 307호
팩스 02-6499-3031
이메일 publication@sangsangsquare.com
홈페이지 www.sangsangsquare-books.com

ISBN 979-11-94368-67-0 (03190)

- 상상스퀘어는 출간 도서를 한국작은도서관협회에 기부하고 있습니다.
- 이 책은 저작권법에 따라 보호를 받는 저작물이므로 무단 전재와 복제를 금지하며,
  이 책 내용의 전부 또는 일부를 사용하려면 반드시 저작권자와 상상스퀘어의 서면 동의를 받아야 합니다.
- 파손된 책은 구입하신 서점에서 교환해드리며 책값은 뒤표지에 있습니다.